# 六韬精要新解

中国历代兵书精要新解丛书

谭雪平 刘军玉 著

新时代出版社

**图书在版编目（CIP）数据**

六韬精要新解 / 谭雪平, 刘军玉著 . -- 北京：新时代出版社, 2025. 3. -- ISBN 978-7-5042-2650-1

Ⅰ. E892.26

中国国家版本馆 CIP 数据核字第 2024RC0447 号

※

新时代出版社 出版发行

（北京市海淀区紫竹院南路 23 号　邮政编码 100048）

雅迪云印（天津）科技有限公司印刷

新华书店经售

\*

开本 710×1000　1/16　印张 23½　字数 250 千字

2025 年 3 月第 1 版第 1 次印刷　定价 78.00 元

---

（本书如有印装错误，我社负责调换）

国防书店：（010）88540777　　书店传真：（010）88540776
发行业务：（010）88540717　　发行传真：（010）88540762

# 总　序

中国古代兵书卷帙浩繁、汗牛充栋，据统计，从先秦到清末共有 3380 部，23503 卷，其中存世兵书 2308 部，18567 卷。如此众多的兵书，既是中华优秀传统文化的重要组成部分，又是一座神秘又耀眼的文化宝库。这座宝库历经数千年的沉淀，是由无数兵家战将的鲜血凝成的兵家圣殿，是经过无数思想巨匠之手建筑起来的智慧殿堂。在这座宝库里，珍藏着不可胜数的制胜秘笈，也陈列着不计其数的泣血篇章。由于长期被尘封在石室金匮之中，使其更添一份神秘色彩，一般人难以窥视其貌。随着文明的进步和社会的发展，这座宝库的大门逐渐敞开，人们惊奇地发现，那些朽蚀的简牍、发黄的卷帙上的文字仍然鲜活，仍然充满生命力。如果按照现代军事科学的分类加以解读，其内容涵盖了战争性质及其基本规律、指导战争的战略谋略及战法、国防建设和军队建设、保障和辅助战争行动等各种专门知识的理论。如此广博的思想内容，经过千百年的战争实践检验，以及一代又一代兵家战将的不断补充，日臻完善。这些兵书为中国传统军事文化奠定了坚实的根基，注入了鲜活的灵魂。

在 2023 年 6 月 2 日召开的文化传承发展座谈会上，习近平总书记发表了重要讲话，他强调："中华文明的连续性，从根本上决定了中华民族必然走自己的路。"当今世界，随着军事技术的飞速发展，战争理论、作战方式、建军思想、国防观念、后勤保障都在发生巨大的变化。同时，东西方军事文化日益交融、渗透，互相影响，互相借鉴，大有趋同之势。在此过程中，如果我们掉以轻心，盲目地模仿或照搬西方的模式，必然失去自我，失去中国军事文化的根基和灵魂。如果剑不如人，剑法也不如人，势必每战必殆。毛泽东军事思想充分吸收了中国传统军事文化的养料，其活的灵魂就是"你打你的，我打我的"，绝不按对手的思路打仗，绝不随对手的节奏起舞。在险象环生、强敌如林的当代世界战略格局中，要想在军事上形成有效的威慑力，在战场上稳操胜券，在平时确保国家安全，我们必须做到"两手都要硬"。一手是加速发展先进军事技术和武器装备，提升国家军事硬实力；另一手则是继承中国传统优秀军事文化的根与魂，结合马克思主义军事理论，以习近平强军思想为指导，创新和发展具有中国特色的军事理论，加强军事软实力。思想是行动的先导和指南，吸收前人智慧、创新军事理论十分重要和必要，正是基于这一紧迫的时代要求，我们编写了《中国历代兵书精要新解》丛书，以期为推动军事理论的创新和发展作出贡献。

《中国历代兵书精要新解》丛书，共计14本，300余万字。所谓"历代"，是指所选兵书上至先秦，下至民国，纵跨历朝历代。所谓"精要"，是指对精选的每本兵书择其思想精髓和要点加以评述。所谓"新解"，至少包含三"新"：一是作者队伍以新时代培养出来的具有军事博士学位的教研骨干为主体，思想新、观念新、文笔新；二是写作方法有所创新，突破原文加注释的传统模式，按照兵书逻辑思路，层层提炼要点，再加以理论评述，点、线、面有机结合；三是材料新，基于兵书原典，参照前人学术成果，大量吸收古今战例，甚至社会竞争、企业经营、体育竞赛的案例，以新的视角诠释兵家思想观点。

整套丛书有总有分，纵向排序。第一部《中国历代兵书精要通览》作为总览，总体上介绍了中国古代兵法的发展概况、基本特点和现实价值，并从浩如烟海的兵书宝库中精选约40部有代表性的兵书，提炼其精华，评说其要义。第二部至第十四部则是对各部兵书的细致解析，依次是《孙子兵法精要新解》《吴子精要新解》《司马法精要新解》《孙膑兵法精要新解》《尉缭子精要新解》《鬼谷子精要新解》《六韬精要新解》《三略精要新解》《将苑精要新解》《唐李问对精要新解》《纪效新书精要新解》《三十六计精要新解》《曾胡治兵语录精要新解》。这些兵书基本上涵盖了中国古代军事思想的精髓，各有千秋，颇具代表性。每位作者在深入研究、吃透精髓的基础上，以深入浅出的文笔展现其思想精华，并将古代军事智慧与现实军事斗争、社会竞争相结合，深入剖析其现实价值和借鉴意义。

任何事物都是时代的产物，不可避免地带有时代的印记。古代统治阶级不断把封建迷信、腐败落后的东西强加到社会生活的意识形态领域中，限制着人们的思想进步，阻碍着科学的发展。形成于中国古代社会的兵书，自然会留下一些时代烙印。虽然这套丛书的所有书目都是从中国古代兵书宝库中精心挑选出来的，堪称精品中的精品，作者也尽力展现其思想精要，但某些篇章或段落中难免隐含一些糟粕的内容。因此，我们建议军事领域的广大读者在品读本套丛书时，既要注重取其精华，又要注重去其糟粕，这是我们对包括古代兵书在内的一切传统文化的根本态度。惟有如此，方能从古老悠久的兵书宝库中获得创新中国特色军事理论的启示，方能继承和发展中华民族优秀军事思想的根与魂，为推进当代中国军事文化向前发展做出积极的贡献。对于非军事领域的广大读者而言，也不妨秉持这一根本态度，方可从战争之道领悟竞争之妙，从制胜秘诀寻觅智赢神方，从统军之法发现管理奇招，为追求卓越、实现人生理想提供智慧的启示和方法的指引。

经国防大学出版社原总编刘会民老师举荐，本套丛书由我们团队倾心打造，集结了众多专家和学者的智慧与心血。在选题立项过程中，我们得到了新时代出版社领导的大力支持，他们基于全面弘扬中国传统优秀军事文化的初心，紧扣时代的要求，果断立项，并与我们共同策划选题。在写作过程中，我们得到了新时代出版社诸位编辑的大力协助，他们严谨的工作态度和卓越的专业素养，为本书从构思走向现实提供了坚实的保障。同时，各位社领导和编辑也提出了许多宝贵和中肯的意见，为本书的完善提供了关键的指导。在此，我谨代表整个编写团队，向他们表达最衷心的感谢。

这套丛书的出版，是我们共同努力的成果，也是我们共同智慧的结晶。它不仅仅代表着我个人的努力，更凝聚了整个团队的心血和付出。我深信，这套丛书将会为读者带来新的思考和启示，为繁荣中国特色军事文化增光添彩。

2023 年冬至

# 目 录

**前言**
　　一、作者身份 // 1
　　二、成书年代 // 3
　　三、基本内容 // 5
　　四、流传影响 // 8

**第一章　《文韬》新解**
　[章节解析] // 002
　　一、文师第一 // 003
　　二、盈虚第二 // 012
　　三、国务第三 // 018
　　四、大礼第四 // 025
　　五、明传第五 // 032
　　六、六守第六 // 038
　　七、守土第七 // 046
　　八、守国第八 // 052
　　九、上贤第九 // 058
　　十、举贤第十 // 066
　　十一、赏罚第十一 // 074
　　十二、兵道第十二 // 077

## 第二章 《武韬》新解

[章节解析] // 086

十三、发启第十三 // 087

十四、文启第十四 // 094

十五、文伐第十五 // 100

十六、顺启第十六 // 107

十七、三疑第十七 // 112

## 第三章 《龙韬》新解

[章节解析] // 120

十八、王翼第十八 // 121

十九、论将第十九 // 127

二十、选将第二十 // 131

二十一、立将第二十一 // 136

二十二、将威第二十二 // 143

二十三、励军第二十三 // 147

二十四、阴符第二十四 // 151

二十五、阴书第二十五 // 155

二十六、军势第二十六 // 160

二十七、奇兵第二十七 // 165

二十八、五音第二十八 // 171

二十九、兵征第二十九 // 177

三十、农器第三十 // 182

## 第四章 《虎韬》新解

[章节解析] // 190

三十一、军用第三十一 // 191

三十二、三阵第三十二 // 201

三十三、疾战第三十三 // 205

三十四、必出第三十四 // 209

三十五、军略第三十五 // 214

三十六、临境第三十六 // 219

三十七、动静第三十七 // 224

三十八、金鼓第三十八 // 230

三十九、绝道第三十九 // 235

四十、略地第四十 // 240

四十一、火战第四十一 // 246

四十二、垒虚第四十二 // 251

## 第五章 《豹韬》新解

[章节解析] // 258

四十三、林战第四十三 // 258

四十四、突战第四十四 // 263

四十五、敌强第四十五 // 269

四十六、敌武第四十六 // 275

四十七、鸟云山兵第四十七 // 279

四十八、鸟云泽兵第四十八 // 284

四十九、少众第四十九 // 291

五十、分险第五十 // 296

## 第六章 《犬韬》新解

[章节解析] // 304

五十一、分合第五十一 // 305

五十二、武锋第五十二 // 308

五十三、练士第五十三 // 313

五十四、教战第五十四 // 319

五十五、均兵第五十五 // 323

五十六、武车士第五十六 // 329

五十七、武骑士第五十七 // 333

五十八、战车第五十八 // 337

五十九、战骑第五十九 // 344

六十、战步第六十 // 350

**后记** // 355

# 前　言

《六韬》是中国古代著名兵书,宋代颁定的"武经七书"之一,是古代兵家战将必读的教科书。它吸收了先秦兵家和诸子论兵的精华,是一部集先秦军事思想之大成、具有奇妙思想和独特体系的军事经典著作。

## 一、作者身份

《六韬》原题"周文王师姜望撰"。姜望,商周之际军事谋略家,是当时立国于吕(今河南南阳)的姜姓部族一支的后裔,故为姜姓、吕氏,名望,字子牙,或单呼牙。周文王与商纣王斗争初期,姜望进入周族方国统治集团,成为主掌军政的核心人物,先后辅佐文王、武王和成王,任"太师"一职,被周人尊称为"师尚父",后人又称其为姜太公、太公望等。姜太公在主掌军政事务期间,以过人的智慧和巧妙的谋略为西周王朝的建立和巩固作出了重要贡献,因而受封于齐,建立齐国,为齐人始祖。在兵家眼中,姜太公是言兵之祖。孙子、吴子、尉缭子等著名兵家皆出其后,以其为师。所以,司马迁称:"故后世之言兵及周之阴权,皆宗太公为本谋。"所谓本谋,就是谋之本源。

《六韬》以姜太公与周文王、周武王对话的形式写成,其内容体现了太公辅佐文王、武王灭商所用的韬略及各种作战方法。

因此，自《隋书·经籍志》著录为"周文王师姜望撰"后，《旧唐书·经籍志·兵家》及《新唐书·艺文志·兵家》收录《六韬》时均采用这种说法。然而，北宋元丰三年，武学博士何去非受命校订《武经七书》时却提出一种新的说法，他怀疑《六韬》为伪托之书。此后南宋叶适、陈振孙、黄震，明代胡应麟，清代姚际恒，近代梁启超及现代黄云眉都认为《六韬》是后人伪托，不是姜太公所写。所谓"伪托"，是指假借他人名字出书，这在古代是较为常见的现象。之所以出现这种现象，往往是因为书的真正作者地位不高、名声不大，但又想使自己写的书广为传播，便假借历史名人充当作者，吸引人们注意。《六韬》显然就是这类托名之作。

综合《六韬》内容及文字结构，学者们普遍认为《六韬》不是姜太公所写，主要有三个方面的理由。首先，《六韬》洋洋两万言的篇幅与商末周初的文化发展程度不相符。历史研究表明，当时的文字条件尚不完备，记录人们言行的载体及方法较为原始。现在出土的甲骨文卜辞以及记录在青铜器上的铭文都很简短，说明商末周初，长篇幅的典籍是无法保存并流传下来的。其次，《六韬》中详细介绍了大量的铁制兵器，如"铁蒺藜""铁械锁""环利铁索"等，与姜太公所处时代武器装备发展状况不相符。考古研究表明，商、周和春秋是铜兵器极盛的时代，而以铁兵器为主的时代则是战国以后。这就说明，在姜太公所处的商末周初，不可能使用种类和形式如此丰富的铁制兵器。最后，从体例和叙述方式看，《六韬》不应是姜太公一人之作。以问答形式探讨问题，是我国古代著述的一种传统。按照一般说法，《论语》是孔子的著述、《孟子》是孟轲的著述、《管子》是管仲的著述、《吴子》是吴起的著述，但这些书的篇章都冠以"某子曰",因此,这实际上都是他们的弟子做的记录,或后人的追记和补充。《六韬》通篇以姜太公与周文王、周武王对话的形式写成,属于典型的对话体兵书,所以由后人辑录而成的可能性极大。

上述分析显示,《六韬》虽然以记录姜太公与周文王、周武王谈兵论战的言论为主,但并不是姜太公亲自撰写。至于《六韬》的真正作者是谁,历代专家学者都做过一定的探讨。目前较为一致的看法是,《六韬》可能不是一人所写,而是在姜太公军事事迹口耳相传的基础上,由历代史官对其补充增删而成。

## 二、成书年代

《六韬》的作者之谜,直接带来成书年代之谜。由于原书作者姓氏失传,因此,它是不是一部先秦兵书、具体成书于何时等问题也就引起了后人的种种猜测。

长期以来的讨论形成四种意见:一为周朝末年说。南宋学者王应麟认为:"《六韬》言骑战,其书当出于周末。"

二为楚汉时期说。明代学者张萱提出:"今所传《六韬》《三略》,乃楚汉间好事者所补。"

三为汉以后说。近代学者梁启超判断,《六韬》为"汉以后人伪撰"。

四为魏晋时期说。明代学者胡应麟考证:"考《汉志》有《六弢》,初不云出太公,盖其书亡于东汉之末,魏晋下谈兵之士,掇拾剩余为此,即《隋志》《六韬》也。"上述四种说法,孰是孰非呢?

相对于上述四种推断,考古发现的实物是最有说服力的材料。1971年，山东临沂银雀山西汉前期古墓中出土的汉简中有《六韬》等书。其中的《文韬》《武韬》《龙韬》等内容，与传世本《六韬》基本相同。1973年，河北定县汉墓出土的竹简中，也有《六韬》的内容。这一实物资料有力地证明了此书在西汉前期已广为流行，这就使得上述所谓秦汉以后伪撰的说法不攻自破，《六韬》为先秦兵书确定无疑。然而，具体成书于先秦的哪个时期，这是汉简没有解决的问题。

任何兵书都是特定时代的产物，不可避免地要留下时代的印迹。《六韬》虽然没有确切的成书时间记载，但是从书的基本内容分析，学者们倾向于认为其形成于战国晚期。主要理由有三：首先，《六韬》杂取了儒、道、法、墨等学派的思想，这种诸子百家思想开始走向融合并逐渐统一的趋势，只能发生在战国以后，不可能在春秋之前。其次，《六韬》对骑兵战术的详细记载以及车、步、骑兵等诸兵种协同作战战术原则的阐述与战国时代战争的典型特征相符。据历史记载，我国真正意义上的骑兵，是在战国时期赵武灵王"胡服骑射"（公元前307年）后才出现的。丰富的骑兵战术及其与步兵、车兵协同作战的原则，也是在对骑兵的一系列使用中总结出来的。春秋时期成书的《孙子兵法》《司马法》都没有对骑兵这一兵种进行过论述，更不用说比春秋更为久远的商末周初。因此，具体反映和论述了骑兵战术的《六韬》，不可能出现在赵武灵王"胡服骑射"之前，而只能产生于其后。再次，《六韬》中的"避正殿""将相分职""万乘之主""百万之众"等内容都反映了战国时代的特点。最后，《六韬》中所论述的军事训练等问题，与战国晚期的《尉缭子》等典籍反映的情况基本一致，说明其成书时代大致相同。

综上所述，从行文风格、流传时间、军事制度表现形式、战略战术内容等情况来看，可以判定《六韬》成书于战国晚期至西汉初年之间。

## 三、基本内容

《六韬》之"韬"，与"弢"字相通，原为"弓套"，含有深藏不露之意，引申为谋略。"六韬"，就是六种秘密谋略，即论述战争问题的六种韬略。为生动形象起见，作者分别用"文""武""龙""虎""豹""犬"六个字作为六卷之名，以突显六种韬略的特点。用现代军事术语来说，《文韬》和《武韬》侧重于从战略层面展开论述，前者主要讨论治国用人的政治战略，后者着重论述如何用兵的军事战略。《龙韬》和《虎韬》侧重于从战役层面展开论述，前者主要阐述军队的组织、奖惩、将帅的选拔和修养、军事秘密通信、奇兵的运用、侦察敌军的方法以及兵农合一的思想；后者主要讨论各种特殊天候、地形及其他不利条件情况下的进攻和防御战术，并记述了古代武器装备的种类、形制、配置、作用和一般布阵原则。《豹韬》和《犬韬》侧重于从战术层面展开论述，前者主要讲述在森林、山地、河流、险隘地区作战和防敌突袭、夜袭以及遭遇战的战术；后者主要论述军队的指挥调动，击敌时机，练兵方法，步、车、骑兵的组织、协同和各自的战法。

相较于先秦其他兵书而言，《六韬》可谓内容丰富，论述详赡，涉及政略、战略、战术、阵法、兵器、将帅、治军等各个方面，构成了一个比较完备的兵学体系，堪称中国古代最早的军事百科全书，并且在不少问题上具有独到的见解。

在哲理思想方面，《六韬》具有朴素的唯物主义思想。它一方面反对巫祝卜筮迷信活动，把它列为必须禁止的"七害"之一，另一方面又主张用天命鬼神去迷惑敌人，"依托鬼神，以惑众心"。它具有朴素的辩证法思想，初步认识到了矛盾的对立和转化，提出了"极反其常"的重要辩证法命题，是对古代辩证法思想的重要贡献，它的许多军事思想都是建立在这一思想基础之上的，如"夫存者非存，在于虑亡；乐者非乐，在于虑殃""大智不智，大谋不谋，大勇不勇，大利不利""太强以折，太张必缺，攻强以强""无取于民者，取民者也"，等等。基于这些哲学认识，《六韬》对许多军事问题的认识既唯物又辩证，注重文武兼顾、刚柔相济。

在治国方略方面，作者既吸收了儒、道诸家的基本观点，又有自己的独立见解。《六韬》主张将帅要与"天下同利"，反复强调"天下非一人之天下，乃天下之天下""同天下之利者则得天下，擅天下之利者则失天下"；它认为天下是属于民众的，因此要想取得天下必须得到民众的拥护，强调"国之大务"在于"爱民""重民""利民"，要使"万民富乐而无饥寒之色"；它要求君主清静寡欲，不与民争利，"无取民者，民利之"，最后达到"取民"的目的；并且《六韬》提出"上贤下不肖"的主张，认为选用贤能之人，淘汰不肖之人是治国之要道，具体阐述了举贤的标准和方法，明确指出了不能重用的十三种奸人，即"六贼七害"。

在军事谋略方面，作者创造性地把文武两种战略思想结合起来，发展了孙子的"伐谋""伐交""伐兵"思想。《六韬》指出："全胜不斗，大兵无创"，并强调，要实现这种不战而胜的战略，必须以强大的政治、经济实力作后盾，建立在国富兵强的基础之上。为此，《六韬》提出了一套文武相兼的战略措施。在经济上，指出要大力发展"三宝"，即"大农""大工""大商"，充实经济实力，打好取得战争胜利的物质基础。在政治上，争取民心，爱护民众，取得举国上下的支持。在外交上，提出"文伐"十二法，列举了分化、瓦解、离间敌人的各种方法。《六韬》认为，强大的实力只是为战胜敌人提供了可能，当不战而胜的战略难以实现其政治目的时，就要采取军事进攻的方式。因此，在军事战略上，《六韬》主张正确判断战略形势，在全面准确了解敌情的基础上作出正确的战略决策，进行集中统一的战略指挥，实行巧妙的战略伪装，隐蔽自己的战略企图，适时把握战略时机，正确选择主要战略方向等。可贵的是，《六韬》不仅论述了政治战略和军事战略，还进一步阐明了两种战略之间的关系，认为政治战略是军事进攻的准备和前提条件，只有综合运用政治战略和军事进攻，才能达成战胜敌人的战略目的。在《文伐》篇中这样写道："十二节备，乃成武事，所谓上察天，下察地，征已见，乃伐之。"这种把"文伐"同"武伐"紧密联系起来的论述，使古代战略思想显得更加丰满和完善。

在治军艺术方面，《六韬》几乎涉及当时军队建设和管理的方方面面，内容丰富多彩。在将帅问题上，《六韬》似乎比其他兵书更加强调将帅的作用。这是因为，将帅作为军队的最高指挥官，其水平的高低，对军队本身的建设、战争的胜负，乃至整个国家和民族的兴盛衰亡，都会产生重大影响。因此，《六韬》用了大量篇幅，从各个方面论述了选拔和考察将帅的方法，将帅所应具备的品格、知识、才能等，从而使有关将帅的理论更加详尽、系统和全面。在练兵问题上,《六韬》既主张练将,又强调练士。《六韬》认为对于将帅来说,"不知战攻之策,不可以语敌",将帅要注重谋略思维训练,才能提高作战指挥能力。对于士兵来说,严格训练才能形成战斗力,提出群众练兵法。如《教战》所言:"故教吏士,使一人学战,教成,合之十人;十人学战,教成,合之百人;百人学战,教成,合之千人;千人学战,教成,合之万人;万人学战,教成,合之三军之众;大战之法,教成,合之百万之众。故能成其大兵,立威天下。"在管理问题上,《六韬》主张信赏明罚。《赏罚》篇说:"凡用赏者贵信,用罚者贵必。"而《将威》篇说得更警醒,主张:"将以诛大为威,以赏小为明;以罚审为禁止而令行。""杀贵大,赏贵小。杀及当路贵重之人,是刑上极也。赏及牛竖、马洗、厩养之徒,是赏下通也。"

除上述几个方面外,《六韬》还涉及大量战术变化、情报侦察、战场勤务、兵器运用、阵法常规、军纪法规等方面的内容,涵盖了当时军事领域的各个方面,从而构成了一个比较完备的兵学体系,堪称先秦军事著作中的集大成之作。它的问世,充实了我国军事理论宝库,标志着我国先秦军事思想体系的进一步发展和成熟,在中国古代军事理论发展史上占有重要地位,对后世军事思想的发展也产生了深远影响。

## 四、流传影响

姜太公被人们尊为谋略始祖,记述其雄韬大略的《六韬》自然备受后世兵家战将青睐,其早在汉以前就广为流传。《庄子·徐无鬼》说:"吾所以说吾君者,横说之则以《诗》《书》

《礼》《乐》，从（纵）说之则以《金版》《六弢》。"汉代，司马迁在《史记·留侯世家》中谈到圯桥赠书故事时，明确写道：张良"旦日视其书，乃《太公兵法》也"。张良因研读《太公兵法》，谋略水平大长，成为刘邦的军师，"数以《太公兵法》说沛公，沛公善之，常用其策"。所谓"太公兵法"，据考证就是《六韬》。

三国年间，谋略斗争诡谲多变，各方都以太公为师。《三国志·吕蒙传》裴注云：《江表传》曰："……权曰：'宜急读《孙子》《六韬》《左传》《国语》及三史。'"《三国志·蜀书·先主传》裴注云：刘备在遗诏中说"闲暇历观诸子及《六韬》《商君书》，益人意智。闻丞相为写《申》《韩》《管子》《六韬》一通已毕，未送，道亡，可自更求闻达。"可见，孙权、刘备、诸葛亮等，都很重视研读《六韬》，并把它作为向臣僚和子弟推荐的必读书目之一。

唐宋以后，军事学家更注重对《六韬》的研究。在《唐李问对》中，李靖提到："张良所学，太公《六韬》《三略》是也。"北宋神宗元丰时设立武学，将《六韬》列入《武经七书》，作为武学考生的必读书目，受到人们的普遍尊崇。《六韬》还曾被译成西夏文，在西北少数民族地区流传。

自《武经七书》颁布之后，历史上对《六韬》进行注释、集释、汇解者，不乏其人，促使各种版本《六韬》先后面世，仅流传至今的就有70余种。这70余种版本源流比较复杂，各本内容互有异同，据许保林先生统计大致有以下四个系统：一是竹简本，即山东临沂银雀山汉墓出土的《六韬》残简和河北定县汉墓出土的《太公》残简，这是现存最早的版本。前者已被整理出来，有铅印本可考。二是唐写本，即敦煌唐卷子本

《六韬》残卷,共存201行(其中一行只残存半个字),20个篇目。原件藏法国巴黎国会图书馆,北京图书馆有缩微胶卷,这是现存最早的纸写本《六韬》。三是《群书治要》本,是唐魏徵给唐太宗编的摘要本,只有《文韬》《武韬》《龙韬》《虎韬》《犬韬》的内容,未列子目,亦未收《豹韬》。以上三个系统都不同程度地保存了一些不见于今本的佚篇或佚文。四是《武经七书》本,初刻于北宋元丰三年(1080年),现存有南宋孝宗、光宗年间的刊本,藏日本静嘉堂文库,是现存最早的刊本,国内有其影印本即《续古逸丛书》本。明清以来众多的丛书本及其注释本、白文本,大都属于这个系统的版本。

  《六韬》不仅在中国流传久远,在国外也产生了很大影响。《六韬》很早就传到国外,16世纪时开始译成外文,日本自庆长十一年(1606年)元佶《校定训点六韬》、林道春《六韬评判》出版后,已有30余部翻译、注解、评点《六韬》的专著问世。日本战国时代的足利学校(武将顾问资格的养成所)曾把《六韬》与《三略》定为主要教科书。西方第一次翻译的中国兵书共四种,合称《中国军事艺术》,于1772年在法国巴黎出版,《六韬》是其中一种。1780年朝鲜有无名氏《新刊增注六韬直解》,1961年越南有阮孟保《六韬》等著作。可见,它在国外也有一定影响。

# 第一章

## 《文韬》新解

## [章节解析]

《文韬》是《六韬》中的第一卷,包括《文师》《盈虚》《国务》《大礼》《明传》《六守》《守土》《守国》《上贤》《举贤》《赏罚》《兵道》12篇。一个"文"字显示出本卷主要讨论的是治国用人的政治战略,同时与"武"相互映衬,揭示了政略(文治)和战略(武功)的关系。

中国古代兵家历来认为:"兵胜于朝廷。"他们从不将军事当作一个与政治、经济、外交无关的对象来研究。在他们看来,军事是和政治等紧密联系在一起的,一个国家的强弱不是靠军事就可以解决的,军事是政治斗争的暴力形式,军事往往要和政治、经济、外交一起才能取得真正的和长期的胜利。《文韬》系统而充分地阐述了这一思想。《文韬》强调,政治先于军事,政治是军事的基础,军事则是政治另一种手段的继续。它指出,战争本乎道义,要想夺取战争的胜利,取得天下的统治权,就必须运用"文韬",即通过政治收揽天下人之心。收揽人心的关键在于爱民,在于按为君之道施政行事,只有处理好君臣关系,推行相应的内外政策并发展经济,充实国家的实力,才能立于不败之地。

具体来说,《文韬》认为天下不是一个人的天下,而是天下人的天下。只有和天下人利益一致,休戚与共,才能取得天下。反之,就会为天下人所唾弃。而要做到与天下人利益一致,就必须实行"仁""义""道""德",与人民一起顺从天时,共享土地所产生的财富,免除人之死,替人排忧解难,与人民忧乐好恶相共,给人民以种种利益,使人民不失业,不误农时,减少刑罚,减轻赋敛、徭役,不苛扰百姓,爱民如子弟。君主实行爱民之道,自然就能取得人民的拥护,从而取得天下。所以,君主应抑制自己的私欲,无为而治;官吏要忠贞爱民,廉洁奉公;人民要孝顺父母和长辈,爱护子女和晚辈,一心从事农耕和纺织;国家要努力发展农业、手工业和商业,实现富足的目标;对外应安抚近邻,控制四方;发动战争前要事先秘密地做好充分的准备,一旦时机成熟,就应公开声讨敌人,号召天下之人一起征讨。

## 一、文师第一

### 【原文】

文王将田①,史编布卜曰②:"田于渭阳③,将大得焉。非龙、非彲④,非虎、非罴⑤,兆得公侯。天遗⑥汝师,以之佐昌,施及三王⑦。"

文王曰:"兆致是乎?"

史编曰:"编之太祖史畴,为禹⑧占,得皋陶⑨,兆比于此。"

文王乃斋三日,乘田车,驾田马,田于渭阳,卒见太公⑩,坐茅以渔。

文王劳⑪而问之曰:"子乐渔邪?"

太公曰:"臣闻君子乐得其志;小人乐得其事。今吾渔,甚有似也,殆非乐之也。"

文王曰:"何谓其有似也?"

太公曰:"钓有三权⑫:禄等以权,死等以权,官等以权。夫钓以求得也,其情深,可以观大矣。"

文王曰:"愿闻其情。"

太公曰:"源深而水流,水流而鱼生之,情也。根深而木长,木长而实生之,情也。君子情同而亲合,亲合而事⑬生之,情也。言语应对者,情之饰也;言至情者,事之极也。今臣言至情不讳,君其恶之乎?"

文王曰:"唯仁人能受至谏⑭,不恶至情,何为其然?"

太公曰:"缗⑮微饵明,小鱼食之;缗调⑯饵香,中鱼食之;缗隆⑰饵丰,大鱼食之。夫鱼食其饵,乃牵于缗;人食其禄,及服于君。故以饵取鱼,鱼可杀;以禄取人,人可竭;以家取国,国可拔;以国取天下,天下可毕⑱。"

"呜呼!曼曼绵绵⑲,其聚必散;嘿嘿昧昧⑳,其光必远。微哉!圣人之德,诱乎独见。乐哉!圣人之虑,各归其次,而树敛㉑焉。"

文王曰:"树敛何若而天下归之?"

太公曰:"天下非一人之天下,乃天下之天下也。同天下之利者,则得天下;擅㉒天下之利者,则失天下。天有时,地有财,能与人共之者,仁也;仁之所在,天下归之。免人之死,解人之难,救人之患,济人之急者,德也;德之所在,天下归之。与人同忧、同乐、同好、同恶者,义也;义之所在,天下赴之。凡人恶死而乐生,好德而归利,能生利者,道也;道之所在,天下归之。"

文王再拜曰:"允哉,敢不受天之诏命乎!"乃载与俱归,立为师。

## 【注释】

①文王：商末周族领袖，姓姬，名昌。田：打猎。

②史编：史，官名。编，人名。布：施予，实施。

③渭阳：渭河的北岸。

④彲：同螭。古代传说中的一种似龙的动物，色黄，无角。

⑤罴：马熊。熊的一种。

⑥遗：赠送。

⑦三王：文王后代子孙。

⑧禹：夏禹，上古时期夏后氏首领，夏朝开国君主。

⑨皋陶：人名，姓偃，传说为舜的臣子，掌刑法。

⑩太公：周代对吕尚的称号，姓姜，名尚，其祖封于吕，故人称吕尚，字子牙，号太公望。西周初为太师，后封于齐，为齐国的始祖。

⑪劳：慰问。

⑫三权：操有三种权术。

⑬事：做事。

⑭谏：规劝。

⑮缗：钓鱼用的丝线。

⑯调：适中。

⑰隆：丰厚。

⑱毕：古时田猎用的长柄网。用长柄网捕取禽兽也叫毕。《诗经·小雅·鸳鸯》："鸳鸯于飞，毕之罗之。"引申为征服。

⑲曼曼绵绵：曼曼，同漫漫，形容距离远时间长，这里形容幅员广大。绵绵，形容连续不断的意思。曼曼绵绵，在这里是暗指幅员广大、历传多代的商王朝。

⑳嘿嘿昧昧：嘿，通默。嘿嘿，不声不响的意思。昧昧，

昏暗不明的样子。嘿嘿昧昧，这里指暗中准备。

㉑敛：收揽。

㉒擅：专擅。

## 【译文】

周国国君文王姬昌，将要出去打猎，太史编占卜后说："您这次去渭河北岸打猎，将会有很大的收获。从卜兆看，这收获既不是龙、彲，也不是虎、罴，很可能是有才能的人物。这是上天赐予你的导师，能够辅佐你的事业，甚至对你的后代子孙都会有很大的好处。"

文王问："占卜的征兆果真是这样吉祥吗？"

史编回答说："我的太祖史畴，曾为夏禹占卜而得到皋陶，以后便任他为官，今日所得征兆和那时的极为相似。"

文王于是戒斋三天，然后便乘坐打猎用的车，驾着猎马，到渭水北岸去打猎，终于遇见太公姜尚，正坐在长满茅草的河岸上钓鱼。

文王前去向他表示慰劳之意，并问他："你喜欢钓鱼吗？"

太公回答说："我听说君子无不乐于实现自己的抱负，常人也非常乐于做他自己喜欢做的事。我在这里钓鱼，也具有很相似的道理，而不是喜欢钓鱼。"

文王说："为什么说具有相似的道理呢？"

太公说："'钓'包含着三种权谋：用厚禄收买人才，使尽其智能，是一种用人的权谋；用高额奖赏招揽效死的勇士，使其忘死赴难，也是一种用人的权谋；将高官授予臣僚，使其忠贞不贰，更是一种用人的权谋。凡是钓鱼的人都希望把鱼钓到手，其中有很深的道理，可以小见大。"

文王说:"我愿意详细听听你说的这个道理。"

太公说:"泉源深,才能水流不息;水流不息,鱼类才得以生存,这是自然的道理。树根深,枝叶才能茂盛;枝叶茂盛,果实才能得以生长,这也是自然的道理。君子情意相投,就能亲密合作;亲密合作,共同的事业就会成功,这也是很自然的道理。言语应付,是把真情掩饰起来了。能说真情实话,才是最好的事情。现在我说的都是至情之言,无所忌讳,你恐怕会有反感吧?"

文王说:"只有仁德的人才能接受直率的规劝,而不至厌恶真情实话,我怎么会那样呢?"

太公说:"钓丝细微,鱼饵明显,小鱼就会来吃;钓丝适中,鱼饵味香,中鱼就会来吃;钓丝粗长,鱼饵又大,大鱼就会来吃。鱼若贪吃鱼饵,就会被钓丝牵住;人若食君主的俸禄,就会听从君主使用。所以,用香饵钓鱼,鱼就可以上钩;用爵禄取人,人才就能为你所用。这样,你以家为基础取国,国就能为你所有;以国为基础取天下,天下就可以被你征服。"

太公感叹地说:"有的君主周围聚集了很多人,但如果不得人心,最后也必然要离散。相反,有的君主默默无闻,不声不响地做实事,其影响反而很久远。微妙啊!圣人的仁德,应该是以德惠诱导人,而又使人觉察不到。可喜啊!圣人所思虑的,应该是使天下之人按其社会地位的高下得到应有的归宿,并以此为标准制定各种收揽人心的方法。"

文王又问道:"怎样才能建立凝聚力而使天下归心呢?"

太公回答说:"天下不是一个人的天下,而是天下人所共有的天下。能和百姓共享天下之利的,就可以得到天下;独占天下之利的,就会失掉天下。天有四时之变,地有财富之积,能和百姓共享天下福利的，才称得上仁爱；谁有仁爱，天下就归顺于谁。能免除人们的死难，排解人们的困难，消除人们的祸患，解救人们危急的君主，就是在施恩德；谁施恩德，天下就归顺于谁。能和百姓同忧、同乐、同好、同恶的君主，就是在讲道义；谁讲道义，天下就归附于谁。人们都厌恶死亡而乐于生存，欢迎恩德而追求利益。能保障人的生命，满足人们利益的君主，就是在实行王道；谁实行王道天下就归顺于谁。"

文王再一次拜谢后，说："先生讲得太好了，我怎能不接受上天的意旨呢！"于是，文王把太公请上车一起回到国都，并拜太公为国师。

## 【新解】

《文师》是全书的第一篇，作者开门见山，起手点题，以周文王在渭水北岸求教于姜太公的故事引出兴周灭商的大业，巧妙地揭示出治国兴邦的大谋略、大思路。其谋略思想主要体现为三个要点：

### （一）君子乐得其志，小人乐得其事

姜太公最初登上历史舞台时的形象是一位在渭水边垂钓的老者。据说，姜太公出身低微，前半生漂泊不定、困顿不堪，但满腹经纶、壮志凌云，深信自己能干一番事业。听说西伯姬昌尊贤纳士、广施仁政，年逾七旬的他便千里迢迢投奔西岐。然而，来到西岐后，他不是迫不及待地前去毛遂自荐，而是在渭水北岸的磻溪（今陕西宝鸡市东南）住了下来。此后，他每日垂钓于渭水之上，等待圣明君主的到来。姜太公的钓法奇特，短竿长线，线系直钩，不用诱饵之食，钓竿也不垂到水里，离水面有三尺高，并且一边钓鱼一边自言自语："姜尚钓鱼，愿者

上钩。"一个叫武吉的樵夫，看到姜太公不挂鱼饵的直鱼钩，嘲讽道："像你这样钓鱼，别说三年，就是一百年，也钓不到一条鱼。"姜太公说："你只知其一，不知其二。曲中取鱼不是大丈夫所为，我宁愿在直中取，而不向曲中求。我的鱼钩不是为了钓鱼，而是要钓王与侯。"不久之后，他果然"钓"到了周文王姬昌。后来，人们根据这一故事，演化出来两句俗语。一句是"姜太公钓鱼，愿者上钩"；另一句是"姜太公钓鱼，直来直去"。这两句俗语生动地说明，姜太公钓鱼，其意并不在鱼，而在于以正直之心等待有雄才大略的君王前来赏识。

姜太公长时间用直钩钓鱼，更主要的目的恐怕还是为了磨炼性情和意志。姜太公与周文王见面时说的第一句话，便揭示了其中的玄妙。"君子乐得其志，小人乐得其事"。即做大事的大人物无不致力于实现自己的抱负，做小事的小人物也无不乐于做他自己所乐意做的事。这个"乐"字，并不是说以娱乐的心态干事，而是全身心投入。由此可知，姜太公长时间坐在河边用直钩钓鱼，并不是喜欢干这种看似劳而无功的事情，而是重在静心养性，磨炼自己的意志和耐力，不为钓几条小鱼而得意忘形。成大事者，必须有定力，必须能够全身心地投入所从事的事业中，方能最终钓得大鱼，成就大业。就本篇而言，姜太公这句话实际上是在激励周文王，要树立兴周灭商的雄心壮志。

**（二）钓人有三权，要在情同而亲合**

欲得天下，必先得人。姜太公给周文王支的第一招便是广纳人才，并用"钓鱼有三权"生动形象地说明"钓人"之术。虽然姜太公自己钓鱼时使用的是直钩，而且不用鱼饵，但是他却提醒周文王，钓天下人才时要用鱼钩和鱼饵。钓竿挂上鱼饵才能钓到鱼，越是鱼喜好的饵，越容易钓到鱼。至于鱼喜欢哪种饵料，则须依种类而定。

其实，人的本性和鱼是很相似的，因此，获得人才必须从两方面着手：一是给予优厚的物质待遇；二是给予足够的信任。小饵钓小鱼，大饵钓大鱼。在广纳人才问题上要舍得花本钱，让大利。然而，真正的大人才，并非完全为利而往，而更看重一个"义"字，正所谓"士为知己者死"。所以，在给予优厚待遇的同时，一定要与人才"情同而亲合"，给予充分信任并放手使用，才能使人才诚心效力。古代如此，今天亦仍有指导意义。据调查，一个人决定辞职与否时，他关心的不外乎两件事：一是实际收入，二是在职场的前途。不管在哪个国家，也不管在哪个时代，都很适用。

**（三）天下非一人之天下，乃天下之天下**

本篇最有价值的一个思想是"天下观"，即"天下非一人之天下，乃天下之天下也。同天下之利者，则得天下；擅天下之利者，则失天下。天有时，地有财，能与人共之者，仁也；仁之所在，天下归之。"这几句话明确地指出了民对于国家、天下的重要性，认为君王只要与民共天时和地财，就会得民，得民就会得天下；反之，君王如果独占天下之利就会失去民众，而失去了民众，也就失去了天下。这种想法比君权神授与万世一系的说法进步多了，尽管此话的着眼点是帮助君王获取天下、维护统治秩序，但客观上可以调和统治者与民众的关系，达到长治久安的目的。这一观点与孙子所讲的"道者，令民与上同意也，故可以与之死，可以与之生，而不畏危"，如出一辙。

孙子所谓的"道"，在一定程度上指的是治国之道，即只有使军队和民众在思想意志上与国君保持一致，才能在关键时刻跟随国君冲锋陷阵，赴汤蹈火，甚至献出生命。而是否能做到这一点，则取决于国君是否以民为本，是否与军队和民众共享利益，这也是治国之道的首要环节。凡是不愿与民同乐，对天下人横征暴敛、滥施酷刑、为所欲为的国君，都会很快葬送掉先辈创下的基业。只有权为万民所有，不独占独裁，才能获得万民拥戴，最终获得天下，进而治理万民。

那么，怎样得民，使民心归附呢？《文师》中提出了仁、德、义、道四术。仁，重在与民众共享利益；德，重在为民众排忧解难；义，重在与民众心气相通；道，重在为民众谋取利益。

姜太公的"天下观"具有普遍意义。不仅治国需要以民为本，胸怀天下，治理军队、治理企业也不例外。在一支军队或一家企业中，领导者独断专行、独享利益，虽可获得一时的权威与利益，但必然逃脱不了"擅天下之利者，则失天下"的命运。齐宣王与唐易子的一段对话生动形象地揭示了其中的道理。

齐宣王问唐易子捕鸟的方法："捕鸟时什么最重要？"

唐易子回答："慎重地设下圈套最为重要。"

齐宣王又问："为什么要慎重地设下圈套呢？"

唐易子回答："群鸟用几十只鸟眼睛看人，可是人只有两只眼睛看鸟，所以我才告诉您，设置圈套必须要慎重。"

齐宣王说："原来如此，这和治理天下是同样的道理。君王以两个眼睛看国家，可全国人民却以几十万只眼睛看君王，所以君王必须慎重。"

这段对话中把治理民众比喻为捕鸟设套，虽然是不合适的，但是，唐易子以这种比喻形象地提醒领导者，在众目睽睽之下，是"同天下之利",还是"擅天下之利",普通民众看得一清二楚。所以,领导者必须谨言慎行,勤政亲民,与天下人同享天下的利益,才能在众目睽睽之下赢得广泛赞誉与拥戴。

## 二、盈虚第二

### 【原文】

文王问太公曰:"天下熙熙①,一盈一虚②,一治一乱,所以然者,何也?其君贤不肖不等乎,其天时变化自然乎?"

太公曰:"君不肖,则国危而民乱;君贤圣,则国安而民治。祸福在君不在天时。"

文王曰:"古之贤君可得闻乎?"

太公曰:"昔者帝尧③之王天下也,上世所谓贤君也。"

文王曰:"其治如何?"

太公曰:"帝尧王天下之时,金银珠玉不命,锦绣文绮④不衣,奇怪珍异不视,玩好之器不宝,淫佚之乐不听,宫垣屋室不垩⑤,甍⑥、桷⑦、椽、楹不斫⑧,茅茨⑨偏庭不剪。鹿裘御寒,布衣掩形,粝⑩粮之饭,藜藿⑪之羹。不以役作之故,害民耕绩之时,削心约志,从事乎无为。吏忠正奉法者,尊其位;廉洁爱人者,厚其禄,民有孝慈者,爱敬之;尽力农桑者,慰勉之。旌别淑德,表其门闾⑫。平心正节,以法度禁邪伪。所憎者,有功必赏;所爱者,有罪必罚。存善天下鳏、寡、孤、独,赈赡祸亡之家。其自奉也甚薄,其赋役也甚寡。故万民富乐而无饥寒之色。百姓戴其君如日月,亲其君如父母。"

文王曰:"大哉,贤君之德也。"

## 【注释】

① 熙熙：安乐、兴盛。

② 虚：空虚，此为贫弱之意。

③ 尧：又称唐尧，传说中的中国远古帝王。

④ 绮：有花纹的丝织品。

⑤ 垩：用白粉粉刷墙壁。

⑥ 甍：屋脊。

⑦ 桷：方椽。

⑧ 斫：砍，削，此为雕刻之意。

⑨ 茅茨：茅草，野草。

⑩ 粝：粗粮，粗米。

⑪ 藜藿：此指野菜之意。

⑫ 闾：里巷的大门。

## 【译文】

文王问太公："天下这样兴盛、安乐，有时富足，有时贫弱，有时安定，有时混乱，其所以如此，不知是为什么？是因为君主贤与不贤呢，还是因为天命自然演变所造成的呢？"

太公回答说："君主不贤，则国家危殆而百姓动乱；君主贤明，则国家太平而百姓安定。所以，国家的祸福在于君主的贤与不贤，而不在于天命。"

文王问："古时贤明君主的事迹，可否讲给我听听？"

太公说："从前帝尧治理天下，古人都称道他为贤君。"

文王又问："他是怎样治理国家的呢？"

太公说："帝尧为君主时，不用金银珠玉做装饰品，不穿锦绣华丽的衣服，不观赏珍贵奇异的宝物，不把好玩器物当作宝贝珍藏，不听淫逸的音乐，不用白土粉饰宫廷墙壁，薨、桷、橡、楹不做雕梁画栋的装饰，庭院的野草不加修剪。以鹿皮为裘抵御寒冷，用粗布衣遮蔽身体。吃粗粮做的饭，喝野菜做的汤。不因派劳役修宫室而挤占农民耕织时间，抑制自己的欲望，约束自己的行动，顺乎自然地治理国家。对忠心耿耿、正直奉法的官吏，就升高其爵位；廉洁爱民的，就给他优厚的俸禄。对百姓中有孝敬父母、慈爱幼小的，就尊敬爱护他；尽力从事农耕、发展蚕桑的，就慰劳勉励他。对秉性善良、品德高尚的可在其门间加以标志，以示崇敬。为君的要心志公平，节操端正，并以法令制度禁止邪恶诈伪。对所厌恶的人，如果有功也要同样给予奖赏；对喜爱的人，如果有罪也要同样进行惩罚。对鳏、寡、孤、独，要进行慰问和赡养；对遭受天灾人祸的家庭，要给予救济和赈赡。帝尧自己的生活非常朴素，向民众征用的赋税劳役却很轻。因此，全国民众富足安乐而无饥寒之迫。百姓尊崇他们的君主好像日月一样，亲近君主犹如自己的父母。"

文王听后感叹地说："伟大呀！他真不愧是一位贤明的君主！"

【新解】

顾名思义，《盈虚》主要讲的是天下治乱兴衰的问题，阐明治国安民的领导艺术，其中若干思想观点反映了社会发展的客观规律，值得三思。

**（一）祸福在君，不在天时**

本篇一开始就提出了一个耐人寻味的问题，即天下盈虚是由天意决定还是人事左右。这个问题虽然简单，却是自古以来人们谋划大业时必须认真思考的问题，或者说是人们指导战略全局的思维原点。究竟是仰赖天意，还是发愤自为，不同的思维原点决定着不同的战略思路，最终也将直接影响事业的成败。

楚汉战争时期，项羽的悲剧就很能说明问题。项羽身陷四面楚歌之时，自知已经无路可逃，便横下必死之心，对他的骑兵将领们悲叹道："吾起兵至今八岁矣，身七十余战，所当者破，所击者服，未尝败北，遂霸有天下。然今卒困于此，此天之亡我，非战之罪也。今日固决死，愿为诸君快战，必三胜之，为诸君溃围、斩将、刈旗，令诸君知天亡我，非战之罪也。"说完，扬鞭策马，冲入汉军之中，连续斩杀几位敌军将领，刀劈上百名官兵，充分显示出西楚霸王的英雄豪气。然而，项羽也身中数刀，最终寡不敌众，被迫自杀。

项羽用尽最后一点力气左拼右突，意在用事实说明，最终的战败并非自身能力不济，而是上天早已注定，天命不可违。其实，这是一种荒谬的宿命论说法。姜太公早就说得很明白："祸福在君不在天时。"项羽的失败，完全是自身的原因，主要有三点：一是疏于用人。项羽刚愎自用，不善于采纳手下人才的建议，导致众多人才从他的旗下投奔刘邦而去。二是过于残暴。项羽进入咸阳宫大肆烧杀，活埋秦军降卒数十万，使关中遍布披麻戴孝之人，以致民怨鼎沸。三是短于战略。项羽自恃武功高强，只图勇猛冲杀，而忽略战略筹划，以致刘邦乘虚而入，对其形成包围之势。显然，正是项羽自身这些"不肖""不贤"的行径，将项羽送入了黑暗的墓穴，而绝不是什么"天之亡我，非战之过也"。

项羽的悲剧印证了姜太公的观点："君不肖，则国危而民乱；君贤圣，则国安而民治。祸福在君不在天时。"

**（二）削心约志，从事乎无为**

既然君之贤肖、君之作为，决定着国之安危和天下治乱，那么干大事的人必须从自身做起，要"削心约志，从事乎无为"，即抑制自己的享乐欲望，约束自己的盲目行动，顺乎自然地治理国家。姜太公认为，上古时期的帝尧就是这样的君王。他放弃一切奢侈生活，不收藏宝物，也不建楼台馆所，庭院中杂草丛生，却毫不在意，经常穿着粗布衣，吃着藜和豆叶汤就觉得满足。帝尧和普通百姓一样，顺乎自然地生活，从不在物质享受上搞特殊化。然而，做到这一点并非易事。人性都有贪欲的一面，追求物质享受是大多数人与生俱来的一种本能。所以，许多人一旦权力在手，就巧取豪夺，谋一己之利。事实一再证明，这些人往往只能谋一时，而不能谋一世。或者说，只能谋一域，而不能谋全局。只有那些富有战略眼光，想干大事的人，才有可能克制追求享乐的本能，与民同甘共苦。

姜太公提醒人们，成就一番大业，并非克己奉公、拼命工作就可以实现，而要善于"从事乎无为"。然而，无为并不等于无所作为。聪明领导人之所为，关键在于抓住根本问题，把握关键环节。《史记·五帝本纪》中记载：帝尧之所以能够治天下，顺万民，关键在于善于引导人们按照自然规律办事。他推算日月星辰的变化，教导人民何时播种何时收成，并将朱鸟七宿（星名）在正南方的日子定为春（春分），这时白昼和夜晚等长；大火心宿（星名）在傍晚位于正南方的时候定为夏（夏至），此时昼最长；虚宿星（星名）在傍晚位于正南方且昼夜等长之时，定为秋（秋分）；而昼最短且昴宿星在傍晚位于正南方的时候，则定名为冬（冬至）。至于一年有365日及三年有一次闰月，也都是帝尧所排定的。在他的仁德之下，春天一到，年轻人便到户外努力耕作，老人及小孩也都配合一起帮忙。在人们播种的同时，鸟兽也开始交配繁殖后代。到了夏天，不管老少都到户外劳动，鸟兽的羽毛也变薄。秋季收成后，人民心满意足，鸟兽羽毛焕然一新，显得舒畅。而冬天一来，人们都躲在屋内取暖，鸟兽也长出细柔的绒毛以保持体温。由此可知，"从事乎无为"，可理解为顺应自然规律，抓住最根本的问题，使人们朝着既定的方向，遵循自然规律工作和生活。

**（三）有功必赏，有罪必罚**

规律是客观的，但是认识规律以及按照规律办事，却有着很大的主观性，必须加强思想引导。所以，姜太公提出"削心约志，从事乎无为"的主张之后，提醒人们还要注重引导和约束人们自觉遵循自然规律。具体办法就是"有功必赏，有罪必罚"，即通过奖赏有功者，树立大家学习的榜样，起到以点带面的积极示范作用；通过惩罚有罪者，明确必须遵守的规矩，起到杀一儆百的效果。如果有功不赏，有罪不罚，就可能出现无政府状态，或死气沉沉的局面，缺乏竞争的活力。因此，必须两种手段兼而有之，其中偏重于奖赏。《盈虚》中列举了一系列值得奖赏的情况，诸如对忠心耿耿、正直奉法的官吏，就升高其爵位；廉洁爱民的，就给他优厚的俸禄。对百姓中有孝敬父母、慈爱幼小的，就尊敬爱护他；尽力从事农耕、发展蚕桑的，就慰劳勉励他。对秉性善良、品德高尚的，可在其门闾加上光荣匾，以示崇敬。

自古以来，人们在赏罚问题上最讲究公平公正，这样才能真正起到激励先进、警示落后的作用。因此，姜太公提醒人们，在赏罚问题上一定要建立完善的制度，并按制度办事，而不能随心所欲，因人而异。通俗地讲，科学有效的赏罚必须建立在严明的法纪之上，切实依之于法，严之于法，防止"人治"。军无法不立，法无严不威，"适度则立，过度则废"。严不是严在法外，而是严在法内、严之有据，严在格内、严之有度。要防止滥用赏罚手段，或处罚过度，上纲上线，"顶格"处理，导致有"硬度"缺"温度"，疏远官兵关系，内部环境死气沉沉；或奖赏过滥，呵护有余，该罚不罚，失之于宽、失之于松、失之于软，让官兵成为"温室里的花朵"，稀稀拉拉，松松垮垮。显然，只有严格依法赏罚，激励担当作为，震慑违规越矩，才能营造既律令如铁、执法如山，又融融暖气、虎虎生威的良好氛围。

## 三、国务第三

### 【原文】

文王问太公曰："愿闻为国之大务①，欲使主尊人安，为之奈何？"

太公曰："爱民而已。"

文王曰："爱民奈何？"

太公曰："利而勿害，成而勿败，生而勿杀，与而勿夺，乐而勿苦，喜而勿怒。"

文王曰："敢请释其故。"

太公曰："民不失务，则利之；农不失时，则成之；省刑罚，则生之；薄赋敛②，则与之；俭宫室台榭，则乐之；吏清不苛扰，则喜之；民失其务，则害之；农失其时，则败之；无罪而罚，则杀之；重赋敛，则夺之；多营宫室台榭以疲③民力，则苦之；吏浊④苛扰，则怒之。

故善为国者，驭⑤民如父母之爱子，如兄之爱弟。见其饥寒，则为之忧；见其劳苦，则为之悲；赏罚如加于身，赋敛如取己物。此爱民之道也。"

**【注释】**

①为国之大务：治国的大道理。

②敛：征收。

③疲：疲劳。

④吏浊：官吏贪污。

⑤驭：驾马，此为治理之意。

**【译文】**

文王问太公："我愿意听听治国的要道。要想使君主受到拥戴，百姓生活得到安宁，怎么办好呢？"

太公说："治国要务，唯有爱民最重要。"

文王又问："应当怎样爱民呢？"

太公说："给百姓以利益而不要使他们受到损害，成就百姓的事业而不要败坏他们的事情，保障百姓的生命安全而不要无辜进行杀害，给予百姓好处而不要随便夺占，使百姓安居乐业而不要使其蒙受痛苦，使百姓喜悦而不要激起他们的怨怒。"

文王问："请你详细解释一下其中的道理。"

太公说："不使百姓失去职业，就是给人民以利益；不耽误农民耕作的时间，就是促成了百姓的生产；不惩罚无罪的人，就是保障了百姓的生存；少征收赋税，就是给了百姓利益；少修建宫室台榭，就是使百姓欢乐；官吏清廉、不苛刻扰害，就是使百姓喜悦。反之，如果使百姓失去职业，就是损害了他们的利益；耽误了农民耕作的时间，就是破坏了他们的生产；百姓无罪而妄加惩罚，就是对他们进行杀害；对百姓横征暴敛，就等于掠夺他们的财物；多修建宫室台榭而疲劳民力，就是增加百姓的痛苦；官吏贪污，苛刻扰害，就必然要激起百姓的怨怒。

所以，善于治国的君主，治理百姓就像父母爱护子女、兄长爱护弟、妹一样，看到他们饥寒，就感到担忧；看到他们劳苦，就感到悲伤；对他们无论是赏是罚，就像加到自己身上一样；向他们征收赋税，就像是夺取自己的财物一样。凡此种种就是爱民的道理。"

## 【新解】

国务，即治理国家的大道理，也可理解为根本要务。治理国家是一个复杂的系统工程，需要从多方面、多层次、多角度着手进行。善治国者，抓住总纲，纲举目张，天下大治；不善治国者，则不分纲目，眉毛胡子一把抓，以致天下大乱。本篇《国务》的核心就在于如何牢牢抓住治理国家的纲，理顺各方面的目，从而赢得民心，掌握天下。

### （一）国之要务，爱民而已

纲举目张，是一种统揽战略全局的工作思路和方法。作为一国之主，不需要事必躬亲，重要的是抓主要矛盾的主要方面，也就是牢牢抓住关键性的问题。在姜太公看来，治国之道千头万绪，其关键性环节不外乎"爱民而已"。

爱民才能得民心，"得民心者得天下"。这是一代又一代中国人对国家权力的政治愿望和哲学思考。大凡真正将"爱民"

上升至"国之要务"高度对待的统治者，其统治的国家往往能够长治久安。古代封建帝王中，唐太宗李世民堪称"爱民"的典范。他即位之初曾有过治国方略的大讨论，即大乱之后，是重典惩治刁民，还是与民休息。通过对隋朝灭亡的深刻反思和对唐朝初年社会状况的观察，唐太宗认识到"水能载舟，亦能覆舟"的道理，指出"凡事皆须务本。国以人为本，人以衣食为本。凡营衣食，以不失时为本"，强调治国要得到人民的拥护和支持。于是，他积极纳谏，采纳了魏征等大臣的建议，顺应民意，推行以民为本的政策，厉行节约，轻徭薄赋，劝课农桑；关心民瘼，修明政治，澄清吏治，为稳定唐初社会秩序、恢复经济制定了正确的政治路线，为开创"贞观"盛世奠定了坚实基础。

姜太公的"爱民"思想不仅为后人提供了一种政治道德价值观和治国理政方法论，也揭示了国家政治兴衰的一般规律。自古以来，"国之要务"的道理妇孺皆知。然而，理论上的认知并不等于实践上的自觉。囿于阶级局限性，历史上的无数王朝在初创之时尚能"接地气"、体察民情，但是承平日久，统治阶级往往巧取豪夺，蚕食民利，挤压民众生存空间。财富向极少数人集中，逐步滋生足以裹挟或威胁国家机器的"利益集团"，终成尾大不掉之患，侵蚀国本，民众成草芥，将政权推向不归路，屡屡演绎"其兴也勃焉，其亡也忽焉"的历史周期率。

**（二）爱民六诀，贵在养之**

爱民，是一个战略问题，需要从全局着眼、从细节入手。也就是说，举起"爱民"之纲的同时，还需要张开若干方面的目。姜太公看清了这种关系，因而提出了"爱民六诀"，强调利、成、生、与、乐、喜六招并用，这样才能使老百姓安居乐业、国家增强实力，从而内得民心、外克强敌，赢取天下。

无论是战争还是竞争，最终的胜负并不取决于两军短兵相接之际，而是取决于双方综合实力的较量。姜太公的"爱民六诀"实质上是一种在悄无声息之中隐蔽提高综合国力的战略艺术，春秋末期的越王勾践及其谋臣范蠡，就是因为巧妙地运用了这一战略艺术，不仅摆脱了越国濒临灭亡的危局，而且反败为胜，最终灭亡了吴国。

公元前494年，吴越两国在夫椒（今江苏太湖中洞庭山）打了一场大战，越军大败，越王勾践率领仅剩的五千甲兵退守会稽山（今浙江绍兴）。吴军乘胜追击，占领会稽城，包围会稽山。越军无处可逃，只好请和。越王向吴王称臣纳贡，割让土地，并且亲自作为人质前往吴国侍奉吴王。就在越王悲观失望、手足无措之际，谋士范蠡提出了一条巧妙的思路，那就是"尽其阳节，盈吾阴节而夺之。"

"尽其阳节"，实际上就是要想办法引诱吴王劳民伤财，消耗其国力、军力和民力。为此，范蠡从越国挑选出一批良工巧匠送给吴王，同时还送去大量上等建筑材料，美其名曰资助吴国修建楼堂馆所，实则怂恿吴王劳民。若干年之后，越王又主动给吴王送去两千人马和武器，名为协助吴王北上与齐国、晋国争霸，实则诱使其劳军。姜太公的"爱民六诀"中说，不耽误农民耕作的时间，就是促成了百姓的生产；少征收赋税，就是给了百姓利益；少修建宫室台榭，就是使百姓欢乐。范蠡的"尽其阳节"之计，恰恰就是反用此计，驱使吴王毫无顾忌地劳民、劳军，以致吴国民众因长期服劳役、兵役而耽误农时、失去职业、愈益贫困。同时，吴国国力、军力也不断消耗。

"盈吾阴节",实际上就是隐蔽地发展自己的实力。为此,范蠡提出了一系列建议,基本上与姜太公的"爱民六诀"相吻合,即鼓励民众生育,发展人口;激励民众生产,提高经济实力;整顿吏治,大倡清正廉洁之风;加强军备建设,增强军事实力。越王勾践采纳了这一系列建议,并且率先垂范。他亲自下田耕种,夫人参加纺织,而且不吃肉食,不穿华丽的衣裳,还注重礼贤下士,延揽各方面人才,访贫问苦,安抚百姓。经过20年的隐蔽发展,越国人口大增,社会安定,民心团结,国库殷实,综合实力全面提高。

战争是人力、物力的比拼,也是民心、民意的较量。战争双方实力的消长和民心向背,往往决定着战场上的胜负。吴王因胜而骄,不惜民力,导致吴国盛极而衰,全面虚弱;越王败而思强,爱惜民力,致使濒于灭亡的越国起死回生,逐步壮大。这种悄无声息的转化,使越国得以趁吴王北上争霸之机,一举攻进吴国首都,最终灭亡吴国。

如果拂去历史的尘埃,仔细地审视越灭吴的全过程,不难发现"爱民六诀"并不是权宜之计,而是一个关照全局的系统工程,需要脚踏实地一步一步落实。其基点是以民为本,关爱民众,关键则在于一个"养"字,即利、成、生、与、乐、喜六条措施的协调运用,顺乎民意,呵护民生,培养民力,逐步提高综合国力。一个国家是否能够上下同心,关键也在于领导者是否善于让利于民,营造安居乐业的环境,通过"利而勿害,成而勿败,生而勿杀,与而勿夺,乐而勿苦,喜而勿怒"等方法休养生息,培养民力。

### (三)善为国者,与民一体

越王勾践还算是比较聪明的,为了休养生息,发展生产,不惜放下一国之君的架子，亲自下田耕种，夫人参加纺织，而且不吃肉食，不穿华丽的衣裳，在一定程度上做到了姜太公所说的"驭民如父母之爱子，如兄之爱弟。见其饥寒，则为之忧；见其劳苦，则为之悲；赏罚如加于身，赋敛如取己物"。封建时期的中国人习惯于君臣等级秩序，以及官贵民贱的区别，为君者高高在上似乎是天经地义的事情。那么，一旦君王放下身段亲近百姓，往往让老百姓感激涕零，倍加拥戴。勾践亲民之举确实赢得了这种效果，乃至于赢得了天下。

姜太公所倡导的爱民之道，强调国君与民众建立血肉联系，结成生死与共的共同体，把民众的疾苦视为自己的疾苦，把民众的悲伤视为自己的悲伤，把对民众的剥削视为对自己的剥削。有了这种血肉关系，领导者才可能为民所思、为民所想，同时也才有可能基业稳固，事业兴旺。

现在，不少企业希望打造百年老店，变成长寿型企业，成败的关键就在于领导者奉行的基本方针是利润至上还是爱民至上。2024年2月25日，娃哈哈集团创始人、董事长宗庆后先生逝世，引发了全网对"良心企业家"宗庆后先生的悼念。在网络空间沉寂多年的娃哈哈集团因之迅速成为"顶流"，旗下系列产品因热销而长期处于断货状态。一个企业家的离世竟引发如此大的社会反响，近三十年来鲜见。关键就在于宗庆后先生把"家文化"引入娃哈哈集团，视员工为家庭成员，关注员工的小家，发展企业这个大家，报效国家，从而引起了人们的共鸣。

据报道，宗庆后先生对于员工的薪资是大方的，走在了很多企业的前面；对于员工的工作能力是包容的，规定不能开除45岁以上的员工，接纳那些能力不够的人，给他们平台，给他们提高自己的机会，超越了一般企业家的格局；对于员工的工作时间是大气的，不强制要求员工"996"，尽可能给员工更多、更宽松的自由时间。更难能可贵的是，作为亿万富豪，宗庆后先生的身上没有华丽的高级服装，手上没有名贵的手表，脚上也没有锃亮的皮鞋，更没有豪华轿车和前呼后拥的保镖，他生活节俭，被人们亲切地称作"布鞋老总"。此外，宗庆后先生在管理中提倡将消费者的利益放在首位考虑。正因如此，"娃哈哈纯净水净含量596ml"成为网友赞誉的焦点，"娃哈哈实验室御用水"在社交媒体上成为了热门话题。

在如今商业竞争激烈、信息传播迅速发展的时代，许多企业为了追求利润而欺骗消费者已经成为常态。宗庆后先生领导的娃哈哈集团却始终坚持质量第一、诚信为本的原则，几十年如一日，立了中国企业"良心"的标杆，这也是娃哈哈集团越来越强的经营之道。

## 四、大礼第四

### 【原文】

文王问太公曰："君臣之礼如何？"

太公曰："为上唯临①，为下唯沈②；临而无远，沈而无隐。为上唯周③，为下唯定④；周则天也，定则地也。或天或地，大礼乃成。"

文王曰："主位⑤如何？"

太公曰："安徐而静，柔节⑥先定；善与而不争，虚心平志，待物以正。"

文王曰:"主听如何?"

太公曰:"勿妄而许,勿逆而拒;许之则失守⑦,拒之则闭塞。高山仰之,不可极也;深渊度之,不可测也。神明之德⑧,正静其极⑨。"

文王曰:"主明如何?"

太公曰:"目贵明,耳贵聪,心贵智。以天下之目视,则无不见也;以天下之耳听,则无不闻也;以天下之心虑,则无不知也。辐辏⑩并进,则明不蔽⑪矣。"

【注释】

①临:居高临下,此为亲近的意思。

②沈:同"沉",深沉、隐伏之意。

③周:普遍。

④定:安分,安定。

⑤位:处于官位。

⑥节:节制。

⑦守:操守,主宰。

⑧德:道德,品行。

⑨极:顶点。

⑩辐辏:车轮上支撑轮圈的木条为辐,车辐聚于轮中心处为辏。此指从各个方面汇集在一起。

⑪蔽:蒙蔽。

【译文】

文王问太公:"君主与臣民之间的礼法怎样才好呢?"

太公回答说:"为君上的应亲近臣民,为臣民的应虔敬君主。亲近臣民就不要疏远他们，虔敬君主就不要对其隐瞒。君主要普遍地施行恩惠，臣民要安分守职、守己。普遍施行恩德，就像天空的阳光普照万物；安分守职、守己，就像地上的万物稳健生长一样。君主效法天，臣民效法地，上上下下各按自己的本分行事。这样君臣之间的礼法就完满地形成了。"

文王说："处于君主地位的，怎样做才好呢？"

太公说："君主处理政事宜安详、稳妥而冷静，凡事柔和有节制，但不可寡断。待人要考虑多施与人，而不与人争利。待人要虚心静气，而不可骄矜自恃。接物要公平正直，而不偏逞私心。"

文王问："做君主的怎样倾听属下的意见呢？"

太公说："君主听取属下的意见时，不可轻率许诺，也不要迎头拒绝。轻率许诺，容易有失操守，甚至造成被动；迎头拒绝，必然堵塞言路，导致闭目塞听。君主要有高山般的气度，使人仰望而看不到其巅峰；又要有胸怀大海般的度量，使人俯视而探测不出它的深度。要养成神圣英明的君德，就要使自己宁静、公正的精神境界达到很高的程度。"

文王问："做君主的怎样才能清楚地观察形势，洞察全局呢？"

太公说："眼睛贵在能明察，耳朵贵在能敏听，头脑贵在清醒。做君主的如能站在天下人的立场上，以天下人的眼睛观察事物，则天下之事无所不见；以天下人的耳朵听取意见，则天下之事无所不闻；以天下人的心愿考虑问题，则天下之事无所不知。如果所有天下人的意见都能源源不断地从四面八方汇集到君主那里，那么君主就能明辨是非，什么时候都不会被蒙蔽了。"

**【新解】**

礼,即封建时期社会规范和君臣之间的行为准则。大礼,也就是治理国家最重要的规范和准则。本篇围绕这个"礼"字,着重阐明国君治国理政应当遵循的基本原则,从"主位""主听""主明"三个方面着重论述了君主应具备的行为规范和品德修养。用现代语言来说,本篇《大礼》着重阐述的是一种领导艺术,吸取其精华当有助于我们管理军队、治理企业。

**(一)柔节先定,待物以正**

"主位"中的"位"不是名词,而是动词,有居、处之意,强调谨于职守,安于本位。《鬼谷子·符言》:"有主位。主於位者,安徐正静而已。"换言之,居于主要位置上的人应当遵循的行为规范。

古往今来总有那么一些人,一旦权在手便超然法外,为所欲为。殊不知,权位越高,约束越大。不受约束的权力,必然导致无法收拾的灾难。所以,姜太公提醒居于主要领导位置的人,必须做到"安徐而静,柔节先定;善与而不争,虚心平志,待物以正"。这些美好的词句说起来动听,做起来却并非易事,需要领导者克制自己的欲望,约束自己的言行。领导者沉着冷静,下属才能心生敬畏;领导者外柔内刚,下属才能自觉亲近;领导者善于让利于人,下属才会乐于效命;领导者虚心静气,下属才能勇于进言;领导者处事公平正直,下属才会依法办事。这就是"先能定己,然后可定人"的领导艺术。然而,生活中的一些人往往在追求目标岗位过程中尚能讲究这种艺术,大体按照这些规范约束自己,一旦达到了目标岗位却将其弃之脑后。吴王夫差堪称此类典型。

公元前495年,吴王阖闾在战场上重伤而死,其子夫差继位。夫差继位之初，立誓为父报仇，励精图治，重用伍子胥和伯嚭，发展军备，第二年便在夫椒之战中大败越王。从此，吴王由胜而骄，犯了一系列错误。一是不安不静，不着力发展综合实力，弥补连年战争的创伤，而是急于北上与齐国和晋国争夺天下。二是不注重与民休息，大兴土木建造楼堂宫殿，供自己娱乐。三是不纳忠言，不能待物以正。伍子胥多次建议先灭掉越国，然后再集中兵力北上争霸，夫差不听。

越王勾践却时刻为伍子胥的谏言而担心，想方设法除掉伍子胥。谋臣范蠡花重金贿赂了伯嚭，伯嚭本来就忌妒伍子胥的战功，经范蠡一番怂恿，便三番五次在吴王夫差面前诬陷伍子胥，称其名为灭亡越，实为揽功，并且勾结齐国，怀有二心。夫差偏听偏信，居然赐予伍子胥一柄剑，令其自杀了。此后，再也无人提及灭越之事，夫差专注于北上争霸。越国赢得了休养生息的时间，经过"十年生聚，十年教训"的发展，越国由弱变强，最终连续几次打败夫差，于公元前473年彻底灭亡了吴国。

**（二）勿妄而许，勿逆而拒**

"主听"是指国君听取意见应采取的原则态度。听，是人们认识世界、获取信息的主要途径，一个聪明的领导者务必具备善于倾听的能力。南斯拉夫有一则民间故事，说有一位国王的耳朵长得像驴子一样。国王因羞于见人，经常戴着很深的帽子掩遮耳朵，以便隐藏身体上的缺陷，维护国王的尊严。他每次都将替他理发的理发师杀掉。这位国王认为守住这个秘密就可保证自己的安全，结果这位国王成为一位闭目塞听的愚蠢的人。寓言故事往往是真实生活的写照。项羽就是这么一位不愿意听不同意见的人，刚愎自用，结果旗下的人才纷纷离他而去，使之成为孤家寡人。相反，刘邦广纳人言，旗下人才越聚越多，最终靠众人的力量打败兵力貌似强大的项羽。

不过倾听不是一件简单的事情，需要讲究听的艺术。姜太公提出"主听"的原则是："勿妄而许，勿逆而拒。""妄"，即随意；"逆"，即迎击。这句话的意思是说，君主听取臣下的建议和要求，不要随便许诺，也不要迎头予以拒绝。因为随便许诺，则可能失掉应该坚持的原则；或者一旦兑现不了诺言，又有失信誉。相反，迎头予以拒绝，则可能产生拒人千里的效果，以致闭塞言路，听不到各种意见；或者伤害别人情面，没人愿意当面进言。聪明的领导人应当注重倾听，让人把话讲完，不轻易表态，留一个缓冲的时间和空间。这种倾听的艺术既可以营造一个轻松的对话氛围，使人们乐于进言，又有利于冷静思考，正确决策。此外，还有利于给人们留下老成持重的印象。

### （三）目贵明，耳贵聪，心贵智

主明，是指领导者怎样才能做到心明眼亮，洞察全局。领导者驾驭全局，重在于劳心，而不在于劳力。劳心得当才能治理天下，劳力过度则可能忽略全局。然而，劳心并不等于斗心眼，玩小聪明。历史上的昏君大多都是斗心眼、玩小聪明的高手，但最终都逃不出遗臭万年的下场。姜太公认为，劳心而又能治人者，应当"目贵明，耳贵聪，心贵智"，这样才有可能成为"辐辏并进，则明不蔽"的明君。

唐太宗在即位之初便提出了一个发人深省的问题：什么叫明君、暗君？魏征回答说："兼听则明，偏信则暗。"紧接着列举秦二世、梁武帝、隋炀帝"偏信"则亡的历史教训，证明"人君兼听广纳，则贵臣不得拥蔽，而下情得以上通也"。对于君主来说，兼听就会天下大治，偏信就会天下大乱。唐太宗听了"甚善其言"，完全赞同。他深知"一人之耳目有限，思虑难周，非集思广益，难以求治"，他曾对大臣说："朕既在九重，不能尽见天下事，故布之卿等，以为朕之耳目。"正因为认识到帝王"一日万机，一人听断，虽复忧劳，安能尽善？"所以，他鼓励臣僚极言规谏。

唐太宗为了让臣僚极言规谏，多次表示，即使是"直言忤意"，也决不加以怒责。每次听取谏言时，总是和颜悦色，态度诚恳。他对大臣说："人欲自照，必须明镜；主欲知过，必藉忠臣。"有个人被判无罪，大臣孙伏伽进谏说，按照法律，不该处死，怎么能滥加酷刑呢？太宗听后觉得言之有理，马上改进，并赐给他价值百万钱的公园。有人认为孙伏伽所谏不过是件小事，奖赏太重。唐太宗却认为，重赏的不是这件事，而是奖赏这种敢于进谏的行为。由于太宗的积极倡导，谏诤之事蔚然成风。当时犯颜直谏、面折廷争的事例屡见不鲜。上自宰相，下至县官小吏，甚至宫廷嫔妃，都有人敢于直言进谏。其中最杰出的是魏征。在君臣相处的十七年里，魏征始终以直谏著称，唐太宗对他也往往是言听计从。魏征去世后，唐太宗悲痛地说："以铜为镜，可以正衣冠；以古为镜；可以知兴替；以人为镜，可以明得失；朕常保此三镜，以防己过。今魏征殂逝，遂亡一镜矣。"他为此颁布诏令，号召臣僚们以魏征为榜样，做到宣言无隐。

唐太宗广开言路，鼓励直谏，在一定程度上实现了"以天下之目视""以天下之耳听""以天下之心虑"，从而能够集四方之意见，识天下之虚实，开创"贞观之治"的政治局面。

## 五、明传第五

**【原文】**

文王寝疾①,召太公望,太子发②在侧。曰:"呜呼!天将弃予,周之社稷③将以属④汝,今予欲师至道之言,以明传之子孙。"

太公曰:"王何所问?"

文王曰:"先圣之道,其所止⑤,其所起⑥,可得闻乎?"

太公曰:"见善而怠,时至而疑,知非而处,此三者,道之所止也。柔而静,恭而敬⑦,强而弱,忍而刚,此四者,道之所起也。故义胜欲⑧则昌,欲胜义则亡,敬胜怠则吉,怠胜敬则灭。"

**【注释】**

①寝疾:卧病。

②太子发:文王之子,名发,即武王姬发。

③社稷:土神,谷神。古时用作国家的代称。

④属:归属。

⑤止:停止,废止。

⑥起:兴起,发起。

⑦敬:敬重,敬谨。

⑧欲:私欲。

**【译文】**

文王卧病在床,召见太公,太子姬发也在病床旁边。文王叹息地对他们说:"唉!上天将要遗弃我了。周家的社稷将要归你（指太子发）掌管。现在我想师法古代圣贤治国安民的道理，并把它明明白白地传授给子孙后代。"

太公说："王，你要问什么呢？"

文王说："古代圣贤治国安民之道，为什么后来废止或中断？为什么有时又能够重新兴起继续流传后世呢？你可以讲给我听听吗？"

太公回答说："看到应该去做的好事，反而怠惰不去实行；事物的时机已经成熟，应当行动时，反而犹豫不前；明明知道某些事是错的，反而泰然处之，如采取这三种做法，就是废止了古代圣贤治国安民的道理。柔和而宁静地自我修养，谦恭而敬谨地待人接物，强毅而柔和的宽容态度，坚忍而刚劲地处理事务，做到这四点，就是承继了古代圣贤治国安民的道理。所以，义理胜过私欲，国家就昌盛；私欲胜过义理，国家就危亡；敬谨胜过怠惰，国家就吉利；怠惰胜过敬谨，国家就败亡。"

**【新解】**

本篇《明传》着重阐述了社稷兴衰、人事成败的基本规律。人们常说："谋事在人，成事在天。"可是《六韬》的作者不这么看，认为不仅谋事在人，而且成事也在人，在于人们的进取之心和敬业精神。

### （一）为政三忌，道之所止

俗话说：打江山容易，坐江山难；创业容易，守业难。其中的难易显然是相对的，不可绝对化。任何事业的开创阶段都不可能一帆风顺，都必须历经千辛万苦，付出高昂代价，才可能结出丰硕的果实。但是，相对来说，开创阶段目标比较明确、力量比较集中、精神比较亢奋，往往有助于事业成功。守成阶段虽然少了一些风雨，多了一些安逸，与之相生相伴的则是目标可能模糊、力量可能分散、精神可能懈怠，在纵容人们享乐的同时悄无声息地侵蚀着事业的根基。这是一条铁律，古往今来概莫能外。所以，古今执政者历尽艰辛赢得天下之后无不希望江山稳固，代代相传；创业者吃尽苦头开创事业之后无不希望稳步发展，事业长青。不言而喻，西周时期周文王临终之际关切的事业兴衰、起止问题，即使生活在现代文明之中的人们也无不为此而困惑。其实，答案很简单，那就是姜太公提出的"为政三忌四德"。

"忌"，就是忌讳，应当尽量避免的东西。姜太公认为，导致事业衰败甚至废止的重要原因莫过于三种思想和工作态度，那就是"见善而怠，时至而疑，知非而处"。这三句话虽然只有十二个字，但确实切中了要害。

看到应该去做的好事，反而怠惰不去实行，必然无所作为。并且，将在社会上倡导一种罚勤奖懒的风气，阻止事业发展。

事物的时机已经成熟，应当行动时，反而犹豫不前，必然错失良机，甚至将机会拱手让给对方，导致自身的失败。正如吴起所言："用兵之害，犹豫最大；三军之灾，生于狐疑。"

明明知道某些事是错的，反而泰然处之，必然助长歪风邪气，抑制正道善行。所谓"千里之堤，溃于蚁穴"，说的就是这个道理。

这三种思想和工作方法，看起来表现各异，其实归根到底就是私心太重，是有所作为还是无所作为，是得时而动还是观而不动，是鼓励善行还是偏袒恶行，一切依据私利大小而定，缺乏天下为公的思想品格。这样的人执掌江山大业，其结果可想而知。当年，站在周文王病榻旁的太子姬发记住了姜太公的教诲，执政之后励精图治，积极作为，使周国势力迅速发展兴旺起来，最终灭亡商纣政权，取而代之，开创了西周天下。可惜的是，姜太公的这一忠告并未被他自己家业的继承人所传承。姜太公在商朝灭亡后受封于齐国，成为齐国始祖。春秋初期，齐桓公"九合诸侯，一匡天下"，成为当时天下霸主。然而，由于齐桓公选拔主政大臣时忽略了"为政三忌"，最终导致事业衰败。

据《史记·管晏列传》记载，齐桓公的霸业多半是在宰相管仲的辅佐之下完成的。当管仲生病时桓公前往探访，顺便要管仲推荐能继承他的人。管仲说："知臣莫过于君，知子莫过于父，请君王告诉我您打算用何人？"

"鲍叔牙如何？"

"不行。鲍叔牙性格刚愎又感情用事。刚则无法厚待人民，愎则无法专心，容易感情行事，人民不能对之心悦诚服。"

"那么竖刁怎么样？"

"不行。爱护自己身体，才是人之常情。可是他知道主公您嫉妒心强又喜爱女色，竖刁就去破坏自己的性机能当上后宫总管，像他这样连自己都不爱的人，又怎能对主公忠诚呢？"

"那么卫公子开方如何？"

"不行。齐卫之间距离只有十天的路程就可达到，但他为了讨好君主，十五年来都未曾回国省亲，这是不人道的行为。对于父母没有亲情，又怎会对君主诚心呢？"

"那么易牙如何呢？"

"不行。他知道君王你喜爱美食，只有人肉还未曾吃过，就将自己的长男献给君王享受。喜爱自己的儿子才是常情，可是易牙却将儿子献给主公。连亲生儿子都不要的人，哪会对君王忠诚呢？"

"那么谁才好呢？"

"隰朋的性格坚强而又廉直，处事又不贪心，值得信赖，他才是辅佐君王完成霸业的人选。"

管仲死后，他极力推荐的隰朋并没有得到桓公的重用，竖刁却获得宰相的地位。三年后，竖刁、易牙、卫公子开方等大臣反叛，桓公被关进牢中饿死，竟至于尸体都长满了虫子。

齐桓公的悲剧告诉人们，打江山要靠战将，坐江山要用良才。竖刁、易牙、卫公子开方之流，都是私欲、权欲、贪欲膨胀之人，一心讨好、蒙蔽桓公，以谋取私利和权位，置人伦、道德于不顾，典型的"见善而怠，时至而疑，知非而处"。这些人一旦大权在握，必将在强烈的报复心驱使之下加倍地弥补寄人篱下时所付出的利益和尊严，从而导致天下大乱。

值得注意的是，在现实生活中，像管仲那样能识别竖刁、易牙、卫公子开方之类的人并不容易。"楚王好细腰，宫人皆饿死"，私欲强烈之徒往往顺着上司的喜好见机行事，对上司由舒舒服服变为服服帖帖。所以，执政者、为将者、创业者能否选拔和任用优秀人才，坐稳天下，首先自己要尽量避免出现"见善而怠，时至而疑，知非而处"的状态。

**（二）为政四德，道之所起**

"德"，就是德行，应当具备的道德和品行。姜太公指出，执政者、为将者、创业者如果希望事业兴旺发达，务必做到："柔而静，恭而敬，强而弱，忍而刚"。纵观人类历史，这四句话确实高度概括了事业兴盛的关键原因。

在任何领域打拼事业，既要在错综复杂的环境中对付和利用各种外部势力，又要在盘根错节的矛盾中处理和协调各种内部力量。能否最大限度减少外部阻力，凝聚内部力量，需要领导者具备理智的头脑和优良的品行。

"柔而静"，是指为人处世要方法柔和，头脑冷静。矛盾只有在一定的时间和空间中运动才能不断转化。如果处理矛盾的方法过于直接、刚烈，对外可能引起决斗或决裂，失去回旋余地；对内则可能引起反感或反叛，失去民心、民意。这就需要领导者培养"静思"的习惯，冷静思考，才能看得清、看得远，才能心态平和地处理各种复杂矛盾。

"恭而敬"，是指待人接物要态度谦恭，行事敬谨。在官本位盛行的文化氛围中，人们本能地具有"敬官""畏官"情结，一个人的职位越高就越受人们尊敬和畏惧。任何事物都具有两面性，敬畏之心有助于转化为服从意识，同时也有可能扩大上下级之间的隔阂。因此，位高权重的人如果不注重以谦恭、敬谨的态度与下属说话办事，而是动不动摆出一副盛气凌人、高高在上的架子，那么一个集体之中的凝聚力、向心力都无从谈起，不可能形成上下一心、共创大业的局面。

"强而弱"，是指领导艺术要强毅而柔和，刚柔相济。古老兵书《军谶》中说："柔能制刚，弱能制强。"一般的制胜规律是刚胜柔，强胜弱，怎么能够反过来说呢？《三略》的作者分析认为："柔"而适中是美德，"刚"而失中是祸患；"弱"而有德会得到人们的同情和帮助，"强"而不仁会受到人们的怨恨和攻击。这就要求人们务必将"强"与"弱"有机结合起来，其效果必然如《军谶》所言："能柔能刚，其国弥光。能弱能强，其国弥彰。纯柔纯弱，其国必削。纯刚纯强，其国必亡。"（《三略·上略》）也就是说，执政者既能用柔又善用刚，国家就充满光明；既能用弱又善用强，国家就愈加昌盛；纯粹用柔单纯用弱，国家一定削弱；纯粹用刚单纯用强，国家一定灭亡。

"忍而刚"，是指统筹全局要坚韧和果决，能起能伏。创业、守成是一个漫长的过程，其间既有波涛汹涌，又有风和日丽。这就要求创业者、守成者在艰难困苦或风平浪静之时具备耐心、耐力，忍常人之所不能忍，方能为常人所不能为，创常人所不能创之大业。如周文王当着商纣王的面忍痛吞食用亲生儿子的肉做成的肉饼，为灭亡商纣创造了条件；越王勾践当着吴王夫差的面屈尊尝粪便，最终反败为胜，打败吴王。如果当忍不忍，当伏不伏，则可能激化矛盾，一"怒"招致满盘输。同时，也要求创业者、守成者在机会和风险来临之际果敢决策，雷厉风行。如果当断不断，当行不行，也可能错失良机，一"失"足成千古恨。

当代战场、商场、职场等各种竞争场上，情况日趋复杂，较量日趋激烈，立于不败之地既靠实力，更靠良好的性格习惯和高超的处世艺术，更需要人们努力做到"柔而静，恭而敬，强而弱，忍而刚"。

总之，为政"三忌"也好，"四德"也罢，核心是要求人们树立天下为公的事业雄心，培养刚柔相济的良好性格，磨炼智勇兼备的处事艺术。唯有如此，方能义理胜过私欲，赢得事业昌盛；敬谨胜过怠惰，确保事业顺利。

## 六、六守第六

**【原文】**

文王问太公曰："君国王民者，其所以失之者何也？"

太公曰:"不慎所与也。人君有六守①、三宝②。"

文王曰:"六守何也?"

太公曰:"一曰仁,二曰义,三曰忠,四曰信,五曰勇,六曰谋,是谓六守。"

文王曰:"慎择六守者何?"

太公曰:"富之而观其无犯,贵之而观其无骄,付之而观其无专③,使之而观其无隐,危之而观其无恐,事之而观其无穷。富之而不犯者仁也,贵之而不骄者义也,付之而不专者忠也,使之而不隐者信也,危之而不恐者勇也,事之而不穷者谋也。人君无以三宝借人④,借人则君失其威。"

文王曰:"敢问三宝?"

太公曰:"大农、大工、大商谓之三宝。农一⑤其乡,则谷足;工一其乡,则器足;商一其乡,则货足。三宝各安其处,民乃不虑。无乱其乡,无乱其族,臣无富于君,都⑥无大于国⑦。六守长⑧,则君昌;三宝完,则国安。"

【注释】

①六守:六项应遵守的事项。

②三宝:三项宝贵的事项。此指农、工、商三件关系国家经济命脉的大事。

③专:专权。

④借人:给予他人。

⑤一:统一,专一。此为聚集、汇聚之意。

⑥都:都邑。此指国都以外的大城市。

⑦国:国都,古代君主住的城邑。

⑧长:长大,保持。

**【译文】**

文王问太公:"凡是治理国家、统领百姓的君主,都往往会失去国家和百姓,这是什么道理呢?"

太公回答说:"这是由于他们不能谨慎执政造成的。做君主的应当选拔能够恪守六项德行标准的人才和抓住三件重大的事情。"

文王问:"什么是六守?"

太公说:"一是仁爱,二是道义,三是忠诚,四是信用,五是勇敢,六是谋略,这就是所说的六守。"

文王问:"慎重选择具有六守的人才,用什么方法呢?"

太公说:"多给他财物,观察他是否违犯法制;给他很高的爵位,观察他是否骄横凌人;付托他以重任,观察他是否转变志向;任命他办理重要事务,观察他是否欺蒙隐瞒;将他置于危难的环境中,观察他能否临危不惧;让他处理复杂的事务,观察他能否应变无穷。富足而又能不违反法制的,是信守仁爱的人;身居高官显贵而又不骄狂的,是有道义的人;身负重任而又不转变志向的,是忠诚的人;办理重要事务而又不欺蒙的,是诚信的人;处于危难的环境而又不恐惧的,是勇敢的人;在复杂事务面前能够应变无穷的,是有智谋的人。此外,做君主的还要注意三宝必须掌握在手,如果被别人拿去了,国家的权威就必定要丧失。"

文王问:"三宝是什么呢?"

太公说:"大农、大工、大商构成国家的经济命脉,称为三宝。使农民聚集在一乡进行生产,粮食必然充足;使工人聚集在一乡去做工,器具就会充足;使商人聚集在一乡专门经商,货物就会充足。让大农、大工、大商三大行业都在其特定的地区，各安其业，生产发展，生活丰裕，自然就不会有其他什么思虑了。这样，各地老百姓就不会扰乱其乡土，也不会扰乱其亲族。臣的财富再多也超不过君主，都邑再大也超不过国都。结果是国家基础稳固，社会太平，政局稳定。总之，六守能长期保持，则君主隆盛；三宝完善了，则基础牢固。这样，国家的长治久安就可以长期地保持下去了。"

**【新解】**

严格地说，"六守"二字并未完全反映本篇的主题。通观全文，本篇《六守》着重探讨的问题是保证国家长治久安应当把握的工作重点。其中慎择六守之人、完善三宝之事等观点切中了人才治国和经济富国两大要务，蕴含着深邃的大智慧、大思路，至今仍不失为做好领导管理工作的要言妙道。

**（一）慎择"六守"之人，精选治国良才**

治国之要在于治人，治人之要在于用人。用人得当，政通人和；用人不当，人亡政息。而用人当与不当，关键在于所用之人是否具备"仁、义、忠、信、勇、谋"六种德行。仁义之人能够宽以待人，凝聚民心；忠信之人能够担当大任，忠于职守；勇谋之人能够敢于作为，巧于大为。历史上那些振兴国家大业的人，往往是具备这些能力和德行的良才，而那些毁灭国家大业的人则必定是不具备这些能力和德行的庸才。南宋时期的贾似道就是典型的庸才。

公元1258年蒙古大举攻宋，鄂州（今湖北武昌）危急，贾似道即军中拜右丞相，奉命赴援。贾似道原是个不学无术的浪荡子，因他的姐姐是宋理宗的宠妃，才得了官位。他当上官后，什么事都不干，经常带着一批歌女在西湖上喝酒作乐。面对蒙军猛烈攻势，贾似道惊恐万分，便瞒着朝廷，偷偷地派个亲信到蒙古营去求和，表示只要蒙古退兵，宋朝就愿意称臣，割江为界，岁奉银绢各20万。因蒙哥死于钓鱼城下，忽必烈急于北返争夺汗位，才达成和议。蒙古军撤退之后，贾似道回到临安，把私自订立和约的事瞒得严严实实，却抓了一些蒙古兵俘虏，吹嘘各路宋军取得大胜，不但赶跑了鄂州的蒙古兵，还把长江一带敌人势力全部肃清了。宋理宗听信了贾似道的谎言，认为贾似道立了大功，专门下一道诏书，赞赏他奋不顾身，指挥有方，并以右丞相兼枢密使召入朝，从此专制朝政近17年。

宋理宗死后，贾似道拥立赵禥做皇帝，就是宋度宗。宋度宗荒淫昏庸，整天沉迷于酒色，把朝政完全交给了贾似道，称他为"师臣"，拜魏国公，地位高得没人能跟他比。宋度宗还特许贾似道三天上朝一次，处理政事，后来改为每六天一次、十天一次。贾似道平时生活以出入青楼酒肆、泛舟西湖、斗蟋蟀为主，即使处理公务也足不出户，由吏人抱着文书到贾公馆请示，这个时候的贾似道与皇帝已没什么两样了。

公元1271年，元世祖借口南宋不执行和约，派大将刘整、阿术出兵进攻襄阳，宋军连战连败，襄阳城被围了5年。贾似道把前线的消息封锁起来，不让宋度宗知道。有个官员上奏章向宋度宗告急，奏章落在贾似道手里，那个官员马上被革职了。襄阳失守后，国势越来越危急，贾似道迫于舆论，于德祐元年（公元1275年）调集诸道精兵13万出师应战，在丁家洲（今安徽铜陵东北江中）与元军遭遇，大败，逃奔扬州，宋军主力丧失殆尽。在群臣要求下，皇太后降旨罢免了贾似道，并将他流放循州（今广东惠州）。在流放循州的路上，贾似道被押送的县尉郑虎臣杀死，一代权奸就此结束了罪恶的一生，同时南宋灭亡的局势也已经无法挽回了。

令人悲哀的是，贾似道现象并非个案，历朝历代都有类似人物，诸如庆父、赵高、梁冀、董卓、来俊臣、李林甫、秦桧、严嵩、魏忠贤、和珅，都是曾经为患一时的奸臣。为什么悲剧一再重演，奸臣反复当道？关键的问题在于封建时期"家天下"的观念和"任人唯亲"的机制作怪。一些缺乏政治远见的君王，目光短浅，眼中只有亲戚和亲信，不能真正"慎择六守之人"，其结果必然是近小人，远忠臣。姜太公正是预见到这种历史的悲剧，主张君主要着眼于"天下为公"，要以"任人唯贤"的机制"慎择六守之人"。即使在现代社会中，姜太公的这一思想也是我们治理国家、成就大业应当严格遵循的重要原则。

当然，无论历史上还是现实中，用人不当的现象并非完全是任人唯亲的结果。许多领导人主观上也希望任人唯贤，重用那些忠良之才。但是与当年周文王面临的苦恼一样，不知道如何在芸芸众生中识别和选择这样的人才。姜太公的"动态识人六法"，不失为一种好的办法。他建议周文王对于那些需要重用的人才从多方面进行考察：一是多给他财物，观察他是否违反法制。富足而又能不违反法制的，是信守仁爱的人。二是给他很高的爵位，观察他是否骄横凌人。身居高官显贵而又不骄狂的，是有道义的人。三是付托他以重任，观察他是否转变志向。身负重任而又不转变志向的，是忠诚的人。四是任命他办理重要事务，观察他是否欺蒙隐瞒。办理重要事务而又不欺蒙的，是诚信的人。五是将他置于危难的环境中，观察他能否临危不惧。处于危难的环境而又不恐惧的，是勇敢的人。六是让他处理复杂的事务，观察他能否应变无穷。在复杂事务面前能够应变无穷的，是有智谋的人。

奸邪之人，伪装得了一时，伪装不了一世。忠良之才，可能一时失误，不可能永远失误。姜太公的"识人六法"融系统性、动态性于一体，强调在长期实践过程中多方面、多层次、多角度考察人才，而不是仅仅用某一种方法静态考察。

### （二）完善"三宝"之事，确保民富国强

从古至今，人权和财权是治国安邦不可或缺的两大支柱。因此，姜太公不仅提醒周文王要"慎择六守之人"，而且千万不能"三宝借人"。一旦失去了对"三宝"的控制权，国君的权威就必定要丧失。这一忠告，深刻地蕴含着姜太公通过发展经济，强加国家安全的战略思想。

姜太公的"三宝"思想包含三个关键意思：一是要集中力量大规模发展农业、工业、商业。如果将老百姓集中起来分别从事这三大领域的劳作，就会使国库和民众所必需的粮食、器具、货物日益丰富而充足。二是要"三宝并重"。农业、工业、商业是国家经济基础的三大支柱，缺一不可，也不可偏废。国无农无食不稳，国无工无器不富，国无商无货不活，只有"三宝并重"，才能使国家经济平衡发展，综合实力稳步上升。三是要以发展保安全。如果引导民众专心劳作，全力致富，自然就不会扰乱其乡土，也不会扰乱其亲族了。而且，老百姓生产出来的财富主要上交国库，那么臣子的财富再多也超不过君主，都邑再大也超不过国都。结果是国家基础稳固，社会太平，政局稳定。这样，国家的长治久安就可以长期地保持下去了。

姜太公的"三宝完，则国安"的思想不仅被周王文采纳，成为周朝经济发展的基本方针政策，而且作为齐国始祖的姜太

公也将之作为齐国的基本国策，有力地促进了齐国的经济繁荣和政治稳定，使齐国发展为一个民富、国强的大国。

享有"春秋第一相"的管仲，正是因为继承和发展了姜太公的这一思想，从而将齐桓公推上了"春秋首霸"的宝座。

春秋时期，社会急剧动荡，各诸侯国之间征战不断。齐桓公为争夺霸权，任用管仲进行改革。管仲是个非常注重实际的人，反对空谈主义，主张通过政治、经济改革以富国强兵，他认为："国多财则远者来，地辟举则民留处，仓廪实而知礼节，衣食足则知荣辱。"基于这种思想，他主持了一系列政治和经济改革：

内政上，实行"叁其国而伍其鄙"的政策，"国"就是国都及其郊区。"叁其国"就是把"国"划分成二十一乡，工商乡六个，士（农）乡十五个。"鄙"就是乡村。"伍其鄙"就是规定三十家为一邑，设一司官；十邑为一卒，设一卒帅；十卒为一乡，设一乡帅；三乡为一县，设一县帅；十县为一属，设一大夫。全国乡村共分为五属，分别由五个大夫管理。"叁其国而伍其鄙"的目的，是为了"定民之居，成民之事"，也就是使民众各有其居，各守其业，不许杂处或任意迁徙。

军事上，实行"作内政而寄军令"。把军令寓于内政之中，寓兵于农，兵民合一。把军事组织和行政组织有机结合起来，平时生产，战时从征。十五个士乡的行政组织是：五家一轨，设一轨长；十轨一里，设一有司；四里一连，设一连长；十连一乡，设一良人。与此相应的军事组织是，每家出一人，一轨组成一伍，由轨长率领；一里五十人，组成一小戎，由里有司率领；一连二百人，组成一卒，由连长率领；一乡两千人，组成一旅，由乡良人率领；五乡一万人，组成一军，立一元帅。

这样十五个乡可以组成三军，从而扩大了兵源，增强了军力。

经济上，打破井田制的限制，采取"相地而衰征"的措施，按照土地的好坏分等级征税。管仲还规定国家经营盐铁事业，设立盐官煮盐，设立铁官掌管制造农具，鼓励鱼盐贸易等。

经过上述改革，齐国实力迅速增强，为后来齐桓公"九合诸侯，一匡天下"，奠定了坚实的基础。

在当今激烈竞争的国际舞台上，国力决定地位，而综合国力的兴衰，在很大程度上取决于国家经济发展状况。同样道理，在当今激烈竞争的市场上，任何一个企业要想做大、做强，也必须苦练内功，全面提升企业竞争实力。

## 七、守土第七

### 【原文】

文王问太公曰："守土[①]奈何？"

太公曰："无疏其亲[②]，无怠其众，抚其左右，御其四旁[③]。无借人国柄，借人国柄，则失其权。无掘壑[④]而附丘[⑤]，无舍本而治末。日中必彗[⑥]，操刀必割，执斧必伐。日中不彗，是谓失时；操刀不割，失利之期；执斧不伐，贼人将来[⑦]。涓涓[⑧]不塞，将为江河；荧荧[⑨]不救，炎炎[⑩]奈何；两叶[⑪]不去，将用斧柯[⑫]。是故人君必从事于富。不富无以为仁，不施无以合亲。疏其亲则害，失其众则败。无借人利器[⑬]，借人利器，则为人所害，而不终其世也。"

文王曰："何谓仁义？"

太公曰："敬其众，合其亲。敬其众则和，合其亲则喜，是谓仁义之纪⑭。方冬甚寒，不能凌冻。方夏甚暑，不能聚功⑮。贤人群居，国人有凶。设而备之，必阖汝怀⑯。使人夺汝威，因其明，顺其常。顺者任之以德，逆者绝之以力。敬之无疑，天下和服。"

**【注释】**

①守土：防守国土。

②亲：宗亲，亲族。

③四旁：四方，周边。

④壑：深谷。

⑤丘：土山。

⑥彗：曝晒。

⑦贼人将来：祸患（或不好的机会）将会到来。

⑧涓涓：细流。

⑨荧：小火光。

⑩炎：火。

⑪两叶：树苗萌芽时的两片嫩叶。

⑫柯：斧柄。

⑬利器：指国家权力。

⑭纪：纪纲，准则，原则。

⑮聚功：功，同"工"。这里指聚众而工。

⑯怀：胸怀、内心。

**【译文】**

文王问太公："防守国土有什么好方法呢？"

太公回答：“要把国土防守好，不可疏远亲族，不可怠慢天下民众，要安抚左右之邻，还要驾驭和控制周边四境。国家政权不可委给他人，如委给他人，君主的威权就会丧失。不要掘取深谷的土去堆高土丘，不要舍弃根本去追逐枝叶。太阳至中午，是曝晒的好时机；手中握有快刀，是割取物件的好时机；拿起斧钺，是杀敌的好时机。中午太阳光强时不曝晒，握着刀子不割切，拿起斧钺不讨伐，都将失去好的时机。涓涓细流不加堵塞，就会汇成滔滔江河；微弱的火花不予扑灭，就会燃起熊熊大火；初生的一两片幼芽不予摘除，就会长成参天大树，那就只好用斧头去砍伐了。照常理，做君主的应该使国家和人民富强。不富强，就难以提倡仁义；不施仁义，就难以团结亲族。亲族疏远，则将带来很大危害；失去民众，则足以致败。不可将国家政权这个利器委给他人，如委给他人，必将为人所害，难以长久立于世上。”

文王问：“什么是仁义？”

太公说：“敬重民众，团结亲族。敬重民众，民众就和顺；团结亲族，亲族就喜悦。这就是仁义的一般原则。正当冬季，十分寒冷，不能使民众受冻；正当夏季，十分炎热，不能急于迫使民众完成差役。贤人成群而处，国家就可能有灾害。如果处处防范，民众就要与你离心。不要使人侵夺你的威权，要依靠人心的明察，顺应天道的常理。对于顺从的就给以恩德，加以任用；对于抗拒的就诉诸武力，加以征伐。如果对人对事这样敬重而不疑惑，天下就自然而然地和顺而服从了。”

**【新解】**

本篇名曰"守土"，实际上并没有谈论严把边关、坚守哨所、消除边患、抵御外强之类的问题，而是着重研究如何富民、如何睦邻的国策。所以本篇《守土》主要是从战略上论述保卫国家安全和主权的艺术，而不是从战术上分析守边御敌的策略。其核心是以仁义之道，使内外和服，从而确保国家的安全和稳定。

**（一）借人国柄，则失其权**

所谓"守土"，其实并不是简单地指防守国土，而是代指守业、创业。对国家而言，可理解为坐稳江山。姜太公开宗明义，指出守土的基本策略不外乎两手：对内"无疏其亲，无怠其众"，团结广大民众；对外"抚其左右，御其四旁"，稳定周边环境。同时，他又提醒国君："无借人国柄，借人国柄，则失其权"，意在说明，守土的内外策略能否统筹兼顾、灵活运用，主要取决于国君是否能够牢牢掌握政权。一旦将政权委托给他人，君主的威权就会丧失，也就不可能协调内外策略，更谈不上守土、守业了。东汉末期，皇帝大权落入外戚、宦官之手导致衰亡的历史，可以充分证明这一点。

东汉初期，国君为了防止外戚、宦官、干政，对他们的控制比较严格。但到了中叶以后，皇帝多是幼年继位，由母后临朝称制。外戚把持朝政，皇帝成为他们手中的傀儡。皇帝为了摆脱外戚势力的控制，只好依靠身边的宦官，铲除外戚势力，结果大权又落入宦官手中。无论是外戚或宦官，他们都飞扬跋扈，胡作非为，任人唯亲，打击异己，卖官鬻爵，搜刮民财，造成政治的极端黑暗和腐败。

从汉顺帝历经汉冲帝、汉质帝直到汉桓帝的几十年间，梁商、梁冀父子相继掌权，外戚势力发展到了顶峰。梁冀凶残贪暴，骄横跋扈。有一次，9岁的质帝开玩笑地称呼他为"跋扈将军"，他便将质帝毒死，另立他15岁的妹夫刘志为帝，是为桓帝。朝廷大事都由梁冀独断，甚至连皇帝也不得干预，百官更不敢违背他的意志办事。梁冀公开贪污受贿，搜刮财富，敲诈勒索，广求珍宝，穷奢极欲。后来，梁冀贵为皇太后和皇后的两个妹妹相继死去，他失去了靠山。这时，早已对他心怀不满的桓帝同几个宦官合谋，消灭了梁氏势力。

梁氏势力被消灭后，朝权又转移到宦官手里。帮助桓帝诛灭梁氏的宦官单超、左悺、徐璜、具瑗、唐衡五人，同日封侯，还有一些小宦官也被加官晋爵。这些人也同样是一群贪婪的吸血鬼，残暴地搜刮民膏民脂。在他们的统治下，东汉政治乌烟瘴气，黑暗混乱。就这样，东汉朝政在外戚和宦官手中不断转换。伴随这种恶性循环的不断发展，东汉王朝也逐步走向衰亡。

### （二）两叶不去，将用斧柯

国君不仅必须将政权牢牢地掌握在自己手中，而且处理危机要雷厉风行，防微杜渐。形象地说，就是要"日中必彗，操刀必割，执斧必伐"。这段话实际上是引自《黄帝经》中一段轩辕黄帝语："日中不彗，是谓失时；操刀不割，失利之期；执斧不伐，贼人将来。涓涓不塞，将为江河；荧荧不救，炎炎奈何？两叶不去，将用斧柯。"

黄帝与炎帝联手在涿鹿之战中战胜东夷集团九黎族首领蚩尤之后，本想"养性爱民"，全力发展生产。然而，涿鹿之战后炎帝内部有人挑拨，要炎帝统领称帝，促使炎帝乘黄帝喘息未定之际，举兵向黄帝发难。黄帝、炎帝本是同父母所生的亲兄弟，并各有天下之半，怎奈黄帝行道而炎帝不听，而且炎帝率先发难。或许是"涓涓不塞，将为江河；荧荧不救，炎炎奈何？两叶不去，将用斧柯"的自然现象给了黄帝启示，黄帝决心趁炎帝势力尚未坐大，尽早遏制危机。于是，他暂时放弃养性爱民的想法，转而采取"以战去战"的政策，与炎帝展开阪泉之战。

黄帝在这场战争中，经"三战然后得其志"，成为各部落拥戴的天子，建立了中国历史上第一个神州一统的国家制度，而炎帝败得心服口服，发誓不再与黄帝抗衡，甘愿帮助黄帝烧荒垦田，治理家园。

"两叶不去，将用斧柯"，已演化为人们常用的成语。其中所蕴含的思想，不仅体现了古人执政守土的思路，也与现代领导艺术和管理方法具有一定的渊源关系。

**（三）不富无以为仁，不施无以合亲**

守土务必先守仁。这是姜太公在本篇阐明的一个重要观点，也是贯穿他提出的守土内外策略的核心之所在。他一开篇就提示周文王，要想守住国土无非四句话，那就是"无疏其亲，无怠其众，抚其左右，御其四旁"。只要营造一个内部和谐、外部和睦的环境，便可天下无忧，国土永固。同时他又指出，营造这种有利环境的主要途径不是通过武力征服四方，而是依靠富国、亲民、仁政，使天下和服。

姜太公的这一主张内涵深刻，将文韬与武略、治国与安民、守土与拓土有机结合起来。其逻辑思路是，国家富足了才有倡导仁义的物质基础，施行仁义政策才能够团结内部民众和亲族，内外关系理顺了才能实现天下和服。武力只能为和平开路，而不能代替和平。治国安民、守国拓土固然离不开武力，能战方能言和，备战方能止战，这是亘古不变的真理。姜太公从不排斥武力，他主张"顺者任之以德，逆者绝之以力"，实际上是强调文武两手并用。但是，巩固与发展和平，最根本的还是靠仁政，得民心，顺民意，亲友邻，善四方，这样才能确保长治永安。周文王正是因为采纳了姜太公的这一建议，广施仁义，逐步发展壮大，使周族势力达到"三分天下有其二"的程度。韩非子一语道破玄机："文王行仁义而王天下。"

富国以安民，施仁以合亲，从而达到守土、创业的目的。其中的谋略思路具有跨越古今的普适性，不失为现代领导管理的有效方法。无论守业还是创业，工作重点不在于强力压服、征服，而在于想办法使集体和个体共同富裕起来，尽全力营造内外和谐的关系，同时给予相关各方实惠、实利，各方自然就会亲近我们。

## 八、守国第八

### 【原文】

文王问太公曰："守国①奈何？"

太公曰："斋，将语君大地之经②，四时③所生，仁圣之道，民机④之情。"

王即斋七日，北面再拜而问之曰："敢问天地之经，四时所生，仁圣之道，民机之情。"

太公曰："天生四时，地生万物，天下有民，仁圣牧⑤之。故春道生，万物荣⑥；夏道长，万物成⑦；秋道敛，万物盈⑧；冬道藏，万物静⑨。盈则藏，藏则复起，莫知所终，莫知所始，圣人敬之，以为天地经纪⑩。

故天下治，仁圣藏；天下乱，仁圣昌，至道其然也。

圣人之在天地间也，其宝⑪固大矣，因其常⑫而视之则民安。夫民动而为机，机动而得失争矣。故发之以其阴⑬，会之以其阳⑭，为之先唱⑮，天下和之。极反其常，莫进而争，莫退而让⑯。守国如此，与天地同光。"

【注释】

①守国：守卫国家。

②经：常道。此为规律之意。

③四时：四季。

④机：机变。

⑤牧：放牧。此为治理之意。

⑥荣：茂盛，繁荣。

⑦成：成熟，长成。

⑧盈：丰盈。

⑨静：休眠。

⑩经纪：统驭，经理。

⑪宝：地位，作用。

⑫常：常理，规律。

⑬阴：阴暗，隐秘。

⑭阳：光明正大。

⑮唱：通"倡"，倡导，提倡。

⑯让：退让。

【译文】

文王问太公："怎样守卫国家呢？"

太公说："请先行斋戒以纯洁心地，然后我再告诉君上关于天地间事物运动的规律，四季万物生长的变化，圣人治国的道理，以及民心转变的缘由。"

于是，文王斋戒了七天，向北方再拜后问太公："请问天地的规律，四时的变化，圣人治国之道和民心变化的缘由。"

太公说："天有春夏秋冬四季的更替，地随之而生长万物以供养人民。天下如此众多的人民，便由贤明的君主来治理。四季变化的规律是：春天利于滋生，可使万物茂盛；夏天利于生长，可使万物成熟；秋天趋于收敛，可使万物丰盈；冬天宜于贮藏，可使万物潜藏不动。万物充盈了就收藏起来，藏到来年春季则又重新发育，如此周而复始、循环不已，也分不出哪是终了，哪是开头。圣人可以参照这个规律，作为治理天下的普遍原则。

所以，天下大治时，仁人圣主就隐而不露；天下大乱时，仁人圣主就拨乱反正，建功立业。这是必然的规律。

圣贤在天地间，其地位、作用是至关重要的。他按照常理教育人民，使人民安定。民心不安，就是动乱发生的原因，动乱一旦发生，天下就有权力得失之争了。这时圣人就秘密地发展力量，时机成熟就公开地进行讨伐。首先倡导动用武力去除暴救民，天下之人就会群起响应。当形势已恢复正常时，既不要进而争功，也不要退而让位。这样守国，他的威望就可与天地同光了。"

## 【新解】

本篇题名"守国"，其实质讲的是治国安民之道。姜太公强调，治国安民应当把"无为"与"有为"巧妙地结合起来，即所谓"天下治，仁圣藏；天下乱，仁圣昌"，融刚柔、动静为一体。

**（一）天下治，仁圣藏；天下乱，仁圣昌**

《六韬》是一部集儒、墨、道、法、兵家思想于一体的军事著作。姜太公的后世弟子们陆续在追记和补充其思想的过程中，吸收了各家的思想精华，融入姜太公与周文王、周武王的对话，以致姜太公的某些思想与孔子、老子的经典名言基本一致。本篇所强调的"天下治，仁圣藏；天下乱，仁圣昌"，与道家思想形神俱合。

道家的基本主张是"人法地，地法天，天法道，道法自然"，这是老子在分析研究宇宙各种事物的矛盾，找出人、地、天、道之间的联系之后，所做出的论断。在这里这个"法"字是动词，是效法、学习的意思。在广阔无垠的宇宙中，人受大地的承载之恩，所以其行为应该效法大地；而大地又受天的覆盖，因此大地应时时刻刻效法天的法则而运行；然而，"道"又是天的依归，所以天也是效法"道"的法则经流不息；"道"是化生天地的万物之母，其性是无为的，其发展变化是自然而然的，这又好像"道"是效法"自然"的行为，因此说"道法自然"。实际上"自然"是"道"的本性，"道"本来就是自然无为的。

显然，道家的这种世界观与姜太公的说法惊人的一致。"天生四时，地生万物，天下有民，仁圣牧之。故春道生，万物荣；夏道长，万物成；秋道敛，万物盈；冬道藏，万物静。盈则藏，藏则复起，莫知所终，莫知所始，圣人敬之，以为天地经纪。"姜太公这一番天地转、四季轮回的表述，无非是为了形象地说明一个关键词，那就是"道法自然"。这四个字言简意赅、高屋建瓴，揭示了宇宙中事物间的关系，是人们处事必须遵循的基本原则。

在中国的历史上，一谈到"盛世"，人们必称汉代的"文景之治"和唐朝的"贞观之治"。这两个朝代为何称为"盛世"？主要是因为那个时代出现了经济繁荣的太平景象，这一时期战争较少，经济得到了恢复和发展，百姓有了休养生息的机会。之所以出现这种局面，重要原因在于这两个时期的基本国策都贯彻了"黄老之术"的思想。所谓"黄老之术"，简单地说，就是道家思想。黄老，是指黄帝和老子。

经过春秋战国之乱，秦实现了统一。统一之后，秦始皇不知道休养生息、发展生产，反而连年用兵，大兴土木，苛政暴敛，徭役繁重，民不聊生，最终造成陈胜吴广大泽乡起义。之后又历经刘、项争霸，到公元前206年刘邦夺取天下，建立西汉政权。可以说，在这之前，老百姓一直处在战乱之中。民心思定、民心思安乃人心所向。刘邦为了巩固封建统治，令陆贾（汉初黄老思想最早倡导者）总结秦亡汉兴的经验教训，研究稳定天下的方略。陆贾以黄老道家学说为指导，结合汉初的政治、经济状况，提出必须实行"道法自然""无为而治"的黄老政治思想，才能巩固西汉王朝的统治。陆贾认为，对人民放宽政策，不要过多地干涉，使人民休养生息，安居乐业，这样国家经济才能得到发展。用姜太公的话来说，就是"天下治，仁圣藏"。后来的萧何、曹参、陈平等大臣一直推行"黄老之术"的思想。汉文帝、汉景帝延续了刘邦的治国之策，汉朝的经济、政治、文化稳步发展，从而出现了被后人称道的"文景之治"局面。

虽然姜太公的思想与老子的学说基本一致，但相比之下，姜太公的思想具有更为鲜明的积极性。他不仅主张天下太平时期要奉行"道法自然""无为而治"的治国之道，而且还强调"天下乱，仁圣昌"。天下大乱时，仁人圣主应当积极作为，治乱平暴，恢复社会秩序。

**（二）发之以其阴，会之以其阳，为之先唱，天下和之**

一旦发生动乱，不仅扰乱社会，而且必定引发权利之争，危及政权稳定。在这种情况下，仁人圣主要想挽狂澜于既倒，扶大厦之将倾，不可简单从事，必须讲究方法。姜太公提出，要及早发现动乱的苗头，秘密做好遏制危机的准备，一旦局势恶化，或时机成熟，便可公开打出治乱平暴的旗帜，先发制人，天下民众必然群起响应。这就要求仁人圣主"道法自然""无为而治"的同时，始终保持高度警惕，尤其是盛世之时勿忘隐忧。唐玄宗就是因为忽略了这一点，唐朝由盛而衰。

唐玄宗在位共44年（公元712-756年），开元为玄宗第二个年号，共有29年。开元年间，玄宗留心政事，减轻赋役，刑罚公正清明，改善官吏贪污之风，更能任用贤能之人，以姚崇、宋璟为相，二人均直言敢谏，忠心爱国。因此，当时天下百姓安居乐业，户口增加，经济增长，文教发达，不仅国内富安，四方胡夷君长更是相继前来朝贡，长安城繁荣现象空前，唐朝进入全盛时期，史称"开元之治"。然而，开元之治晚期，承平日久，国家无事，唐玄宗丧失了向上求治的精神。

唐玄宗改元天宝后，政治愈加腐败。唐玄宗更耽于享乐，宠幸杨贵妃，由提倡节俭变为挥金如土，居然曾将一年各地之贡物赐予李林甫。他又把国政先后交由李林甫、杨国忠把持。李林甫是口蜜腹剑的宰相，任内凭着玄宗的信任专权用事多年，杜绝言路，排斥忠良。杨国忠因杨贵妃得到宠幸而继李林甫出任右相，只知搜刮民财，以致群小当道，国事日非，朝政腐败，同时让安禄山、史思明等边将的势力得以隐蔽发展，逐渐坐大，而玄宗对此毫无察觉。天宝十四年十一月初九（公元755年12月16日），身兼范阳、平卢、河东三节度使的安禄山趁唐朝内部空虚腐败，联合同罗、奚、契丹、室韦、突厥等民族组成共15万士兵，号称20万，以"忧国之危"、奉密诏讨伐杨国忠为借口在范阳起兵。唐玄宗如梦初醒，惊慌失措，调兵抵挡。怎奈承平日久，民不知战，河北州县立即望风瓦解，当地县令或逃或降，叛军很快占领长安、洛阳。安史之乱历时8年，虽然最终被平息，但是唐王朝因此大伤元气，日渐衰落。

## 九、上贤第九

### 【原文】

文王问太公曰："王人①者，何上，何下，何取，何去，何禁，何止？"

太公曰："王人者，上贤，下不肖，取诚信，去诈伪，禁暴乱，止奢侈。故王人者，有六贼②七害③。"

文王曰："愿闻其道。"

太公曰："夫六贼者：一曰，臣有大作宫室池榭，游观倡乐④者，伤王之德。

二曰，民有不事农桑、任气游侠⑤，犯历⑥法禁，不从吏教者，伤王之化。

三曰，臣有结朋党，蔽贤智，障⑦主明者，伤王之权。

四曰，士有抗志⁸高节，以为气势，外交诸侯，不重其主者，伤王之威。

五曰，臣有轻爵位，贱有司⁹，羞为上犯难者，伤功臣之劳⁰。

六曰，强宗侵夺，陵侮⁰贫弱者，伤庶人之业。

七害者：一曰，无智略权谋，而以重赏尊爵之故，强勇轻战⁰，侥幸于外，王者慎勿使为将。

二曰，有名无实，出入异言，掩善扬恶，进退为巧，王者慎勿与谋。

三曰，朴⁰其身躬，恶其衣服，语无为以求名，言无欲以求利，此伪人也，王者慎勿近。

四曰，奇其冠带，伟其衣服，博闻辩辞，虚论⁰高议⁰，以为容美⁰，穷居静处，而诽时俗，此奸人也，王者慎勿宠。

五曰，谗佞⁰苟得，以求官爵，果敢轻死，以贪禄秩，不图大事，得利而动，以高谈虚论，说于人主，王者慎勿使⁰。

六曰，为雕文刻镂⁰，技巧华饰，而伤农事，王者必禁之。

七曰，伪方⁰异技⁰，巫蛊⁰左道⁰，不祥之言，幻惑良民，王者必止之。

故民不尽力，非吾民也；士不诚信，非吾士也；臣不忠谏，非吾臣也；吏不平洁爱人，非吾吏也；相不能富国强兵，调和阴阳⁰，以安万乘之主，正群臣，定名实，明赏罚，乐万民，非吾相也。夫王者之道如龙首⁰，高居而远望，深视而审听。示其形，隐其情，若天之高不可极也，若渊之深不可测也。故可怒而不怒，奸臣乃作；可杀而不杀，大贼乃发。兵势不行，敌国乃强。"

文王曰："善哉。"

【注释】

①王人：王，动词。王人，意为领导人，控制人。

②六贼：六种害国害民的坏事。

③七害：七种害国害民的坏人。

④倡乐：倡导淫乐。

⑤游侠：游侠之士。

⑥犯历：违犯。历，一作陵。

⑦障：蒙蔽，障蔽。

⑧抗志：抗上而有自己的志向。

⑨有司：有职掌、分工。

⑩劳：劳苦，积极性。

⑪陵侮：陵欺，欺侮。

⑫轻战：轻率作战。

⑬朴：朴素。

⑭虚论：空论。

⑮高议：高远不着边际的议论。

⑯容美：装饰，夸耀。

⑰谗佞：进谗言、善逢迎。

⑱使：任用、使用。

⑲刻镂：在建筑物上刻花纹。刻在木竹片上的叫刻，刻在金属片上的叫镂。

⑳伪方：伪造骗人的药方。

㉑异技：奇怪、诡异的技艺。

㉒巫蛊：巫是以装神弄鬼替人祈祷为职业的人，蛊是一种害人的毒虫。巫蛊，指用巫术毒害人。

㉓左道：不正之道。

㉔阴阳：中国古代哲学的一对范畴，表示客观事物互相对立和统一的一对矛盾。

㉕龙首：龙为古代传说中一种善变化、能兴云雨、利万物的神异动物，比喻为君主。龙首，犹如阳刚而无其形，比喻高大莫测之意。

**【译文】**

文王问太公："作为领导者和统治者的君主，应当尊崇什么人，抑制什么人，任用什么人，除去什么人，严禁什么事，制止什么事呢？"

太公回答："作为君王，应当推崇德才兼备的人，抑制无德无才的人，任用忠诚信实的人，除去奸诈虚伪的人。严禁暴乱行为，制止奢侈风气。所以，君主在用人问题上，应当警惕六种坏事和七种坏人。"

文王说："我愿意听听其中的道理。"

太公说："所谓六种坏事是：

第一，臣下有替君主大肆营造宫室、亭池、台榭，以供游玩观赏而倡导淫乐的，这就败坏了君主的德行。

第二，百姓有不从事农桑，重义气，好游侠，违反国家的法令，不听从官吏教导的，这就败坏了君主的教化。

第三，臣下有结党营私，排挤贤智，蒙蔽君主圣明的，这就损害了君主的权势。

第四，士民中若有抗上自立志向，以为气节高昂，在外又结交诸侯，不尊重君主的，这就损害了君主的威严。

第五，臣下有轻视君主授予的爵位，不重视自己的职守，并以替君主冒险犯难为耻辱的，这就挫伤了臣下为君主效劳的热情。

第六，强宗大族互相掠夺，凌贫欺弱，这就损害了百姓的利益。

所谓七种坏人就是：

第一，没有智略，不会用权谋，因授高官，给重赏，只能依靠强勇轻率作战，企图侥幸立功的人，君主千万要慎重，不能用这种人做将帅。

第二，徒具虚名而无实际才能，言行不一，掩善扬恶，进退投机取巧的人。君主千万要慎重，不能与这种人共谋大事。

第三，外表朴素，衣服粗劣，开口说些无所作为的话而实际是求名，闭口称无所贪而实际是孜孜图利，此为虚伪之人。君主千万要慎重，不能与这种人亲近。

第四，冠带奇特，衣服别致，博闻善辩，高谈空论，以夸耀自己，住在偏僻简陋的地方，又以诽谤世俗为能事，此为奸诈之人。君主千万要慎重，对其不能宠信。

第五，进谗言、善逢迎，用不正当手段谋求高官，鲁莽急躁，用轻率冒死的方法贪取厚禄，不顾全局，见到利益就妄动，能说会道，以讨主人欢心的人。君主千万要慎重，不能任用这种人。

第六，雕文刻镂，用技巧华饰营建工程，至妨碍农业生产的人。君主千万要注意，必须严加禁止。

第七，用骗人的方术，奇怪的技艺，巫蛊左道，甚至用妖言咒语欺骗善良百姓的人，君主千万要注意，必须严加禁止。

所以说，百姓如果不能尽力为国家耕作，就不是我们国家的好百姓；士人如果不忠诚，不信守，就不是我们国家的好士人；臣僚如果不能忠谏奉公，就不是我们国家的好臣僚；官吏如果不公正廉洁、爱护人民，就不是我们国家的好官吏；宰相如果不能富国强兵，妥善处理各种问题，稳固君主的地位，又不能规正群臣，核定名实，严明赏罚，使千万百姓安居乐业的，就不是我国的好宰相。做君主的道理，有如隐显于云雾之间的龙首，高居而远望；又能深刻洞察事物，审慎地听取意见；显示出高大威严的形象，又能隐匿保守住内在的打算；如同天高而不可穷极，又似渊深而不可测度。所以说，君主如果应当怒而不怒，奸臣就会兴风作浪；应当杀而不杀，就会有人乘机作乱；应当用兵讨伐而不讨伐，敌国就会强大起来。"

文王说："你说得很好。"

【新解】

本篇名为"上贤"，主要内容却是全面分析常见的奸邪之人及其所生产的严重危害，从反面映衬重用贤才的重要性和必要性，并具体说明如何透过种种言谈举止、情趣爱好识别人的品行，从而决定对其是亲近重用，还是防范疏远。其中所蕴含的识人之术、用人之术，洞悉人情事理，古今皆然，值得现代领导者仔细品味。

**（一）王人者"上贤"，去"六贼七害"**

周文王提出的问题实为执政艺术的一个关键问题。执政者尊崇什么人，抑制什么人，任用什么人，除去什么人，严禁什么事，制止什么事，反映了执政者的好恶偏爱，对整个政府官员和全社会民众都将起着示范和引导作用。所谓"上有所好，下必从之"，说的就是这个道理。所以，姜太公提醒文王一定要尊崇和重用贤人，即具备"仁、义、忠、信、勇、谋"六种德行的人，同时要禁止"六贼"，远离"七害"。

历史和现实一再证明，执政者"上贤"，则"六贼七害"必然有所收敛，甚至基本消失。一旦执政者采取"下贤"政策，那么"六贼七害"必然大行其道，祸国殃民。事实上，"六贼"之事和"七害"之人不仅古代常见，现代也很常见。一些奸佞之人为谋取一己之利，竭尽全力伪装忠良、巧言令色、讨好上级、拉帮结派，以种种形式续写着"六贼七害"的历史。能否禁绝"六贼七害"，关键在执政者自身是否真正坚持"上贤"政策。开皇八年（公元588年）十月，隋为统一中国，兵分八路南下攻陈。次年正月，隋军攻入陈都城建康（今南京），陈灭亡。陈之所以如此迅速地被隋消灭，与陈后主陈叔宝不能"上贤，下不肖，取诚信，去诈伪，禁暴乱，止奢侈"有着很大的关系。

陈叔宝自幼生长在深宫之中，在锦绣荣华中长大，全不知稼穑艰难，民生疾苦，只知道纵情享乐，寄意诗酒，沉溺女色。自己懒得上朝听政，政事全都委任给原来当太子时的旧臣孔范、施文庆等一批华而不实的人处理。这些人趁机结党营私，卖官鬻爵，对百姓横征暴敛，榨取钱财，弄得民不聊生，怨声载道。当隋积极准备南下时，陈叔宝却在大兴土木，修筑殿阁佛寺。大臣章华上书劝谏："陛下即位，于今五年，不思先帝之艰难，不知天命之可畏。溺于嬖宠，惑于酒色。……老臣宿将，弃之草莽，谄佞谗邪，升之朝廷。今疆场日蹙，隋军压境，陛下如不改弦易张，臣见麋鹿复游于姑苏矣！"陈叔宝恼羞成怒，当即把他处死。在隋军发起进攻后，沿江陈军相继急报朝廷，均被施文庆等人扣住不报，孔范更是对陈叔宝说："长江天堑，古以为限隔南北，今日北军岂能飞渡邪！边将欲作功劳，妄言事急。"陈叔宝听后，"笑以为然，故不深备，奏伎、纵酒、赋诗不辍。"

陈叔宝不辨贤庸，滥给军职，致使优秀的将领无用武之地。施文庆、孔范均为文弱书生，对军事一窍不通，凭着三寸不烂之舌取悦于陈叔宝，竟然在战争的关键时刻得到军事要职。孔范恬不知耻地说，在外带兵的将领都是起自行伍，不过匹夫之勇，本人却是深谋远虑，他们怎能比得上呢？而将领们稍有过失，陈叔宝便夺其兵权。陈叔宝对起自行伍的将帅心存疑虑，总怕他们起兵谋反，因此常无故削夺他们的职务。

陈叔宝这种重小人、轻贤将的做法引起了众多将领的不满，他们与陈叔宝貌合神离，在战场上不是消极应付，就是临阵叛逃。例如，任忠本是陈朝一位不可多得的战将，但却得不到重用。直到建康危在旦夕时，陈叔宝才想起再次倚重他，但任忠再也不愿继续为他卖命而投降了隋军，并引导隋军进入建康捉拿陈叔宝。陈叔宝亲奸佞，疏贤将，最终自食恶果，丢掉了大好河山，自己也成了阶下之囚。

**（二）高居而远望，深视而审听**

崇尚和重用贤人无疑是遏制"六贼七害"的有效方法。但是，"上贤"的同时，做君主的还必须具备高超的统驭艺术。一些奸佞小人之所以大胆妄为，做出种种有损君主形象和权威的事情，诸如替君主大肆营造宫室、亭池、台榭，以供游玩观赏而倡导淫乐；结党营私，排挤贤智，蒙蔽君主圣明；有抗上自立志向，以为气节高昂，在外又结交诸侯，不尊重君主；轻视君主授予的爵位，不重视自己的职守，并以替君主冒险犯难为耻辱；互相掠夺，凌贫欺弱，等等，关键原因在于他们摸透了君主的脾气、掌握了君主的底牌。

那么，遏制这些现象、疏远奸佞小人的办法，就在于做君主的要有如隐显于云雾之间的龙首，高居而远望；又能深刻洞察事物，审慎地听取意见；显示出高大威严的形象，又能隐匿保守住内在的打算；如同天高而不可穷极，又似渊深而不可测度。同时，当怒则怒、当杀则杀、当伐则伐，行动果决。这种藏而不露，威而不猛、刚柔相济、变化无常的统驭艺术，让人感到神秘、恐惧，情不自禁顶礼膜拜，心术不正之人自然不敢造次，敌对势力也不敢轻举妄动。姜太公的这一建议，显然是针对商纣王的教训而提出来的。

纣王是商朝最后一个国王（公元前1075年－前1046年在位）。据司马迁记载，纣王荒淫无度，将自身的不良嗜好全盘展现出来，恣意妄为。他大量修建离宫别馆、苑囿台榭；宠爱美女妲己，终日歌舞，令乐师新作"淫声"，有所谓"北里之舞""靡靡之乐"。他还造酒池肉林，酗酒无度；大肆搜刮，粮食装满了巨桥的仓库，无数珍宝堆满了鹿台。他任用坏人，迫害正直的大臣，如重用贪财好利和善于逢迎拍马的费仲，提拔善于挑拨离间的恶来。他废除贬斥了受人们拥护的贤人商容，用"炮烙之刑"残害人民，用挖心酷刑处死勇于进谏的叔叔比干，逼得向他进谏的哥哥微子逃亡，另一哥哥箕子虽然装疯也没能免遭囚禁。纣拒谏饰非，残害忠良，使得奸佞小人向他靠拢，而忠臣良将却离心离德，以致武王伐纣时，商王朝众叛亲离，军队倒戈，纣王逃回商都，于鹿台自焚而死。

## 十、举贤第十

**【原文】**

文王问太公曰："君务举贤而不获其功，世乱愈甚，以致危亡者，何也？"

太公曰："举贤而不用，是有举贤之名，而无用贤之实也。"

文王曰："其失安在？"

太公曰："其失①在君好用世俗②之所誉③，而不得真贤也。"

文王曰："何如？"

太公曰："好听世俗之所誉者，或以非贤为贤，或以非智为智，或以非忠为忠，或以非信为信。君以世俗之所誉者为贤，以世俗之所毁者为不肖，则多党者进，少党者退。若是，则群邪比周④而蔽贤⑤，忠臣死于无罪，奸臣以虚誉取爵位，是以世乱愈甚，则国不免于危亡。"

文王曰："举贤奈何？"

太公曰："将相分职，而各以官名举人⑥，按名督实。选才考能，令实当其名，名当其实，则得举贤之道矣。"

**【注释】**

①失：过失，错误。

②世俗：时人流行的平庸的见解。

③誉：称赞。

④比周：结党营私。

⑤蔽贤：遮蔽贤才。

⑥举人：荐举，选拔。

**【译文】**

文王问太公："君主致力于选用有德才的人，但又往往得不到贤才的辅佐之功，社会反而愈加混乱，以致使国家陷于危亡的境地，这是什么道理呢？"

太公回答说："举用有德才的人而不能使用，这就是只有选贤的虚名，而没有用贤之实了。"

文王说："造成这种过失的原因在哪里呢？"

太公说："其过失在于君主喜欢任用世俗所称赞的人，所以就不可能得到真正有德才的人。"

文王说："为什么这样说？"

太公说："好听信世俗称许的人，有时把不贤良的人当作贤人，有时把不智慧的人当智慧的人；有时把不忠诚的人当忠诚的人，有时把不可信任的人当可以信任的人。君主如果以世俗称赞的人为贤人，以世俗所诋毁的人为不肖，那么多结朋党，互相吹捧，就可以造成世俗赞誉而被选用；少结朋党不能造成世俗赞誉的人，就只好被罢黜。这样一来，一群奸邪的人就结党营私而遮蔽贤人，忠臣皆被谗言而置于死地；奸臣用虚名而骗取爵位，必然导致社会愈加混乱，国家也就难免陷于危亡了。"

文王说："怎样才能选拔有德才的人呢？"

太公说："举用贤才，应使将帅和宰相分别举用，各依不同的官位等级选拔，按照不同官位的要求确定不同的德才条件。衡量才能的高低，考核能力的大小时，要使其德才条件与官位高低相称，这样，就算掌握了选用贤才的方法，也能收到举用贤才的实效了。"

**【新解】**

汉代刘向在《说苑·尊贤》中曾说："朝无贤人，犹鸿鹄之无羽翼也，虽有千里之望，犹不能致其意之所欲至矣。"形象地说明朝廷中没有贤人，就像天鹅没有翅膀一样，虽然有飞至千里的愿望，却无法到达自己心中想要到的地方。历史上许多君主都自比鸿鹄，希望有贤人相助，因而广开举贤选能之路。然而，常常出现事与愿违的现象。正如周文王所关切的那样，有的君主致力于选用有德才的人，却又往往得不到贤才的辅佐之功，社会反而愈加混乱，以致使国家陷于危亡的境地。其中的关键原因在于，这些君主只有举贤之名，而无用贤之实。本篇《举贤》的中心议题就是回答如何把举贤与用贤结合起来，使真贤得到真用。

**（一）举贤必用，不求虚名**

《晏子春秋》中记载了齐景公与晏子的一段对话。齐景公问道："今天我出猎，上山看见老虎，到沼泽看见蛇，大概这表示不祥吧？"晏子说："国家有三种情况不祥，这个不在其中。有贤能的人却不知道，一不祥；知道贤能的人但是不用，二不祥；任用贤能的人而又不委以重任，三不祥。所谓不祥，就是像这种情况。今天上山看见老虎，那山是老虎的家；到沼泽看见蛇，那沼泽是蛇的巢穴。去老虎的家，去蛇的巢穴，看见它们，何来什么不祥呢？"晏子的回答生动有趣，形象地揭示了姜太公所说的"举贤而不用"的后果，不仅仅是徒有虚名的问题，而且还会导致不祥之灾。君主只有既善于举贤，又善于用贤，才能借贤人之力成就一番大业。刘邦和项羽在用人问题上的得失充分证明了这一点。

刘邦从一介小吏开始起义，最终扫灭群雄，吞并天下，善于用人可以说是其成功的关键因素。而项羽继承祖业，拥兵百万，骁勇善战，最后却落得自刎乌江的结局，不善用人是其失败的重要原因。刘邦曾不无得意地说："夫运筹策帷帐之中，决胜于千里之外，吾不如子房。镇国家，抚百姓，给馈饷，不绝粮道，吾不如萧何。连百万之军，战必胜，攻必取，吾不如韩信。此三者，皆人杰也。吾能用之，此吾所以取天下也。项羽有一范增而不能用，此其所以为我所擒也。"公允地说，这段话颇为精辟地道出了刘邦得天下、项羽丢天下的奥妙。

刘邦用人不管什么出身，只要有一定的才能就量才录用，论功行赏。因此，他手下的文臣武将大都是有一定才能的人物。如原来沛县的小吏萧何擅长管理行政、经济，刘邦让他建设关中根据地，后来萧何当了丞相；陈平"家乃负郭穷巷，以敝席为门"，但他足智多谋，随刘邦南征北战，"六出奇计"，后来刘邦封他为曲逆侯；樊哙原先以屠狗为业，随刘邦后，屡建奇功，封舞阳侯；夏侯婴马车夫出身，官至太仆；周勃织草席而且当吹鼓手给人家办丧事，被刘邦起用后，后来做了掌握全国军事的太尉；灌婴原先在睢阳贩卖布匹，后来官至御史大夫；郦食其、陆贾善于论辩，娴于辞令，刘邦就派他们搞外交，"常为说客，驰使诸侯"；叔通孙懂礼仪，刘邦让他掌管宗庙礼仪；张苍精于天文和数学等自然科学，刘邦就命他做计相，编历法，定度量衡。这些人在刘邦手下，发挥了自己的特长，为刘邦一统天下做出了贡献。

项羽作为楚国贵族子弟，声名显赫，旗下曾经聚集了许多杰出人才。但是，他徒有延揽人才之名，实则奉行"非诸项即妻之昆弟"的原则，不能任用真正有才能的人。而且他刚愎自用，独断专行，听不得半点不同意见。这就使得他旗下的人才受到压制，不能发挥作用，最后纷纷离他而去。如陈平、韩信、彭越等人纷纷背楚转汉，做了刘邦的谋士、将领，就连最忠诚于他的谋士范增最终也离他而去。项羽众叛亲离，成为孤家寡人，终于在垓下之战中损兵折将，陷入四面楚歌的境地，被迫自杀。

"士为知己者死，女为悦己者容。"举贤而不用贤，贤人尽早离去；举贤而又用贤，贤人将会越聚越多。刘邦和项羽的得失，奥妙就在于此。

**（二）突破俗誉，重用真贤**

造成"有举贤之名，而无用贤之实"的现实，原因众多。项羽之流"任人唯亲"的做法无疑是重要的原因。但是，更重要、更常见的原因是按照世俗的标准衡量人才，选拔那些看似忠顺老实、较少矛盾纠纷的人，其实是"以非贤为贤，以非智为智，以非忠为忠，以非信为信"，没有发现真正的贤才。

姜太公不愧为谋略鼻祖，看问题入木三分。他提醒周文王："君主如果以世俗称赞的人为贤人，以世俗所诋毁的人为不肖，那么多结朋党，互相吹捧，就可以造成世俗赞誉而被选用；少结朋党不能造成世俗赞誉的人，就只好被罢黜。这样一来，一群奸邪的人就结党营私而遮蔽贤人，忠臣皆被谗言而置于死地；奸臣用虚名而骗取爵位，必然导致社会愈加混乱，国家也就难免于危亡了。"

战国时期的齐威王，遵循了姜太公这一忠告，认真调查研究重奖即墨大夫，严惩阿城大夫，避免了"忠臣死于无罪，奸臣以虚誉取爵位"的悲剧。

据《资治通鉴》记载，公元前370年，齐威王在一段时间内总是听到左右近臣说阿城大夫如何好，即墨大夫如何坏。为了弄清真假，就秘密派人分别到阿城和即墨调查。结果与事实大相径庭——"誉言日至"的阿城大夫原来是个贪官，而"毁言日至"的即墨大夫却是个清正廉洁的好官。经进一步调查，原来是身边人收受了阿城大夫的贿赂，所以替他说好话。齐威王怒不可遏，对外放言"欲行赏罚"，召二位大夫到国都临淄。

听此消息，得到过阿城大夫好处的官员都暗自欢喜，心想："阿城大夫必有重赏，即墨大夫祸事到矣。"然而文武百官齐集朝堂时，齐威王首先召见即墨大夫，对他说："自从你到即墨任事，我每天都接到诽谤你的报告。可是，我派人去调查，发现你开荒辟田，农作物遍野，人民生活富庶，官吏清廉，使齐国东部得到安定。我还了解到，你在朝中之所以口碑不好，主要是你没有巴结我左右那些人，所以没有人为你说好话。"当即宣布重奖即墨大夫一万户封邑。

接着，齐威王又召见阿城大夫，对他说："自从派你到阿城，我几乎天天听到对你的赞扬声，可是我派人秘密前去调查，却发现完全不是那么回事。田野荒芜，农民贫困。前些天赵国攻击鄄城，你不率军救援；卫国占领薛城，你假装不知道。可见，我听到那些吹捧你的话都是你拿钱买来的。"当场下令把阿城大夫以及接受他贿赂的一批官员扔进沸水锅中烹了。

这一奖一罚震惊了朝野，清廉官吏人人拍手称快，贪官污吏个个悚然惊惧，不敢再胡作非为，有的还逃到国外避难。从此，齐国风气大变，呈现出"国内大治，诸侯畏服"、能人云集的大好局面，逐渐成为强国。

齐威王能够透过世俗舆论，深入调查，按实绩和人品实行褒贬、赏罚，实在难能可贵，值得现代领导者们效仿。越是和平时期，越要坚持"举贤而上功"的原则，注重考察人才平时的思想言行和工作业绩。

**（三）将相分职，选才考能**

"举贤而上功"体现的是人才评价机制，而真正使贤人充分发挥作用，还需要建立科学的任用机制。如果没有科学的任用机制做保障，即使选取了真贤，也无济于事。贤才扎堆，互相掣肘，职责不明，互相扯皮，必然浪费贤才。姜太公很早就意识到了这一点，建议文王"将相分职，而各以官名举人，按名督实。选才考能，令实当其名，名当其实"。其中包含两个要点：一是区分文武岗位的特点，明确各个岗位的能力要求；二是考察人才的实际能力，使其德才条件与官位高低相吻合。两者结合，方能收到举用贤才的实效。三国时期的曹操之所以能够广纳人才，集众人之智为己所用，与他在用人问题上善于"按名督实""选才考能"不无关系。

曹操在选才用人问题上，不以"世俗之所誉者为贤"，唯才是举，不拘一格。汉武帝独尊儒术之后，朝廷用人取士大抵以儒家品行要求为标准，往往不问真才实学，后世流成风习。曹操认为，国家丧乱之际，急需人才，如果过分拘泥于"世俗所誉"的品行，就会使"有治国用兵之术"的奇才异士埋没民间，因此他多次颁布求贤令，命属下破除时俗，以才能为举贤的最高标准，"明扬仄陋，唯才是举"。

曹操既有举贤之名又有举贤之实，能够从善如流，真正发挥他们的才智，采纳有益的建议，即使意见没被采纳，也对提意见者予以鼓励。而且，他善于人尽其用，用其所长。他在得到有"王佐之才"之誉的荀彧后，高兴地称为"我之子房"，委以重任。荀彧又向他推荐荀攸、郭嘉两位很有谋略的人，曹操任荀攸为军师，让郭嘉参与机要，这三人成为曹操扫平群雄的智囊人物。曹操每打败一个强敌，占据一块地盘，都尽力把敌方及当地的有用之才搜罗到自己麾下。原刘表属下的才士王粲归降曹操后曾感慨地说，袁绍、刘表手下都有很多俊杰奇士，但都不为所用，但曹操却多方罗致人才，"使海内回心，望风而愿治，文武并用，英雄毕力，此三王之举也"。对敌方的降将，曹操捐弃前嫌，加以重用，如张辽、徐晃、张郃等，后来都成为曹操军中佐命立功的名将；再如建安七子之一的陈琳，文才出众，曾为袁绍起草讨伐曹操的檄文，曹操也既往不咎，让他掌管文书工作，后来曹操军中书檄多出自他的手中。

正因为曹操广揽天下贤才为己用，并且善于按名督实，用人所长，从而收到了"举贤而获其功"的效果，最终靠众多贤才的力量成就了辉煌的业绩。

## 十一、赏罚第十一

### 【原文】

文王问太公曰："赏所以存劝①，罚所以示惩②，吾欲赏一以劝百，罚一以惩众，为之奈何？"

太公曰："凡用赏者贵信③，用罚者贵必④。赏信罚必，于耳目之所闻见，则所不闻见者，莫不阴化⑤矣。夫诚，畅⑥于天地，通于神明⑦，而况于人乎！"

### 【注释】

①存劝：勉励，劝善。
②示惩：表示惩罚的道理。
③信：信用。
④必：必行，坚决实行。
⑤阴化：暗中感化。

⑥畅：感动。

⑦神明：如神之明。

**【译文】**

文王问太公："奖赏是为了勉励人，惩罚是为了警戒人，我想达到奖励一人以勉励百人，惩罚一人以警戒众人的目的，应当怎样做才好呢？"

太公回答说："凡用奖赏，要重视守信用；用惩罚，要做到坚决执行。奖赏能守信用，惩罚能坚决执行，是人们最容易看到和听到的；就是不能直接看到和听到，也会因为赏罚公正而暗中被感化和引以为戒，真诚可以感动天地，畅达于神灵之处，何况是对人呢？"

**【新解】**

赏罚，是一种重要的领导管理手段。然而，它是一柄双刃剑。用得好，可以起到"存劝""示惩"的积极作用；用得不好，则可能起到"去善""扬恶"的消极作用。本篇的主要内容，就是阐明运用赏罚手段时必须遵循的基本原则。文字不多，其中的道理却跨越古今，仍是我们今天做好领导管理工作必须遵循的准绳。

### （一）赏一以劝百，罚一以惩众

《韩非子》记载：齐王问于文子曰："治国何如？"对曰："夫赏罚之为道，利器也。"赏罚之所以堪称"利器"，就在于这两种手段具有很强的示范性和导向性。往往赏一人，可以激励众人；罚一人，可以警戒众人。要想获得这种以点带面的积极效果，必须抓典型。所以，古代兵法强调"杀贵大，赏贵小"。因为，杀一个大人物，诸如将军、元帅之类的高官，比大人物职级更低的人都将受到震慑；赏一个小人物，诸如马夫、伙夫、车夫之类的杂役，比小人物更有机会获取战功的官兵们都将受到激励。正所谓"杀一人而三军震，赏一人而万人悦"。春秋时期，孙武在吴王宫殿训练宫女，之所以能够让那些娇柔妩媚的宫女们服服帖帖，重要一招就是当宫女们三番五次不听招呼时，果断杀掉了吴王最宠爱的两位妃子，立刻产生强烈的震慑作用，宫女们震惊之余无不认真操练，其前进、后退、刺杀等动作"莫不中规"，整齐划一。

**（二）用赏者贵信，用罚者贵必**

赏罚，作为治理国家的重要"利器"，其普遍的激励作用和广泛的警示效果既来自"典型"抓得准不准，又取决于赏罚明不明。孙子在分析比较敌对双方落实赏罚问题上，关注的就是一个"明"字，即"赏罚孰明"。这个"明"包含有公开透明、公正严明、信赏明罚等意思。用姜太公的话来说，就是"用赏者贵信，用罚者贵必"，如此才能收到"存劝""示惩"之效。春秋时期齐国将军司马穰苴斩庄贾的故事就是这方面的一个著名例证。

周景王十四年（公元前531年），晋、燕两国从西南和北方进犯齐国，齐军连连败北，齐国上下震动。齐景公为扭转战局，召集满朝文武商讨对策。宰相晏婴认为司马穰苴文能服众、武能威敌，如果让他担任将军，必能击败来犯之敌。齐景公于是任命司马穰苴为大将，带兵迎敌。穰苴受命后，没有立即出兵。他知道齐军素来散漫，纪律松弛，如果不先整肃军纪，很难取得胜利。因此他向景公建议："我出身低微，一下子就当了将军，恐怕有些将士会不服气，希望能派一位地位高贵的大臣当监军。"齐景公当即指令宠臣庄贾任监军。穰苴与庄贾约定，次日中午在军营会合。

第二天，齐国军队齐集军营，穰苴一面整顿队伍，一面立起标杆漏壶计算时间，等待庄贾到来。可是庄贾自恃是景王宠臣，骄横自大，全不把平民出身的穰苴放在眼里，竟然到同僚们为他饯行的宴会上喝酒去了。中午一到，穰苴便撤去漏表，检阅部队，部署任务，申明军纪，然后进行操练。直到天色日暮，醉醺醺的庄贾才姗姗来到军营。按照军法，在军情紧急时，误期迟到的应当斩首。穰苴当即依照军法将庄贾斩首示众。景公闻讯，急派使者前来命令赦免庄贾。穰苴以"将在军，君命有所不受"驳回，并且以使者驾车在军营中横冲直撞违犯军纪为由，斩杀使者仆从，砍断使者车厢的木柱，杀死车左的挽马，以示军法严峻，不容违犯。这一举动，极大地震动了全军，给将士们以深刻教育。自此，齐军军纪得到整肃，做到了令行禁止。穰苴率领这支军纪严明的部队出动之后，很快收复了失地，获得了胜利。

试想，如果穰苴畏惧庄贾权威，放他一马，其结果必然是上行下效，军纪涣散，难以培养一支令行禁止、所向披靡的虎狼之师。

## 十二、兵道第十二

### 【原文】

武王①问太公曰："兵道如何？"

太公曰："凡兵之道莫过乎一②。一者能独往独来③。黄帝④

曰：'一者阶⑤于道，几⑥于神'。用之在于机，显之在于势，成之在于君，故圣王号兵为凶器，不得已而用之。

今商王⑦知存而不知亡，知乐而不知殃。夫存者非存，在于虑亡；乐者非乐，在于虑殃。今王已虑其源，岂忧其流乎！"

武王曰："两军相遇，彼不可来，此不可往，各设固备⑧，未敢先发。我欲袭之，不得其利，为之奈何？"

太公曰："外乱而内整⑨，示饥而实饱，内精而外钝。一合一离，一聚一散，阴其谋，密其机⑩，高其垒，伏其锐。士寂若无声，敌不知我所备。欲其西，袭其东。"

武王曰："敌知我情，通我谋，为之奈何？"

太公曰："兵胜之术⑪，密察敌人之机而速乘其利，复疾击其不意。"

【注释】

①武王：周文王子，姓姬，名发。西周王朝的建立者，杰出的军事家、政治家。

②一：统一，集一。

③独往独来：不受牵制，自由支配行动。

④黄帝：传说中我国中原各族的共同祖先。

⑤阶：阶梯，步入。

⑥几：达到，接近。

⑦商王：商纣王。

⑧固备：坚固的守备工事。

⑨内整：内部严整。

⑩机：机变，计谋。

⑪术：方法，战术。

**【译文】**

武王姬发问太公:"用兵的原则是什么?"

太公回答说:"用兵的重要原则,可以说最重要的莫过于'一'了。所谓'一',就是指挥要统一,行动要统一,兵力要集中统一,将帅有机断指挥的权力。黄帝说过:'只要能统一指挥的,就能进入微妙的境地,甚而达到神妙莫测的程度'。专一这一原则的运用,在于掌握有利战机,造成有利态势,而成功与否则在于君主授之于权,使将帅能够独断专行,临机制胜。所以,圣明的君主常把兵称为凶器,把战争称为危事,只在不得已时才使用。

当今商纣王只知道他所统治的国家的存在,而看不到它已面临灭亡;只知道眼前的享乐,而看不到将遭祸殃。存在的不要光想着自己能够长久存在,重要的是要考虑到如何救亡;安乐的不要光想到自己永久安乐,重要的在于要考虑到如何避开祸殃。现在君主已考虑到安危存亡这个根本问题,一些枝节问题还有什么可犹豫和顾虑的呢!"

武王问:"两军相遇,敌人不能来进攻我,我亦不能去进攻敌人,双方都设置坚固的工事进行守备,双方谁都不敢首先发动进攻,我想先袭击对方,也不具备更多的有利条件,应当怎么办才好呢?"

太公说:"故意使我军外表假装混乱,而内部定要严整;使外表假装粮食缺乏,而实际给养充足;使士卒表面上假装笨拙,而实际上必须是精锐之师。军队列阵时,合也好,离也好,集中也好,分散也好,都必须隐匿自己的企图,深藏自己的计谋,加高自己的壁垒,埋伏好精锐的士卒。阵地内的士卒寂若无声,行动更要隐若无形,使敌人摸不到我之兵力强弱和部署。我之行动，欲攻其西，先要以一部分兵力袭其东，吸引和牵制其兵力，以便我于西边顺利取胜。"

武王问："如果敌人知道了我方的情况，识破了我的谋略，又应当怎么办呢？"

太公说："作战取胜的方法，在于周密地侦察敌人暴露出来的变动之机，敏锐地抓住有利时机并迅速猛烈地击其不意。"

**【新解】**

兵道，即用兵打仗之道。本篇《兵道》主要论述了用兵打仗的基本原则和方法。有些人认为其内容与《文韬》的主旨不符，应当放到《武韬》之中。其实，作者把它放在《文韬》末尾，自有其道理。《文韬》主要讲治国用人的韬略，其中必然要从战略上涉及如何使用军事将领、如何将文治与武功有机结合、怎样使用武力的问题。那么文中着重阐述的"凡兵之道莫过于一""存而虑亡，乐而虑殃"等观点，很好地回答了这些问题。

**（一）凡兵之道，莫过乎一**

用兵打仗最重要的原则莫过于集中兵权，统一指挥，如此方能统一全军行动、统一作战步伐。然而，指挥权的集中统一，并非任何时候都统一于国君，而是统一于实际在一线统军打仗的将领。因为战场上的情况瞬息万变，需要指挥者灵活应对、果断决策、实时指挥。如果一切都要禀报远离战场的国君，获得圣旨之后方能行动，势必贻误战机，被动挨打。孙子就曾反对国君过分干预将领作战指挥，他指出："君之所以患于军者三：不知军之不可以进而谓之进，不知军之不可以退而谓之退，是为縻军；不知三军之事，而同三军之政，则军士惑矣；不知三军之权,而同三军之任,则军士疑矣。三军既惑且疑,则诸侯之难至矣,是谓乱军引胜。"国君舍不得放权,过分控制军队和将领,其结果是事与愿违,非但不能赢得胜利,反而自己搞乱军队,抛弃了本该得到的胜利。因此,孙子明确提出"君命有所不受""将能而君不御者胜",要求赋予一线将领集中统一的兵权,放手让他们根据战场实际情况灵活用计、用谋,果断实施作战指挥。

兵权统一、君命有所不受,这些主张并非姜太公、孙子等兵家的独到创见,而是有着悠久历史的传统思想,或者说是战争客观实际的必然要求。所以,在古代社会,每当将领出征,国君都要在都城大门口送行,并且亲自跪在主将的战车旁,双手推动车毂,同时恳切地说:"阃以内者,寡人制之;阃以外者,将军制之。"这实际上就是授予主将集中统一的指挥大权。三国时期夷陵之战中东吴大败蜀军,就得益于兵权统一。

黄武元年(公元222年),刘备为了替关、张两个兄弟报仇,兴兵大举伐吴。孙权损兵折将,蜀兵压境,孙权数次请降,刘备不允。此时东吴无人敢出任都督,孙仲谋只得预备北面降曹。在此紧要关头,陆逊的好朋友阚德润大夫力排张昭、顾雍等一班老臣的非议,对孙权说:"若用陆逊,必败刘备""不用陆伯言,则东吴休矣。臣愿以全家保之!"于是,孙权破格起用青年将领陆逊为大都督,然而却遭到元老谋臣的反对。张昭说:"陆逊乃一书生耳,非刘备敌手;恐不可用。"顾雍亦说:"陆逊年幼望轻,恐诸公不服;若不服则生祸乱,必误大事。"步骘也说:"逊才堪治郡耳;若托以大事,非其宜也。"孙权独排众议,断然道:"孤亦素知陆伯言乃奇才也!孤意已决,卿等勿言。"孙权立即召见陆逊,并接受阚泽的建议,筑坛拜将,大会百官，赐以宝剑印绶，拜为大都督，掌管六郡八十一州兼荆楚诸路军马。孙权并授权陆逊："阃以内，孤主之；阃以外，将军制之。"孙权这样器重信任年轻的陆逊，在三国历史上是罕见的。最终，陆逊不负孙权重望，火烧连营，大败蜀军。此次作战胜利的一个重要原因就是主将陆逊得到了孙权的完全信任，兵权集一。

**（二）巧妙用谋，出其不意**

"兵凶战危"，战争是不得已而为之的暴力活动。但是，绝不能因其为"凶器"而弃之不用。历史事实一再证实一个真理："国虽大，好战必亡；天下虽安，忘战必危。"所以，姜太公以商纣王的教训提醒武王务必"存而虑亡，乐而虑殃"，文治与武功并用，彼此相济。一旦不得不与敌国开战时，切不可简单拼实力、拼消耗，而要讲究"兵道"，即用兵打仗的谋略艺术。姜太公在这里着重分析了开战之际常见情况的对策，至于开战之后更为复杂的用兵谋略放在《武韬》等后续篇章中具体阐述。

宋代著名将领岳飞曾经说过一句经典名言："阵而后战，兵法之常；运用之妙，存乎一心。"本篇之中，姜太公精辟地揭示开战之际运用"兵道"的奥妙。首先，当两军相遇、列阵相对之时，要用一系列假象迷惑对方，隐蔽自己的企图和状态。同时，调动部队要采取虚实结合的策略，忽而集中，忽而分散，忽而东出，忽而西进，使对方眼花缭乱，难辨真假。其次，一旦对方掌握了我方的企图和谋划，则要进一步周密细致地侦察了解敌人的破绽和漏洞，迅速抓住有利时机，在对方没有意料的时间、地点，用对方没有防备的方式、方法主动发起攻击。郑庄公在繻葛之战中取得胜利，就是正确运用这些谋略的结果。

春秋初期，郑庄公凭借国力强盛，侵伐诸侯，不听王命。周桓王为保持王室独尊地位，于公元前707年秋，亲率周、陈、蔡、卫联军伐郑，郑庄公率军迎战于繻葛（今河南长葛北）。联军以周军为中军，陈军为左军，蔡、卫军为右军，布成一个传统的"品"字形三军之阵。郑庄公掌握了联军的阵法之后，决定反其道而行之。他以中军和左、右拒（左、右两个方阵）布成一个倒"品"字形的"鱼丽之阵"。

开战前，郑大夫子元首先观察分析了联军的阵势，发现其左、右军都很薄弱，尤其是左军，阵形混乱，人无斗志。于是他向庄公建议：先以我右拒攻敌左军，陈军必定败走，周王的中军也会受到震骇而发生混乱；再以我左拒攻敌右军，蔡军、卫军就会支撑不住，效法陈军而败走；然后集中兵力进攻敌中军，就能获得全胜。庄公采纳了这一建议，立即向联军左军发动攻击，陈军果然一触即溃。失去左翼配合的右翼蔡、卫军，在郑军猛烈攻击下，也纷纷败退。周中军在左、右军溃兵冲击下，阵势大乱，郑军乘势合兵发动猛攻，桓王中箭负伤，大败而归。按常来说，此战郑军的实力弱于联军，难以取胜。但是，因为郑庄公和子元巧妙地运用了"密察敌人之机而速乘其利，复疾击其不意"的谋略思想，善于料敌察机，变换阵法，先弱后强，逐一攻击，各个击破，最终获得了胜利。

# 第二章

## 《武韬》新解

## [章节解析]

《武韬》是《六韬》的第二卷，包括《发启》《文启》《文伐》《顺启》《三疑》五篇。名曰"武韬"，其内容实际上是沿着《文韬》的思路，从军事战略层面阐述战略指导思想。

作者指出，要夺取战争的胜利，首先，要做到名正言顺，师出有名，进行战争是为了吊民伐罪。战前应当秘密地做好充分的准备，然后看准时机，发动进攻。其次，要韬光养晦，力求不战而胜。作者认为，天下之人都欢迎给自己好处的人，而不欢迎损害自己利益的人。不掠夺人民，就是给予人民好处；不侵犯别国的利益，就是使各国获益；不垄断天下的利益，就是使天下之人都得利。所以，只要不侵夺人民和各国的利益，不独占天下之利，就能得到人民和各国，以及天下之人的拥护，从而在不知不觉中不战而胜。再次，要善于进行"文伐"。《武韬》列举了12种具体的谋略，主张用这些权谋诡诈的方法，去利用、扩大、加剧敌人的内部矛盾，以分化、瓦解和削弱对方，为军事进攻铺平道路，创造有利条件。这些做法虽然不是直接的战争行动，但目的都是为了不战而胜，或者为迫不得已的战争创造有利条件。最后，军事行动要合乎用兵之道，巧妙实施攻击强敌、离间敌人、瓦解敌军等策略，才能取得胜利。

## 十三、发启第十三

【原文】

文王在酆①召太公曰:"呜呼!商王虐极,罪杀不辜。公尚②助予忧民如何?"

太公曰:"王其修德以下贤,惠民以观天道。天道无殃,不可先倡;人道无灾,不可先谋。必见天殃,又见人灾,乃可以谋;必见其阳,又见其阴,乃知其心;必见其外,又见其内,乃知其意;必见其疏,又见其亲,乃知其情。

行其道,道可致也;从其门,门可入也;立其礼,礼可成也;争其强,强可胜也。

全胜不斗,大兵无创③,与鬼神通,微哉!微哉!

与人同病相救,同情相成,同恶相助,同好相趋,故无甲兵④而胜,无冲机⑤而攻,无沟堑而守。

大智不智,大谋不谋,大勇不勇,大利不利。利天下者,天下启⑥之;害天下者,天下闭⑦之。天下者非一人之天下,乃天下之天下也。取天下者,若逐野兽,而天下皆有分肉之心;若同舟而济,济则皆同其利,败则皆同其害。然则皆有启之,无有闭之也。

无取于民者,取民者也;无取于国者,取国者也;无取于天下者,取天下者也。无取民者,民利之;无取国者,国利之;无取天下者,天下利之。故道在不可见,事在不可闻,胜在不可知。微哉!微哉!

鸷鸟⑧将击,卑飞敛翼;猛兽将搏⑨,弭耳俯伏;圣人将动,必有愚色。

今彼殷商,众口相惑,纷纷渺渺,好色无极,此亡国之征也。吾观其野，草菅⑩胜谷；吾观其众，邪曲胜直；吾观其吏，暴虐残贼，败法乱刑，上下不觉，此亡国之时也。

大明⑪发而万物皆照，大义⑫发而万物皆利，大兵发而万物皆服。大哉圣人之德！独闻独见，乐哉！"

【注释】

①酆：古都邑名，在今西安市西南。

②公尚：太公姜尚。

③创：创伤，损伤。

④甲兵：士卒，兵士。

⑤冲机：冲车机弩。

⑥启：开。此为欢迎、拥护之意。

⑦闭：关。此为反对、拒绝之意。

⑧鸷鸟：一种凶猛的鸟。

⑨搏：搏斗。

⑩菅：一种野草。

⑪大明：圣明。

⑫大义：正义。

【译文】

文王在国都酆，召见太公说："唉！商纣王残暴至极，滥杀无辜。你帮助我想想办法，怎样才能拯救天下的百姓呢？"

太公回答："大王必须先加强自身的道德修养，礼贤下士，对广大百姓施以恩惠，为民众多办实事，同时静观时局变化。如果商王朝没有发生天灾，不可以首先倡导征伐；如果商王朝没有发生人祸，也不可以先行谋划兴师之举。只有当商王朝既出现了天灾，又发生了人祸的时候，才可以谋划伐纣灭商大计。为此，既要看清商纣的公开言行，又要洞察他的阴谋活动，才能全面摸透他的心思；既要看到商纣的外部表象，又要觉察他的内心世界，才能掌握他的意图；既要知道他疏远的人是谁，又要知道他亲近的人是谁，才能知道他政治统治的内情。

奉行吊民伐罪的政治主张就可取得成功；遵循统一天下的路线前进，统一的目的就可达到；建立适应社会发展的礼制，制度才能行得通；争取建立优势力量，就可用于战胜强大的敌人。

战争取得全胜而不必经过激烈的战斗，全军几乎没有多少损失，这种高明的作战艺术，简直达到神妙莫测的程度，实在微妙啊，微妙啊！

如果能做到如同广大民众患同一种病痛一样而互相救治，与广大民众怀着同一种情感一样而互相支持，与广大民众同仇敌忾而互相帮助，与广大民众志合道同而互相亲近，朝着共同的目标努力奋斗，那么，即使没有全副武装的士卒也能取胜，没有战车和弩机也能破敌，没有壕沟堡垒也能固守。

真正有高超智慧的人，从不夸耀自己的智慧，因而人们往往看不出他的智慧；真正有非凡韬略的人，从不轻易显露自己的谋略，因而人们往往看不到他的谋略；真正超群勇敢的人，从不争匹夫之勇，因而人们往往看不出他的勇敢表现；善于谋取最大利益的人，从不争一己之私，因而人们往往看不到他所得到的利益。为天下谋利益的人，全天下的人就会拥护他；使天下人受害的人，天下的人就会反对他。天下不是某一个人私有的天下，而是天下人共有的天下。夺取天下，如同猎逐野兽一样，天下所有的人都有分兽肉而食的心理和愿望；又如同坐着一条船过河一样，渡河成功了，船上的人都得利。如果渡河失败了，大家都要遭殃。这说明只有与天下人民同命运、共呼吸，才能得到他们的衷心拥护，而不会遭到反对。

不掠夺百姓利益的，就能得到百姓的拥护；不掠夺他国利益的，就能得到他国的帮助；不掠夺天下利益的，就能得到天下人的拥戴。不向百姓掠夺的，百姓会使他得利；不向他国掠夺的，他国会使他得利；不向天下掠夺的，天下会使他得利。所以，君王取得天下，成就王者之业，其战略的运用使人看不出其中的奥妙，其举措的推行使人察觉不出其中的奥妙，其制胜的方法使人发现不了其中的奥妙。真是奇妙啊！真是奇妙啊！

鸷鸟将要袭击目标时，必先低飞而收起双翼；猛兽将要进行搏斗时，必先双耳下垂而俯伏在地；圣贤将要有所作为时，必先以愚钝的形象示人，不引人注意。

现在的商纣王朝，上下互相欺骗，朝廷杂乱纷扰，奸佞当道，商纣生活糜烂，奢侈无度，这是将要亡国的征兆。我看那里的田野上，野草比五谷长得还茂盛；我看那里的人们，怪诞邪恶的事比公平正直的事还多；我看那里的官吏，暴虐残酷，败坏法制，滥施刑罚。对这些恶劣情况，全国上下还不以为然，毫无觉悟，这已是到了亡国的时候了。

太阳的光辉一照耀，大地万物生机盎然；吊民伐罪的正义一伸张，天下百姓都会得到恩泽；正义之师一经出动，天下都前来归服。圣人的仁德，伟大啊！圣人能有如此常人莫及的作为，真是极大的乐事呀！"

## 【新解】

本篇作为《武韬》的开启之作，既承接了《文韬》关于基本战略问题的论述，又从政治大视角出发，重点对战略时机、战略原则和战略准备等军事宏观问题进行哲学思考，以战略家的眼光，将政治与军事、治国与备战紧密地结合起来，融为一体加以论述，颇具全面性、深刻性和精辟性，提出了被历代哲学家、政治家、军事家奉为圭臬的大权谋思想。

**（一）审时知敌，把握战机**

决策来自判断，判断来自观察。姜太公认为，精准的战略观察是确定兴兵讨伐时机的先决条件。其中，战略观察的内容包括天道、社情、政情、人事等重要战争制胜因素；战略观察的方法是"知其心""知其意""知其情"，用现代的话来说就是"去粗取精、去伪存真、由此及彼、由表及里"，把握敌国的政治状态，判断战略时机是否成熟。

姜太公在历史的关键时刻，对商纣王政权的观察以及对战争发起时机的准确把握展示了非凡的政治洞察力。商朝末期，社会矛盾复杂尖锐；到商纣王统治的时候，社会矛盾更加激化，政治危机重重，而商纣王不但不励精图治，反而变本加厉，倒行逆施。在统治阶级内部，纣王削弱一些奴隶主贵族的势力，实行残暴的恐怖统治，吓得连管理国家文书典籍的太师、少师都不敢待在他的身边。同时，纣王拒谏饰非，残害忠良。数年之间，重臣比干被杀，箕子被囚，逼得微子叛逃到周王门下。对广大劳苦大众，他残酷盘剥，滥施酷刑，大肆屠杀。因此，在他统治的地区，是一片"如蜩如螗，如沸如羹，大小近丧"的混乱局面。微子对此哀叹说："今殷其沦丧，若涉大水，其无津涯。"姜太公通过对商朝这些政治、经济、人心向背等各种战略因素的正确分析，得出了商纣政权外强中干、不堪一击的准确判断，果断发起历史上有名的牧野之战，以摧枯拉朽之势埋葬了暴虐的商王朝。

### （二）全胜不斗，大兵无创

"全胜不斗，大兵无创"，即完美的胜利是不必兵戈相向的，完全胜利的战争是不会带来战争创伤的。姜太公强调，运用大的政治战略和策略，行利民之道，使天下归顺，不战而胜。正如《淮南子·兵略训》所指出的："兵之胜败，本在于政。"所以，"全胜无斗，大兵无创"实际上是通过政治优势，收揽人心，不战而胜，因而是最上乘的文韬武略。它既是对老子以"道"取天下之大智慧的秉承，又是对先秦兵家关于战争观的重大理论创新，深刻揭示了政治与战争的内在联系。

历史已经反复证明，人心向背，是决定一个政党、一个政权兴亡的根本性因素。夺取天下的最好策略，就是依靠政治优势争取民心。不战而胜，无伤而胜，就要依靠民众，与民众同好恶、同甘苦。中国历史上一个个王朝的覆灭，世界历史上一个个不可一世的大帝国的崩溃，都与人心向背的变化有很大的关系。秦始皇作为我国历史上第一个统一中国的封建帝王，称帝之始代表了历史的发展要求，但他好大喜功，横征暴敛，弄得民怨沸腾，传至二世秦王朝就灭亡了。可以说，中国绝大部分封建王朝因政治胜利而夺取天下，所有王朝又都是因政治失败、失去民心而走向衰亡。

总之，夺取天下的最好策略，是依靠民众，与民众同甘共苦，夺取政治胜利，争取民心，如此方能攻守自如，"无甲兵而胜"。

### （三）韬光养晦，无为而治

无疑，作为为人处世的劝导，"树大招风""出头椽子先烂""枪打出头鸟"等谚语具有消极意义。但是，在政治斗争领域，这是弱小者有效保存自己、暗中积蓄力量、伺机东山再起的好策略。所以姜太公才会说："鸷鸟将击，卑飞敛翼；猛兽将搏，弭耳俯伏；圣人将动，必有愚色。"道家的老子也这样认为："夫唯不争，故天下莫能与之争。古之所谓曲则全者，岂虚言哉？诚全而归之。"其意是：正因为不跟别人争夺，所以天下没有谁能争得过他。简言之，就是以屈求伸、大智若愚、韬光养晦的韬略。

自古以来，大凡在多种势力竞相争霸称雄之时，聪明的军事家、谋略家都遵循谋略始祖姜太公的韬光养晦之计，力避成为众矢之的。汉王二年（公元前205年）春，项羽封刘邦为汉王，居巴蜀汉中；刘邦入汉中时，故意烧绝栈道，表示永不东还，以麻痹项羽。东汉末年，群雄并起，后来曹操统一北方，孙权据有江东，刘备占据了西川、汉中，成三足鼎立之势。孙权袭杀关羽，夺回荆州以后，知道刘备要大举攻吴，遂运用韬晦之计以求自保。建安二十四年（公元219年），孙权派人送信给曹操，劝操"早正大位，遣将剿灭刘备，扫平两川，臣即率群下纳士归降矣"。深谙纵横之策的曹操一眼就看穿了孙权的阴谋，大笑对群臣说："这小子要把我放在炉火上烧烤。"曹操心中很明白，他虽能挟天子以令诸侯，但取代汉室当皇帝还不是时候，不能中孙权的奸计成为天下人攻击的对象。元朝末年，蒙古统治政权迅速崩溃，豪强并起。朱元璋采纳朱升的建议，实行了"高筑墙、广积粮、缓称王"的策略，避免成为众矢之的，以后次第消灭割据势力，北伐南征，推翻元朝，开创帝业。

## 十四、文启第十四

**【原文】**

文王问太公曰:"圣人何守?"

太公曰:"何忧何啬①,万物皆得;何啬何忧,万物皆遒②。政之所施,莫知其化,时之所在,莫知其移。圣人守此而万物化,何穷之有!终而复始。

优之游之③,展转④求之;求而得之,不可不藏;既以藏之,不可不行;既以行之,勿复明⑤之。夫天地不自明,故能长生;圣人不自明,故能明彰。

古之圣人聚人而为家,聚家而为国,聚国而为天下,分封贤人以为万国,命之曰'大纪'。陈⑥其政教,顺其民俗,群曲⑦化直,变于形容;万国不通,各乐其所,人爱其上,民忧下止,命之曰'大定'。呜呼!圣人务静之,贤人务正之,愚人不能正,故与人争;上劳则刑繁,刑繁则民忧,民忧则流亡。上下不安其生,累世⑧不休,命之曰'大失'。

天下之人如流水,障之则止,启之则行,动之则浊,静之则清。呜呼!神哉!圣人见其所始,则知其所终。"

文王曰:"静之奈何?"

太公曰:"天有常形,民有常生,与天下共其生而天下静矣。太上⑨因之,其次化之。夫民化而从政,是以天无为而成事,民无与⑩而自富,此圣人之德也。"

文王曰:"公言乃协⑪予怀,夙夜念之不忘,以用为常。"

**【注释】**

①何忧何啬：忧，忧虑。啬，通塞，即阻塞，制止。何忧何啬，这里是指无须去忧虑什么，也无须去制止什么，听其自觉，无为而治。

②遒：强劲，坚固。此处意为繁荣滋长。

③优之游之：悠闲自得，从容不迫。

④展转：睡觉不踏实，翻来覆去睡不着。此为反复考虑的意思。

⑤明：英明。

⑥陈：陈述，宣扬

⑦曲：不公正，邪恶。

⑧累世：世代相承。此为长期之意。

⑨太上：至高无上。

⑩无与：无须管理。

⑪协：合，吻合。

**【译文】**

文王问太公："圣人治理天下应该遵循什么原理和规则呢？"

太公回答："不必过于忧虑，也无须太谨小慎微，万物按照它自身的规律必然各有所得；不必太节制，也无须太忧虑，万物自然会繁荣生长。施行政令，应使人们不知不觉地受到感化，如同时间推移那样，使人感觉不到它的到来。圣人能遵循这一原理，无为而治，万物自然就会潜移默化。如此周而复始，永无穷尽。

这种优游自如，无为而治的治国之道，圣贤必须孜孜不倦地反复探求。一旦悟出其中的深刻原理，就要深藏于心；既然心中深藏这一原理，就不能不将之在施政中加以推行；既然已经实行，就不必再自我宣扬。天地不自我夸耀，所以使万物生长；圣贤不自我宣扬，所以功勋卓著。

古时候的圣人，把许多聚集起来的人组成一个个家庭，把许多聚集起来的家庭组成一个个国家，把许多国家聚集在一起就组成天下，然后分封贤人为各国诸侯。这就是治理国家，统驭天下的纪纲。在此基础上，要宣扬圣贤之政教，顺应人民的风俗习惯，培植正直向上的风气，压倒邪恶的风气，改善社会的精神面貌。各诸侯国习俗虽然不同，但各国民众安居乐业，热爱自己的君主，他们的忧怨在下面就可以得到解决。这就叫天下太平。唉！贤明的君主用清静无为的办法来治理天下，用正人先正己的办法来感化人民，而愚昧的君主不能端正自己的品行，与人民争夺利益。政令苛刻，君主必会动用各种刑罚；刑罚繁多，人民必然心存忧惧；人民忧惧，就会逃往客地异乡。如果上上下下都惶恐不安，长期得不到休养生息，这就是严重的政治失败。

天下的民心所向，就像流水一样，一经堵塞就会停止，一经疏通就会流动，一经搅动就会混浊，一经静澄就会清澈。哦！太神奇了！圣人看到事物变化的开始，就能预见到它发展的结局。"

文王又问："那么，要使天下安静，有什么办法呢？"

太公回答："天自能按照其固有的规律不停地运行，人民也自能循着正常的规律生产和生活。圣人如果能与人民同安生业，天下自然安静无事。顺应天道人心来治理天下是最好的政治，其次是用君主的仁德感化人民，那么人民就会服服帖帖地听从政令。所以说天道'无为'却能使万物生长，不予人民什么管理，人民也能生活富足。这就是圣人治理天下的德政。"

文王说："你讲的话正合我意，我将时常牢记，永志不忘，作为治理天下的准则。"

**【新解】**

孤立地来看，《文启》看似是在探讨治国安民的方法。实际上，它是从军事战略的需求角度出发，深刻阐述"修德""惠民"的治国思想，为军事上谋攻敌国创造条件。这就是《六韬》重视文韬而不轻武略，把经国与治军作为整体而论的高明之处。该篇的中心思想是顺乎自然，"无为而治"。这也是我国历史上大哲学家老子关于治理国家的核心思想，被视为领导艺术和管理艺术的最高层次。值得注意的是，本篇《文启》的治国思想虽然源于道家的思想倾向，但不拘泥于此，同时合理地吸收了儒学、法家和墨家等其他诸子百家的合理思想，内涵非常丰富。

**（一）遵循客观规律，"润物细无声"**

老子说："道常无为而无不为。""无为"就是不要干预事物变化的进程，要任其自然。不进行干预，任其自然，反而能够得到理想结果，事情就会像统治者所希望的那样。诚然，道家这一思想的出发点是维护古代统治阶级的利益，其方法论带有不少消极因素，但它并不倡导放任自流、无所作为。其思想实质闪耀着哲学光辉，即按客观规律办事，实事求是。不按客观规律办事，过于激进或过于保守就要受到客观规律的制约。

"周公恐惧流言日，王莽谦恭未篡时"。王莽夺取刘氏天下之后，推行全面改制，企图力挽狂澜，但出台的一些政策却不符合当时社会的实际情况，违背了客观规律，最终事与愿违，身败名裂。例如，在土地制度改革方面，他强制推行井田制，一方面没有充分考虑到农民的利益和接受程度，收回农民土地，导致农民的不满和反抗；另一方面，恢复古代的井田制，意味着剥夺了地方豪强和贵族的土地所有权，遭到权势集团反对。在改革货币制度方面，他没有充分考虑到商人和消费者的利益和接受程度，强制推行与当时经济发展水平不适应的新货币，反而造成了市场混乱和经济衰退。在行政区划制度改革方面，他没有充分考虑到地方势力的实际情况和接受程度，强制推行改革方案，将全国分为多个郡和县，导致地方官员和豪强地主的反感和抵制。同时，王莽还试图推行一系列思想观念的改革，如崇尚节俭、重农抑商等，但这些观念与当时的社会风气不符，难以被人们接受，导致社会各阶层的不满和抵制。

综合来看，王莽改制是脱离汉末政治现实、社会现实的理想主义追求，不符合社会实际，无法得到权贵集团和普通民众的支持。

按规律办事，不能只停留在口头上、文件里，根本的是要落实到体制、机制上。也就是说，"无为"必须通过良好的体制、机制的"有所为"来实现"无不为"。

**（二）实行仁政德政，富民惠民**

姜太公认为，民心所向是社会发展的基本风向标。众望不可违，民心不可欺。要实现无为而治，就要顺乎自然，合乎民心，以民为贵，以民为本。

历代统治者，处理政事的立足点如何，直接关系天下能否长治久安。凡是能够考虑到人民的疾苦，为人民着想，使人民得以安居乐业的统治者，就能得到人民的拥护。反之，如果不以民为本、以民事为务，对民众实行暴虐统治，残酷地敲诈、残害民众的统治者，民众必定离心离德，甚至把他们当作仇敌，用武力推翻他们，也就谈不上社会的安定和国家的长治久安了。姜太公深知这一"民为邦本，本固邦宁"的道理，力倡以民为本，仁政顺民的思想，辅佐周文王实行仁政，收服民心。诸如"耕者九一，仕者世禄，关市饥而不征，泽梁无禁，罪人不孥"，"怀保小民，惠鲜鳏寡"，这些对于巩固奴隶制的经济基础，缓和阶级矛盾，安定人心，争取更多人的支持，都有重要作用。在周文王仁政政策的感召下，周边邦国和少数民族部落纷纷归附于周。

  姜太公关于"修德""惠民"的治国思想丰富了我国古代"民本"思想的内涵，同时，也为中国共产党"为人民谋幸福"的奋斗目标和政治路线提供了历史智慧，并在中国共产党的伟大实践中得以发扬光大。"为人民谋幸福"是中国共产党一切活动的根本目的。习近平总书记强调："为人民而生，因人民而兴，始终同人民在一起，为人民利益而奋斗，是我们党立党兴党强党的根本出发点和落脚点。"我们党自成立之日起，就把人民放在心中最高位置。在革命、建设、改革各个历史时期，我们党始终坚持全心全意为人民服务。改革开放40多年来，我们坚持在发展中保障和改善民生，全面推进幼有所育、学有所教、劳有所得、病有所医、老有所养、住有所居、弱有所扶，不断改善人民生活，增进人民福祉，在中华大地上全面建成了小康社会，历史性地解决了绝对贫困问题，取得了举世瞩目的伟大成就！

## 十五、文伐第十五

【原文】

文王问太公曰："文伐之法奈何？"

太公曰："凡文伐有十二节：

一曰，因其所喜，以顺其志，彼将生骄，必有奸事，苟能因之，必能去之。

二曰，亲其所爱，以分其威。一人两心，其中必衰。廷无忠臣，社稷必危。

三曰，阴赂左右，得情甚深，身内情外，国将生害。

四曰，辅其淫乐，以广其志，厚赂珠玉，娱以美人。卑辞①委听②，顺命而合。彼将不争，奸节③乃定。

五曰，严其忠臣，而薄其赂。稽留其使，勿听其事。亟为置代④，遗⑤以诚事，亲而信之。其君将复合之，苟能严之，国乃可谋。

六曰，收其内，间其外，才臣外相，敌国内侵，国鲜不亡。

七曰，欲锢⑥其心，必厚赂之；收其左右忠爱，阴示以利；令之轻业⑦，而蓄积空虚。

八曰，赂以重宝，因与之谋，谋而利之，利之必信，是谓重亲⑧，重亲之积，必为我用，有国而外，其地大败。

九曰，尊之以名，无难其身；示以大势，从之必信，致其大尊；先为之荣，微饰圣人，国乃大偷⑨。

十曰，下之必信，以得其情⑩；承意⑪应事，如与同生；既以得之，乃微收之；时及将至，若天丧之。

十一曰，塞之以道。人臣无不重贵与富，恶死与咎⑫。阴示大尊，而微输重宝，收其豪杰。内积甚厚，而外为乏。阴纳智士，使图其计；纳勇士，使高其气。富贵甚足，而常有繁滋。徒党已具，是谓塞之。有国而塞，安能有国。

十二曰：养其乱臣以迷之，进美女淫声以惑之，遗良犬马以劳之，时与大势以诱之，上察而与天下图之。

十二节备，乃成武事。所谓上察天，下察地，征已见，乃伐之。"

**【注释】**

①卑辞：卑微。

②委听：委婉。

③奸节：奸，邪恶。节，符节，此引申为计划、意图。奸节，意为计谋、计策。

④置代：更换、交涉之意。

⑤遗：推脱，拖延。

⑥锢：禁锢，禁绝。

⑦轻业：轻视，忽视。

⑧重亲：重视或听命于我之意图。

⑨大偷：衰颓，遭害。

⑩情：友情。此为信任之意。

⑪承意：秉承意图、意志。

⑫咎：灾祸。

**【译文】**

文王问太公："在用兵征伐之前，用非军事手段削弱和打击敌人的方法有哪些？"

太公回答："用非军事手段削弱和打击敌人，其方法有十二种：

第一，依据敌方国君的喜好，顺从和满足其欲望。这样，他将会滋长骄傲自满情绪，做出各种邪恶的事情。如果能巧妙地抓住这一机会，因敌用兵，将来必定能歼灭他。

第二，拉拢敌国君主所宠爱的权臣，削弱敌国君主的权威，即可达到分化敌人的目的。一个人如果怀有二心，他对国君的忠诚度就会越来越低。敌国朝廷若没有忠臣，其国必将陷于危亡的境地。

第三，以厚利暗中贿赂敌国君主左右的近臣，和他们建立深厚的情谊，使其身虽居国内，心却向外。这样，他的国家必将遭受灾祸。

第四，诱使敌国君主沉迷于淫乐，扩大其荒诞奢侈的享乐情趣。用大量的珠玉珍宝贿赂他，又赠送美女取悦他。交往时，多用最谦卑的言辞，曲意迎合他，顺从他的命令，迎合他的心意。这样，他就不会以我为虑，放纵自己，我所施之计谋也就容易获得成功。

第五，对敌国的忠臣，要严厉苛刻，加以警惕，只能施以微薄的礼物。当其忠臣来我国充当使节时，尽量挽留他，故意拖延时间，既不予答复，又不听取他的意见，使他无法完成使命。当敌国急切改派别人替代他当使节时，应故意提供实情，对接替的使者表示亲近，助其完成任务。这样，敌国君主将复核前后两个使节的表现，如果能促使敌君严厉苛责忠臣，从而不信任忠臣，该国就可以谋取。

第六，拉拢收买敌国朝廷内的权臣，离间敌国君与朝廷外大臣的关系，使敌国有才智的大臣都暗中与我通好，并造成敌国内部相互倾轧的形势，那么这样的国家没有不灭亡的。

第七，要制止敌国君主对他国的图谋，要用大量的礼物贿赂他；同时，要暗地里给其左右大臣以好处，把他们收买过来；要使敌国的君臣忽视农耕及各项生产事业，造成其国家粮财贫乏，国防空虚。

第八，用贵重的金银财宝贿赂敌国的权臣，接着与他共同谋事，并使他从中得利。这样，他就会由于贪利而听命于我。用这种收买拉拢的办法，可使敌国大臣为我效力。大臣虽有自己的国家，但已为外国所用，其国必然要遭到败亡。

第九，表面上尊崇敌国君主，满足他的虚荣心，不要用棘手的问题为难他；大肆渲染敌国君主的威势，表面屈从他的意志，以取得他的信任，促使其妄自尊大；炫耀敌国君主的尊严，将最尊贵的荣誉送给他，再用圣贤的德行加以粉饰。这样，他的国家就不得不走向衰败。

第十，对敌国君主表示谦卑恭顺，取得他的信任，进而得到其真实情况；完全秉承他的意志办事，答应他的要求，如同兄弟一般亲密。在得到他的信任以后，暗中逐渐操纵和控制他，微妙地加以掩饰，待时机成熟，就一举消灭他，如同天意使然。

第十一，堵塞敌国君主耳目，使他不能了解真实情况。凡是做臣子的，无不看重财富和权位，厌恶死亡和灾祸。这样，可以暗中赐以高官厚禄，又用珍宝秘密地收买其豪杰；国内要积蓄充足的财富，而在外表上则假装国家财力不足；暗中招纳敌国有智之士，以争取其和我共谋大计；又招纳其军队的勇猛之士，使他们斗志旺盛，士气高昂；尽量满足其贪图富贵的欲望，不断地给他们增加赏赐，使这种欲望越来越重。采取这些办法，把敌国的豪杰、智士、勇士争取过来，结成党徒，为我所用，完全可以闭塞敌国君主的耳目。这样的君主虽然有国，但其耳目已为人所障塞，他的国家还能持久吗？

第十二，扶植敌国中奸诈乱政的大臣，使他们扰乱其君主的统治；向敌国君主进献美女和乐工，以惑乱他的意志；向君主赠送良犬骏马，使他的身体疲劳困顿；常常奉承他的权势和功绩，使他骄傲狂妄。这样，就可以选择有利时机，与天下之人共同攻取他的国家。

以上十二种方法，如运用得当，就可以进一步采取军事行动了。行动时，一定要上察天时，下察地利，并且待出现有利的形势时，才可以兴兵征伐。"

## 【新解】

在军事上，要真正达到"全胜不斗，大兵无创"的理想境界，政治上的战略准备是首要前提。也就是说，不仅要对内修德治国、实现惠民政策，还要对敌国统治集团进行"文伐"。所谓"文伐"，就是"以文事伐人，不用交兵接刃而伐之也"。即用政治手段进行谋攻，分化、瓦解、削弱敌人，转化敌我情势，造成有利于我、不利于敌的态势。

本篇《文伐》从政治权谋的高度充分发挥了孙子的"伐谋"思想，针对国君和将臣两种对象，提出了十二种具体运用智术的办法。"文伐"十二法尽管看上去有"阴险狠毒"之感，却是对先秦时期军事斗争的经验总结，也是对人类政治角逐规律的探索和揭示。纵览古今无数由兴转衰、身死国灭的历史往事，都可以找到重要历史人物成功实施"文伐"的实例。

## （一）"文伐"主帅，四两拨千斤

俗话说：擒贼先擒王。政治谋攻的首要目标就是最高领导者。无疑，对于最高领导者，使用"糖衣炮弹""因其所喜，以顺其志"，使其"远忠臣，近小人"，闭目塞听，进行政治"斩首"，是效费比最高的"文伐"捷径。姜太公提出了12条方法，包括腐蚀、麻痹敌国国君，以及离间国君与忠良之臣的关系。这些方法古今中外政治、军事舞台上屡试不爽。公元前494年，越王勾践兵败于会稽后，"卑辞厚礼"向吴王夫差求和。越王勾践一方面韬光养晦，曲意逢迎吴王，怂恿他扩张称霸的野心；另一方面，他倾尽全国的财宝和美女，供夫差纵情享受。最终，越国"十年生聚，十年教训"后，吴王命绝姑苏山。楚汉争霸时期，盖世英雄项羽遭遇刘邦的"文伐"，赶走"核心智囊"范增，最后落得个"霸王别姬"的下场。

当今国际政治舞台上，"文伐"他国领导人依然是最高超、最高效费比的战略手段。战略效果自然极其显著，轻则政局动荡，重则国灭政息，收到"四两拨千斤"之功。美国不战而胜，搞垮苏联，堪称"文伐"领导人的经典案例。不能否认，苏联解体与戈尔巴乔夫有直接关联。尽管关于戈尔巴乔夫是不是西方培植起来的代理人这一问题尚无定论，但是以美国为首的西方势力在戈尔巴乔夫身上的确下了不少功夫。戈尔巴乔夫上台以后，积极推行所谓的"新思维"，有意识地引进西方社会党的某些理论观点，大肆鼓吹"人道的民主的社会主义""民主化、公开性和多元论"，解禁反共产主义、反社会主义制度的文学作品和电影，放任历史虚无主义和民族虚无主义横行。在国际舆论场上，西方积极配合，通过新闻媒体史无前例地为社会主义国家领导人"正面"造势，吹捧其"新思维"，称其为"伟大的改革家""东西方和平的缔造者"，并将1990年诺贝尔和平奖颁发给他。最终，西方看到了、得到了他们想要的结果：一个超级大国、社会主义大国在其领导人的带领下，在自杀式改革的邪路上狂奔。

### （二）"文伐"将臣，釜底抽薪

很多情况下，要想战胜敌国，仅仅寄托于腐蚀最高领导者并不能瓦解甚至动摇敌方统治集团的稳固性，而是要走迂回路线，暗地里分化、收买敌国大臣、将领，争取优秀人才，挖其"墙脚"，折其"羽翼"。历史上，这些隐蔽战线上的迂回"文伐"行动，或许只是双方斗争舞台上的插曲，但是，历史发展的走向往往因之而改变。

战国时期，秦相范雎用重金贿赂赵国权臣，离间赵惠文王与廉颇，使赵王重用赵括代廉颇为将，最终赵国40多万士兵在长平之战中惨遭活埋。

在当代，"文伐"对方的文臣武将更是各国在政治、军事博弈中的必选项。苏联解体固然与戈尔巴乔夫的"骚操作"不无直接关系，但仅凭他一人之力绝无可能导致一个超级大国崩溃。事实上，美西方对苏联的政府高层、文化精英和经济精英也进行了一系列思想洗脑、政治拉拢、利益诱惑等"组合拳"，企图将处于这些国家机器中枢的"精英"拉下马，一步步地将苏联引向毁灭的深渊，加速苏联这个社会主义国家及其政党的垮台。据《从列宁的建党思想看严格党内政治生活的极端重要性》一文披露：

苏联解体前，当时的苏联《西伯利亚报》曾经进行过一次问卷调查，被调查者认为苏共代表工人的占4%，代表全体党员的占 11%，代表官僚、干部、机关工作人员的竟占到 85%。也是在苏联解体前，美国的一个机构在苏联的欧洲部分进行了一次民主测验，抽样人口中只有 17% 的人赞成自由市场的资本主义。1991 年 6 月，美国另一个机构对苏联高层党政官员的抽样调查结果显示，竟有 76.7% 的人认为应当实行资本主义。

这一数据揭示了一个不为人知的真相：苏联解体不是人民抛弃了社会主义，而是苏联的"精英集团"为了发财梦，背叛了社会主义，这也标志着苏联共产党内部出现了实质性的阶级背叛。这些"精英"摇身一变成为了"大老板"，甚至成为大型集团公司的"寡头"，与蜂拥而至的西方跨国公司一起享受苏共垮台后的经济"盛宴"。不难想象，西方在搞定戈尔巴乔夫的同时，在这些"精英"身上也没少花功夫。

"前车之覆，后车之鉴"。当前，中美全面战略博弈进入白热化阶段。能否在这场史无前例的大国竞争中立于不败之地，一个很关键的因素就是防止处于社会要害岗位的社会精英被美西方洗脑、控制，防止精英阶层的西化、腐化！

## 十六、顺启第十六

### 【原文】

文王问太公曰："何如而可为天下？"

太公曰："大盖①天下，然后能容天下；信盖天下，然后能约②天下；仁盖天下，然后能怀③天下；恩盖天下，然后能保天下；权盖天下，然后能不失天下；事而不疑，则天运④不能移，时变不能迁。此六者备，然后可以为天下政。

故利天下者，天下启⑤之；害天下者，天下闭之；生天下者，天下德之；杀天下者，天下贼⑥之；彻天下者，天下通之；穷天下者，天下仇之；安天下者，天下恃之；危天下者，天下灾⑦之。天下者非一人之天下，唯有道者处之。"

**【注释】**

①盖：覆盖。

②约：约束。

③怀：怀柔。

④天运：天体运转，比喻客观规律是客观存在，不以人的主观意志为转移。

⑤启：开启。此为拥护、爱戴。

⑥贼：毁坏，杀害。此为仇视之意。

⑦灾：祸殃。

**【译文】**

周文王问姜太公："怎样才能治理天下呢？"

姜太公回答："器量宏大能覆盖天下，然后才能包容天下；诚信能覆盖天下，然后才能约束天下；仁德能覆盖天下，然后才能怀柔天下；恩惠能覆盖天下，然后才能保住天下；权威能覆盖天下，然后才能不失天下。遇事能当机立断而不犹疑，就像天体运转不能改变，四时变化不能更替一样。这六个方面都做到了，就可以治理天下的政事了。

所以，能为天下百姓谋利益的，就能得到百姓的拥护；使天下百姓遭受祸殃的，就将遭到百姓的反抗；关怀天下百姓生活的，就会得到百姓的感激；杀害天下百姓的，将会受到百姓的仇视；顺应天下百姓心愿的，就将得到百姓的拥护；苛刻天下百姓致使其穷困的，就将受到百姓的厌恶；使天下百姓安居乐业的，就将得到百姓的爱戴；给天下百姓带来危难的，就将遭到百姓的舍弃而致祸殃。天下不是一个人的天下，只有仁德高尚的君主，才能治理好天下，并长久地持续下去。"

**【新解】**

"得民心者得天下"，《六韬》是中国古代第一部明确提出这一观点的兵书。这种谋取天下的方法在讲究征伐、主张以力取胜的古代很是独树一帜。"顺启"，就是顺应天理、启发君主之意。本篇《顺启》从战略高度上讲述了得天下与得民心的关系，指出两者的同一性，并反对君权神授，肯定了统治者的统治地位不是上天授予的，教育统治者首先要争取民心，把本国治理好，固本强基，然后才可能谋划攻取敌国，从而夺取天下。

### （一）天下归民，然后可以为天下政

姜太公反复论述了"天下非一人之天下，乃天下之天下"的理论。其核心思想，不但强调政权非一人之私有，而属于天下之公有，更重要的还在于指出政权归属的可变动性，即执掌政权的人是可变动的，政权不是一个人或一个家族可以永远执掌的，而是天下之人（实际上指拥有政治和经济实力者）都可以执掌的。其思想的进步性、辩证性也是很明显的。这就是《顺启》篇中所说的"天下者非一人之天下，惟有道者处之"。所谓"有道者"，应该是指能够得民心者。

这是一个颠扑不破的真理。抗战胜利后，国民党掌握着国

家政权，拥有500万军队，一时威风赫赫，共产党却偏居边远山区，仅有几十万军队，力量还很弱小，但国民党政权从抗战胜利到1949年仅三年多时间，就被共产党推翻，残余势力也被逐出大陆，退守台湾孤岛。

决定战争的胜负，武器装备固然重要，但军事实力并非单纯的武器装备，它是政治、经济、文化等诸多因素均衡发展的结果。而这些因素，又取决于民众的素质，其中最关键的是民心或大众心态。

国民党统治下，民心散失非止一日。抗战胜利后，国民党大发接收财，搞得沦陷区人民是"盼中央，望中央，中央来了更遭殃"。负责经济接收的邵毓麟曾经当面提醒蒋介石："像这样下去，我们虽已收复了国土，但我们将丧失人心！"但是被胜利庆贺声冲昏头脑的蒋介石并没有及时意识到这一点，最终使得国民政府从军事、政治，到民生、民心，都处于涣散状态，整个国家政治机器已无法正常运转。这个时候，国民党在战场上想不败都不行了。反观共产党则将全心全意为人民服务这一宗旨体现得淋漓尽致。毛泽东认为，人民群众是真正的英雄，是历史的创造者。在几十年的革命和政治生涯中，他一直把人民群众当作自己的力量之源，胜利之本。仅仅一篇《为人民服务》就振聋发聩，教育了一代共产党人，使共产党由小到大，由弱到强，最终夺取政权，建立了新中国。从国共两党抗战后的得失中，我们可以悟出那个为我们熟知的、现在也为人所崇尚的道理：得民心者得天下，失民心者失天下。

**（二）利天下者，天下启之**

姜太公认为：政权得失或政权执掌者发生变化的根本原因，

就在于政治领导者与民众的关系状况。如果两者关系处于和谐协调状态，当政者就可以巩固政权。在他看来，在与民众的关系问题上，统治者或领导者是决定性的方面，他们与民众的关系状态，主要由他们的自身行为来决定。这种行为的核心是利害趋向问题，不同利害趋向的行为，必然引起民众相应的或对等的行为。对于双方这种以利害问题为核心、以政治行为相互对应为两者关系的基本模式的认识，姜太公在《顺启》中有很多深刻的认识："大盖天下，然后能容天下；信盖天下，然后能约天下；仁盖天下，然后能怀天下；恩盖天下，然后能保天下；权盖天下，然后能不失天下；事而不疑，则天运不能移，时变不能迁。此六者备，然后可以为天下政。"不但如此，姜太公还提出，领导者或统治者要着重从六个方面注意自身修养，即度量、诚治、仁德、恩泽、权力、处理事情当机立断。具备这些美德，才能得到天下人的爱戴，才可以把国家治理好。

唐太宗李世民即位之初，曾有一次关于治国方略的大讨论：大乱之后，究竟是用重典惩治刁民，还是"抚民以静"，与民休息？在此关键时刻，这个纵横疆场十余年的统帅做出了英明决策，他说："凡事皆须务本。国以人为本，人以衣食为本，凡营衣食，以不失时为本。"因此，他着力推行以民为本的政策，轻徭薄赋，使民以时；关心民瘼，澄清吏治，为恢复疮痍满目的唐初社会与经济奠定了正确的治国之策。

唐太宗治国，有许多过人之处。他作为一个成功的统治者在，度量、诚治、仁德、恩泽、权力、处理事情当机立断上都做得不错。谏臣魏征曾经几百次上书指出李世民的过失，李世民都能够虚心地加以接受，因此在君臣共同努力下，开创了"贞观之治"的盛世局面。

历史一再证明，为政者应当与民和谐，只有这样才能治理好国家。

## 十七、三疑第十七

【原文】

武王问太公曰："予欲立功，有三疑：恐力不能攻强、离亲、散众①，为之奈何？"

太公曰："因之②，慎谋，用财。夫攻强必养之使强，益之使张，太强必折，太张必缺。攻强以强，离亲以亲，散众以众。凡谋之道，周密为宝。设③之以事，玩④之以利，争心必起。欲离其亲，因其所爱，与其宠人，与之所欲，示之所利，因以疏之，无使得志。彼贪利甚喜，遗疑乃止。凡攻之道，必先塞其明，而后攻其强，毁其大⑤，除民之害。淫之以色，啖之以利，养之以味，娱之以乐。既离其亲，必使远民，勿使知谋，扶而纳之⑥，莫觉其意，然后可成。施惠于民，必无爱财。民如牛马，数喂食之，从而爱之。心以启⑦智，智以启财，财以启众，众以启贤。贤之有启，以王天下。"

【注释】

①散众：指分化瓦解敌人的军队。
②因：顺应、利用。
③设：约许、许诺。
④玩：玩弄，引申为引诱、操纵。
⑤大：这里比喻庞大的国家机器。

⑥扶：诱导。扶而纳之，指各种方式促使敌人入我之圈套。

⑦启：发动、疏通，这里意为产生。

**【译文】**

周武王问姜太公："我想要建立功勋，只是有三点疑虑，怕力量不能攻击强敌、不能离间敌人的亲信、不能涣散敌方的民众，对此该怎么办呢？"

姜太公说："要因势利导，谨慎地运用计谋，舍得花一些钱财。攻击强敌一定要养成他的强横，促成他的扩张，过分强横一定会遭受挫折，过分扩张一定会出现缺口；利用他的强横来攻击强敌，利用他的亲信来离间亲信，利用他的民众来涣散民众。凡是运用计谋，周密最为重要。要安排一些事情，用利益来玩弄他们，他们的相争之心一定会被引发。想要离间敌君的亲信，就要顺着敌君所爱的和所宠信的人，给他们想要的东西，许他们更多的好处，借此来疏远他们与敌君的关系，使他们不能得志；他们贪图利益很是高兴，留下相互怀疑的种子才算完事。凡是攻击强敌，一定要先堵塞敌君的耳目，而后攻击他最强的部队，毁坏他最大的机构，除掉人民的祸害。要用女色来使他荒淫，用利益来使他尝到甜头，用美味来供养他，用音乐来使他沉溺于享乐。离间了他的亲信以后，一定要使他远离人民，不要让他知道计谋，诱使他进入圈套，他一点也不觉察这个意图，然后才能成功。把恩惠施给民众，一定不要吝惜财物；民众好像牛马，经常喂养他们，他们就会爱喂养的人。只要细心去研求，必然会启迪思路，显示智慧，智慧可以产生财富，财富可以养育民众，民众中可以涌现贤才，在贤才的辅佐之下，就可以统治天下了。"

**【新解】**

如何从军事上战胜强敌？本篇《三疑》在吸收孙子的"伐谋"和"先胜"思想的基础上，从战争筹划的角度，发展了"文伐"的思想，提出"以谋佐攻"的原则和方法，即针对敌之"强""亲"和"众"等不同目标，分别采取"因之""慎谋""用财"等策略，消耗敌人的实力，搞乱敌国内部关系，迷惑敌国最高统治者，从而在军事和政治上削弱敌人，为军事打击创造有利条件。

**（一）养之使强，益之使张**

"兵强则灭，木强则折""物壮则老"。姜太公主张对付强敌要因势利导，"养之使强，益之使张"。西方谚语说："上帝欲使其灭亡，必先使之疯狂。"讲的也是这个道理。敌人好侵扰，就以利来引诱他，敌人好猛进，就设埋伏使他自落陷阱；总之，要顺势助长敌之骄纵气焰，使敌人在无节制地扩张中不断消耗自己，然后找出破绽、把握机会给其致命一击。春秋时期郑伯克段于鄢就是对这个谋略的高超运用。

春秋时期，郑国的国君郑武公从申国娶了一位女子，名叫武姜。武姜为郑武公生了两个儿子，大儿子就是后来的郑庄公，小儿子叫共叔段。武姜偏爱共叔段，武公死后，庄公即位，武姜请求郑庄公把共叔段分封到"京"的大城邑，郑庄公答应了，让共叔段住在那里，故以封邑称谓京叔段，世称"京城太叔"。大夫祭仲知道后，极力劝阻。庄公却说："母后执意如此，我又怎能推却呢？"共叔段被封在京邑后，十分得意，仗着有武姜做后盾，觉得庄公对自己无可奈何，便肆意妄为。

过了不久，共叔段私自将郑国西边和北边的边邑划为自己的封邑。这一举动明摆着没把郑庄公这个国君放在眼中。见郑庄公还是没有反应，共叔段的野心愈发膨胀，企图谋反夺取郑庄公的君位：他集结兵力，征集粮草和战车，修整城郭，修缮武器盔甲，准备偷袭郑国国都。共叔段还和武姜约定了起事日期，到时武姜打开城门做内应。但他没有想到郑庄公已经探知了共叔段起兵的日期，这时，郑庄公假称自己出行去朝见周天子，暗地里却命令子封率领二百辆战车秘密攻打京邑。共叔段毫无防备，等他得到消息时，郑庄公已经兵临城下。共叔段只能仓皇逃到鄢城，郑庄公又率军追到鄢城。共叔段众叛亲离，无处容身，又逃亡到卫国共地，并最终死在那里。

共叔段仗着母亲的宠爱和纵容，早有谋反夺位之心，而且其行为嚣张狂妄，郑庄公怎么可能不知？只是事情一开始，共叔段的野心尚未完全显露，又有母亲的庇护，郑庄公故意满足共叔段的欲望，正是为了"养之使强，益之使张"，让他骄横自满，胡作非为。后来，朝中大臣虽然多次建议郑庄公采取行动，但彼时共叔段的反叛行为尚不明显，轻易出兵讨伐，师出无名，还可能落下欺侮亲弟的不义名声，因此他还是无动于衷。直到共叔段主动起兵造反，罪行暴露无遗，民众离心，失道寡助，他才果断采取行动，一举平叛，这样也显得自己仁至义尽。由此可见，郑庄公真是一个老谋深算之人。

**（二）凡谋之道，周密为宝**

"慎谋"，就是缜密谋划。姜太公主张：战时做任何筹划时，都要周密为宝，不能泄露，必须保密，强调"道在不可见，事在不可闻，胜在不可知"。毛泽东同志也曾经指出："必须十分注意保守秘密，九分半不行，九分九也不行，非十分不可。"如果不注意隐秘，过早地暴露自己，就会一着失误，满盘皆输。因重要机密泄露而导致战争失败的例子在历史上屡见不鲜。可见，重要军事秘密事关国家安危、战争胜败，认真做好保密工作，是每一名军人乃至普通公民的职责和义务。

当然，由于严格保密使军事行动取得成功的事例也很多。第二次世界大战后期，盟军准备渡过英吉利海峡在法国登陆，然后进攻德国本土。由于当时德军还保存有一定的实力，为了减少伤亡，盟军必须确保登陆成功。盟军方面在选择诺曼底作为登陆地点后，又采取了一系列严格而积极的保密措施。由于保密工作做得极为出色，德军始终未能发现盟军的登陆点就是诺曼底。一直到进攻前夕，德军才如梦初醒，但为时已晚，诺曼底登陆取得了空前的成功，成为战争史上一个著名的战例。

**（三）离亲以亲，散众以众**

分而治之是政治上的常用手段。毛泽东说："政治就是把拥护支持自己的人搞得多多的，把敌人搞得少少的。"战争是流血的政治，运用的也是同样的道理。因此使敌人众叛亲离，处于孤家寡人的地步更便于我们采用军事行动。那么如何达到"离亲以亲，散众以众"的目的呢？姜太公主张"用财"，即"淫之以色，啖之以利，养之以味，娱之以乐"。对敌国国君的亲信，就要以厚利进行贿赂，舍得使用金钱美色，让他们散布谣言使其君主不信任他的大将，再采用行动往往就能达到事半功倍的效果。比如，前面我们讲过秦相范雎用重金贿赂赵权臣，离间赵惠文王与廉颇的关系，换上"纸上谈兵"的赵括导致长平之战赵国大败的故事。其实，赵国也曾不惜重金使用反间计，挽救了赵国的危亡。

公元前260年长平之战后，秦国大将白起本来打算乘胜灭掉赵国。赵国得知后惊恐万分，便派苏代用重金贿赂秦国丞相范雎，劝他说："现在如果赵国灭亡，秦王称王，那白起必为三公，您能甘心在白起之下吗？到那时，即使您不愿处在他的下位，那也办不到，还不如让赵割地求和，不让白起再得灭赵之功。"范雎听后也感觉白起影响到自己的地位，于是以秦兵疲惫，亟待休养为由，请求允许赵国割地求和。秦昭王应允了这一建议。白起闻知此事，从此与范雎结下仇怨。后来，秦昭王又想以白起为将进攻邯郸，白起认为此时战机已失，回绝了秦王。秦昭王改派王陵替白起为大将，结果大败而归，秦昭王听后大怒，又强令白起带兵出征。白起自称病重有些拖延时间，范雎乘机进谗言，说白起迟迟不肯奉命，一定是在心里埋怨秦王。秦昭王也认为"其意怏怏不服，有余言"，便派使者赐剑命白起自刎。可怜一代名将白起，不得不拿起剑自刎于杜邮（今陕西咸阳东北）。

长平之战前后，秦赵两国之间进行了激烈的用间与反间斗争，其间"用财"发挥了不可或缺的关键作用，各国为了达到分而治之、搞乱迷惑对方的目的，可以说都是投入血本、无所不用其极。

# 第三章

## 《龙韬》新解

## [章节解析]

《龙韬》是《六韬》的第三卷，内分《王翼》《论将》《选将》《主将》《将威》《励军》《阴符》《阴书》《军势》《奇兵》《五音》《兵征》《农器》13篇。"龙"在中国文化中是想象中的兽中之王，在国家政权中通常用于比喻帝王，在用兵打仗领域则可用来比喻军队的统帅。同时，传说中的"龙"，能够兴云致雨，又能时隐时现，变化莫测。统帅是三军之首领，其智慧才能和谋略筹划关乎全军的生死和战争的胜负。所以，本篇以《龙韬》命名，旨在形象地阐述军队统帅的选拔、任用、要求以及统帅灵活变化的指挥艺术等问题。如怎样遴选将领、拜将立帅、编组统帅部、树立将帅的威信、鼓舞士气、秘密通信和临机制胜等。它将"智""信""仁""勇""忠"作为选择将帅的标准，主张用8种方法考验将帅，并举行隆重的仪式，将军权授予通过考验的统帅。

其中，《王翼》篇对统帅部的组成，作了详尽而全面的阐述，对统帅部各种人员的配备、人数和职责都作了具体的规定。《阴符》篇记载了利用不同长度的符节表示不同意思的方法，并进行秘密的通信联络。《阴书》篇则记载了将一封信分作3份，由3人分别送达的秘密通信法。《军势》和《奇兵》篇揭示了临阵决战、创造和利用优势、把握时机、出奇制胜的一些原则。《五音》《兵征》篇将阴阳五行学说引为其理论的基础，形象地揭示根据种种迹象准确判断敌情，以及根据敌军阵容预测战争胜负的艺术，其中不乏牵强附会和迷信的色彩。

## 十八、王翼第十八

### 【原文】

武王问太公曰："王者帅师，必有股肱羽翼①，以成威神，为之奈何？"

太公曰："凡举兵帅师，以将为命②，命在通达，不守一术，因能授职，各取所长，随时变化，以为纲纪。故将有股肱羽翼七十二人，以应天道。备数如法，审知命理，殊能异技，万事毕矣。"

武王曰："请问其目？"

太公曰："腹心一人。主潜谋应卒③，揆④天消变，总揽计谋，保全民命；

谋士五人。主图安危，虑未萌，论行能⑤，明赏罚，授官位，决嫌疑，定可否；

天文三人。主司星历，候风气⑥，推时日，考符验，校灾异，知人心去就之机；

地利三人。主三军行止形势，利害消息⑦，远近险易，水涸山阻，不失地利；

兵法九人。主讲论异同，行事成败，简练兵器，刺举⑧非法；

通粮四人。主度饮食，备蓄积，通粮道，致五谷，令三军不困乏；

奋威四人。主择才力，论兵革，风驰电掣，不知所由；

伏鼓旗三人。主伏鼓旗，明耳目，诡符印，谬号令，闇忽⑨往来，出入若神；

股肱四人。主任重持难，修沟堑，治壁垒，以备守御；

通材三人。主拾遗补过，应偶宾客，论议谈语，消患解结；

权士三人。主行奇谲，设殊异，非人所识行无穷之变；

耳目七人。主往来，听言视变，览四方之事军中之情；

爪牙五人。主扬威武，激励三军；使冒难攻锐，无所疑虑；

羽翼四人。主扬名誉，震远方，摇动四境，以弱敌心；

游士八人。主伺奸候变，开阖⑩人情，观敌之意，以为间谍；

术士二人。主为谲诈，依托鬼神，以惑众心；

方士二人。主百药，以治金疮，以痊万病；

法算二人。主计会⑪三军营垒、粮食、财用出入。"

## 【注释】

①股肱羽翼：比喻得力的辅佐和帮手。

②命：命脉，关键，首脑。类似于现在的司令。

③卒：通"猝"，突然。

④揆：观测，揣度。

⑤行能：德行与才能。

⑥候风气：占验风向及时气变化。

⑦消息：指一消一长，或处优势，或处劣势。

⑧刺：侦察。举：检举。

⑨闇忽，闇同暗。忽，不注意，不重视。闇忽，形容不清楚。

⑩开阖：开启与关闭，此指控制。
⑪计会：计算，核算。

## 【译文】

周武王问姜太公："国君要想统帅好军队，在其身边就必须有一批能起股肱羽翼作用的人来辅助他，以造成君王尊贵威严、至高无上、神机莫测的气势。如果想做到这一点，应该怎么办？"

姜太公回答说："凡是用兵，其统帅一定要成为全军的首脑。作为一军的统帅，应该是精通各种知识的全才，而不是只精通某一种知识；作为一军的统帅，应该善于选拔发现人才，并根据他们的能力授予其合适的职务，使他们充分地发挥自己的长处，并根据形势的变化作及时的调整，以此作为用人的准则。所以，在主将手下需有七十二位起股肱羽翼作用的人作为辅佐人员，这样正和天道的七十二候相对应。把编制确定下来，又清楚地明白天道和事情变化的道理，把有各种本领和技能的人聚集在自己身边，这样一切就都具备了。"

周武王接着问；"请问这七十二人如何安排？"

姜太公回答说："应选一人做心腹，负责在暗中帮助统帅进行策划，应付各种突然的变化，测度天象，窥知天意，掌握策略变化，以保全百姓的生命安全。

选谋士五人，主要负责谋划如何才能保证全军的安全，避免处于危险境地，提前对将要发生的事情进行考虑，以便防患于未然，并且评议诸位将领和士兵的能力，使统帅对部属赏罚分明，根据其才能授予相应的官职，帮助主将解决疑难问题，确定计划方案的可行与否。

选通天文者三人，负责观察星象历数，检测风向和时气的变化，推算日期时辰的吉凶，考察验证人事是否和天意相合，研究灾异发生的原因，窥知人们内心发生变化的原因。

选懂地理者三人，负责确定行军路线和三军要占领的地方，说明各种地势的利害关系，是远是近，是险要还是平坦，在哪些地方军队容易缺水，在哪些地方行军有高山阻拦。这样，我们就不会失去在地理上的优势。

选精通兵法者九人，负责研究各种兵法有何异同、在各种形势下运用各种兵法获得成功或者失败的原因，并且根据兵法精心选择兵器，还要检举揭发军中的违法乱纪行为。

选通粮者四人，主要负责计算全军所需军粮的数量，准备好足够的贮备，并保证粮道的畅通无阻，使粮食按时送到军中，保证军队粮食的充足供应。

选择四人任奋威，负责选拔具有勇往直前精神的人，选择使用最有利的兵器，出击像风驰电掣一般，出乎敌人意料之外。

选择三人熟练地掌握旗鼓变化的方法，能使全军按照旗鼓的变化统一行动，使全军进退起伏有序，故意发布一些假的传达命令的凭证和一些错误的号令，突然变化，神出鬼没。

选择股肱四人，去承担一些最重要的事情，主持修建战地工事，挖掘壕沟，营建壁垒，作防御敌军之用。

选三人任通材，负责督察指出统帅策略的疏漏不周之处，接待其他国家的使者宾客，和他们进行谈判，以消除双方的误会，建立友好的关系。

选权士三人，负责策划一些高妙的计谋，使别人看不出统帅的意向，这样，就可以随心所欲地进行权变。

选七人任耳目，负责探听各种消息和变化，察看周围发生的事情和军情的变化。

选五人担任爪牙，负责使军威雄壮强大，鼓励士兵，全军将士面对强敌而毫无畏惧，勇往直前。

选四人做羽翼，负责传播宣扬我军的威名，使远方震惊，四方不稳，动摇敌方军心，削弱敌军斗志。

选游士八人，负责侦察敌方派出的间谍，观察敌军内部发生的变化，掌握人心的动向，观察敌人的意图，担任我方的间谍。

选二人做方术之士，负责故意制造一些怪异、依托鬼神之事，以迷惑敌方军心。

选方士二人，负责药物的管理，治疗兵器造成的外伤，医治好各种病症。

选二人任法算，主管三军粮草，财用支出。"

**【新解】**

所谓"王翼"，就是王者的翅膀。翼的功能就在于它的奇效性。鸟儿离开了翅膀，将变得非常平庸，可是一旦用自己的翅膀飞翔，就会进入自由王国，去做人类很难实现的神奇事情。也就是说，一个聪明的将帅作用再大，也是有限的，但若有谋士和各种专门人才去辅佐，将帅则可以在战争舞台上做出惊天动地的业绩。基于这个思想，本篇《王翼》围绕统帅和指挥机构的建设问题提出一系列有价值的观点。

**（一）凡举兵帅师，以将为命**

战国时期，由于参战军队数量大增，兵种增多，战场辽阔，持续时间长，在客观上不可能像春秋时期那样，由君主一人和少数助手就可指挥全军作战。与此相适应，就有了将帅分工、各司其职的出现。《王翼》对此进行了详细的记载。姜太公指出："凡举兵帅师，以将为命，命在通达，不守一术，因能授职，各取所长，随时变化，以为纪纲。"意思是说将帅是掌握全军命运的人，他重在掌握全部情况，而不在于专精一项业务和技术。因此，将帅应该有一些各具专长的助手，以协助他处理各种专门业务。俗话说，"一个好汉三个帮，一个篱笆三个桩"。一个再优秀的人，也需要团队的支持，在残酷的你死我活的战争中更是这样，主帅的职责在于把握全局，其余的工作由下属各司其职，才能形成一个良好的团队。

楚汉相争时，项羽虽然勇猛剽悍无比，可以说打遍天下无敌手，但是他作为主帅，没有战略眼光，不懂得识人用兵，手下仅有一个范增也不能用。用现在的话说，就是没有一个好的司令和参谋部，"参谋长"范增的意见也不被重视。反观刘邦这一方，则是人才济济，有萧何、张良、韩信、陈平等多人。而刘邦这个人文不如萧何，武不如韩信，谋不如张良，但是他有战略眼光，能用人、会用人，这就形成了一个良好的共图大业的团队，即一个好的司令和参谋部。所以最后能够战胜项羽，夺取了天下。这就是将帅素质和团队建设对战争的影响。

**（二）将有股肱羽翼七十二人，以应天道**

本篇《王翼》提出了建立参谋部的问题，这是我国军事史上最早的见于明文规定的参谋部组织法，也是《六韬》的一大创造。据历史考证，这种类似于现代参谋机构的记载，不仅在中国军事史上而且在世界军事史上也是现存文献中最早的。西方见于文献的类似指挥机构，是普鲁士军队于1785年设立的参谋部，负责为领导搜集情报，到1806年发展为独立的作战参谋机构。19世纪下半叶至20世纪初，奥匈帝国、法国、俄国、美国和英国等很多国家纷纷效仿普鲁士建立同样的参谋部或者类似的机构。由此看来，参谋机构的创设，我国比欧洲要早两千多年。

姜太公认为，心腹只能有一个，不然做重要决策时，将会有许多意见，意见有分歧则难成大事。可是辅佐的谋士，要越多越好，这样才能收到集思广益的效果。因此，作者根据这一思想将军队的指挥机构人员分为18大类，72人。具体是：腹心1人，负责参赞谋略，总揽大计，类似于现在的参谋长；谋士、权士、兵法、奋威共21人，类似于现在参谋部的作战参谋；股肱、地利、伏旗鼓、天文共13人，类似于现在参谋部的通信参谋；耳目、游士共15人，类似于现在参谋部的侦察参谋；方士、通粮、法算共8人，类似于现在的后勤机关的财务助理、军需助理；通才、羽翼、爪牙、术士共14人，类似于现在的政治机关的联络干事、宣传干事。这个编制体制既突出重点，又面面俱到、集约性强，能够保障有效辅助指挥决策，在冷兵器时代是一个相当科学合理的参谋机关。

## 十九、论将第十九

### 【原文】

武王问太公曰："论将之道奈何？"

太公曰："将有五材、十过①。"

武王曰："敢问其目？"

太公曰："所谓五材者，勇、智、仁、信、忠也。勇则不可犯，智则不可乱，仁则爱人，信则不欺，忠则无二心。

所谓十过者：有勇而轻死者，有急而心速②者，有贪而好利者，有仁而不忍人者，有智而心怯者，有信而喜信人者，有廉洁而不爱人者，有智而心缓③者，有刚毅而自用④者，有懦而喜任人者。

勇而轻死者可暴也，急而心速者可久也，贪而好利者可遗⑤也，仁而不忍人者可劳也，智而心怯者可窘也，信而喜信人者可诳也，廉洁而不爱人者可侮也，智而心缓者可袭也，刚毅而自用者可事⑥也，懦而喜任人者可欺也。

故兵者，国之大事，存亡之道，命在于将。将者，国之辅，先王所重也。故置将不可不察也。故曰：兵不两胜，亦不两败⑦。兵出逾境，期不十日，不有亡国，必有破军杀将。"

武王曰："善哉！"

【注释】

①五材、十过：指将帅的五种优秀才能和十种致命过错。
②心速：匆忙作出决定，急于求功。
③心缓：犹豫不决。
④自用：自以为是，不接受别人的意见。
⑤遗：贿赂。
⑥事：恭维。
⑦两胜：双方都得到胜利。两败，双方都失败。

【译文】

武王问太公："评论将帅的原则是什么？"
太公说："将帅应具备五种美德，避免十种缺点。"
武王说；"请问具体内容是什么？"

太公说:"所谓五种美德是:勇敢、明智、仁慈、诚信、忠实。勇敢就不会被侵犯,明智就不会被扰乱,仁慈就会爱人,诚信就不会欺骗人,忠实就不会怀有二心。

所谓十种缺点是:勇猛而轻率赴死,暴躁而急于求成,贪婪而好利,仁慈而流于姑息,聪明而胆小怯懦,诚信而会轻信别人,廉洁而刻薄,多谋而犹豫不决,坚强而刚愎自用,懦弱而好依赖别人。

勇敢而轻率赴死的,可以激怒而战胜他;暴躁而急于求成的,可用持久战拖垮他;贪婪而好利的,可以贿赂他;仁慈而流于姑息的,可以疲惫他;聪明而胆小怕事的,可以胁迫他;诚实而轻信别人的,可以欺骗他;廉洁而近于刻薄的,可以轻侮他;多谋却犹豫不决的,可以突袭他;坚强而刚愎自用的,可以用言辞奉承他、骄纵他;懦弱无能而好依赖别人的,可以哄骗他。

战争是国家的大事,它关系着国家的存亡,国家的命运就掌握在将帅手里。将帅,是国家的辅佐,为历代君王所重视,因此任命将帅不可不慎重考察。所以说,战争不可能双方都胜,也不可能双方都败。只要军队越出国境,不超过十天,不是某个国家被灭亡了,就是某支军队被打败、将帅被杀头了。"

武王说:"你讲得好啊!"

**【新解】**

"千军易得,一将难求"。将帅在战争中起着至关重要的作用,一定程度上决定战争的胜负。比如,在长平之战,同样一支军队,廉颇率领就可以打胜仗,抵御强秦;赵括率领就兵败如山倒,任人屠杀。所以人们常说,一只羊率领着一群狼,整个队伍就是一群乖乖叫的小绵羊；一只狼率领着一群羊，整个队伍就是一群杀气腾腾的草原狼。本篇《论将》就是从将帅在战争中主体地位的角度来认识将帅的，并且根据时代的发展对选拔将帅的标准提出了新的要求。

### （一）论将之道，五材十过

《六韬》对将帅的重视程度之高，论述之多，为先秦兵书所少见，这是《六韬》的一大特色。《论将》在引述孙子"兵者，国之大事……存亡之道"的观点的基础上，进而指出"将者，国之辅，先王之所重也，故置将不可不察也"，说明将帅是关系用兵成败和国家安危的大事。那么，怎样才能得到贤将呢？

姜太公认为，论将的标准是"五材十过"。"五材"，即勇、智、仁、信、忠。将有勇，不畏强敌，才能使敌人不敢侵犯；将有智，才不会因疑惑而受外来扰乱；将有仁，才能得到士卒的拥护；将有信，才能不上当受骗，上下贯通一致；将有忠，才不至离心离德，故可授予重任。这是选将必须具备的五个基本条件。"十过"，即："勇而轻死""急而心速""贪而好利""仁而不忍人""智而心怯""信而喜信人""廉洁而不爱人""智而心缓""刚毅而自用""懦而喜任人"。太公认为，将帅如果有这些缺点，对治军、作战、军民关系等，都会造成不良影响，这样势必大大削弱部队的战斗力。

### （二）勇不可犯，将才之首

我国古代非常讲究将帅的道德情操，但是将《六韬》论将与《孙子兵法》论将比较，还是有同有异的。孙子说"将者，智、信、仁、勇、严也"。二者相同的是，都有智、勇、信、仁。不同的是，孙武以智为首，以严为殿，《论将》以勇为首，以忠为殿；孙武多了一个"严"字，《六韬·论将》多了一个

"忠"字。为什么会有这样的变化呢？

《孙子兵法》产生于春秋时期，当时的战争与以往相比，具有部队数量增多、武器装备改进、战场地域扩大、战争持续时间延长、作战方式复杂化等特点。所以，要使战争取胜，最重要的是"智"，以计取胜。而《六韬》产生于战国时期，杀伤力大的钢铁武器和弩机已发明，机动性强的骑兵出现，各国兵源增多，作战地区已由平原扩展到险要地区等，这些都给军队建设提出了新的要求，更加需要官兵们在作战时奋勇向前。至于《六韬》多了一个"忠"字，这是因为战国时期，积极从事"合纵"和"连横"的游说之人很多，也有相互间的间谍战，这都需要有忠于本国的将帅去完成。而且，在当时的历史条件下，将帅更易受金钱、美色的诱惑，今天为这个诸侯国统兵打仗，明天或许又为其他诸侯国所用，因此选将除了考察他的应变能力、勇敢精神外，是否忠诚、是否立场坚定也尤为重要。

由此可见，《六韬》把"五材"列为论将的标准，并为之而大声疾呼，这与战国时期的时代和战争特点分不开。而《六韬》的治军用人思想，正是遵循了这一历史发展趋势和作战特点的需要，通过塑造符合标准的将帅，力图带出一支强大的军队。

## 二十、选将第二十

**【原文】**

武王问太公曰："王者举兵欲简练①英雄，知士②之高下，为之奈何？"

太公曰："夫士外貌不与中情相应者十五：有贤而不肖者，有温良而为盗者，有貌恭敬而心慢者，有外廉谨而内无至诚者，有精精③而无情者，有湛湛④而无诚者，有好谋而无决者，有果敢而不能者，有悾悾⑤而不信者，有恍恍惚惚而反忠实者，有诡激⑥而有功效者，有外勇而内怯者，有肃肃而反易人者⑦，有嗃嗃而反静悫者⑧，有势虚形劣而出外无所不至、无所不遂者。天下所贱，圣人所贵。凡人莫知，非有大明，不见其际，此士之外貌不与中情相应者也。"

武王曰："何以知之？"

太公曰："知之有八征⑨：一曰问之以言以观其辞；二曰穷之以辞以观其变⑩；三曰与之间谍以观其诚；四曰明白显问以观其德；五曰使之以财以观其廉；六曰试之以色以观其贞；七曰告之以难以观其勇；八曰醉之以酒以观其态。八征皆备，则贤、不肖别矣。"

【注释】

① 简练：精心选拔。

② 士：先秦贵族中最低的一级，此处指"将吏"。

③ 精精：精明强干。

④ 湛湛：忠厚老实。

⑤ 悾悾：诚恳。

⑥ 诡激：奇异的辩论。

⑦ 肃肃：严肃。易：平易。

⑧ 嗃嗃：严酷的样子。静悫：沉静诚实。

⑨ 征：征验，征兆。

⑩ 变：随机应变的能力。

**【译文】**

周武王问姜太公:"君王起兵兴师,要精选智勇兼备的人为将,想知道他德才的高下,应该怎么办?"

姜太公说:"士的外表和内在不一致的情况有15种:有的外表看似贤良而实际上是不肖之徒,有的外貌看似善良而实为盗贼,有的外表看似恭敬而内心实为傲慢,有的外貌廉谨而内心不真诚;有的外表看起来精明而内无真才实学,有的外表浑厚而内心并不诚实,有的外善智谋而内却不善决断;有的外表好像果敢而实际上无所作为,有的外表看似很老实而实无信用,有的外表犹豫动摇但行动起来却忠实可靠,有的言辞过激而做事却有功效,有的貌似勇敢而实际上怯懦,有的外表严肃而实际上平易近人,有的外貌严厉而内心却温和厚道,有的外表虚弱相貌丑陋而受命出使却没有到不了的地方、没有办不成的事。(那些外貌不扬,而内在品质好的人)往往为天下人所瞧不起,却独为圣人所器重。一般人没有谁了解他们内在的才华,没有慧眼,是不能看清他们的。这就是士的外表和内在不一致的种种情况。"

周武王说:"用什么方法能识别他们呢?"

姜太公说:"识别他们有八种验证法:一是提出问题,看他是否解释得清楚;二是详尽追问,看他的应变能力;三是通过间谍来侦察他,观察他是否忠诚;四是明知故问,看他有无隐瞒,借以考察他们的品德;五是使他管理财物,看他是否廉洁;六是用女色考验他,看他是否坚贞;七是把困难和危险告诉他,看他是否有冒险犯难的勇气;八是使他醉酒,看他是否能保持常态。用这八种方法考验后,一个人是贤还是不肖,就可以区别清楚了。"

**【新解】**

世上最难之事莫过识人。人们常说,"知人知面不知心,画虎画猫难画皮"。聪明睿智如诸葛亮,也会犯误用马谡的错误,更何况普通人了。历史上很多人就是在这个问题上栽了跟头,犯了大错误。比如,宋朝高宗赵构用秦桧冤杀岳飞,明朝崇祯皇帝错杀袁崇焕。有鉴于此,本篇的《选将》从识人、用人的角度,围绕将帅的选拔和考核,进行了一些可贵的探索,提出了一些方法可供后人参考。

**(一)透过"外貌",严察"中情"**

治军、作战的关键是选拔将才,有什么样的将帅,就有什么样的军队。但是,没有长期的观察考验,很难看清一个人的本来面目,很难确定一个人的能力大小,用错人、用坏人的现象难免不会发生。姜太公根据人们体貌、情态与心理、心性的不一,外表与内心的不一,言论与行为的不一,总结出了15种不相一致的具体表现。其意义在于阐明:一是人本来应该是言行一致、表里如一的,但在客观上存在着种种口是心非、外美内丑、似忠实奸,或是外丑内美的社会现实;二是在清醒地认识到这种种表里不一的现实下,要透过现象看本质,避免在用人上犯错误;三是重视人的本质心性而轻视人的形貌作态,并强调在用人问题上要突破世俗的旧习,"天下所贱,圣人所贵",或"天下所贵,圣人所贱"。

《三疑》篇中提到的赵括就是一个本质被现象蒙蔽的例子。赵括从小就熟读兵书战策,善于谈论用兵之道,就连他的父亲赵奢都讲不过他。人们听说赵括如此精通兵法,纷纷向他请教,也有的向他挑战,但都被他满腹兵法名言所折服。于是,赵括名声大振。赵括的母亲见儿子如此聪明,很是欣慰。赵奢却认为儿子不过只会纸上谈兵,他对妻子说:"领兵打仗,是事关生死的大事,赵括却看得稀松平常,将来赵国不用赵括做将领也就罢了,如果让他领兵打仗,必定使赵国大败。"真是知子莫若父。

等到赵括成年后,名声更大了,赵王决定派他代替老将廉颇为大将军到长平与秦军作战。赵括一到前线,立刻摆出一副整军经武的架势,改变了以往战略,撤换了不少将官,一时间弄得军心惶惶、人心涣散。秦将白起探明这些情况,深夜派出一支奇兵偷袭赵营,随后佯装败走,趁机切断了赵军的粮道。赵括不知秦兵败退有诈,挥师追赶,只听一声锣鼓,斜刺里杀出一队秦军,一下把赵军拦腰切成两半。就这样,赵军被围困多天后,粮草供应不足,军心大乱。赵括眼看熬下去也是活活饿死,便率军突围。这时旌旗蔽野,秦军四面掩杀过来,赵括被乱箭射死,40万赵军全军覆没。

遗憾的是,像赵括这样夸夸其谈仿佛很懂兵法的人,古今皆有,而且难以识别,一旦重用则是破军杀将。有鉴于此,当今领导者确实有必要研究和掌握识人之术,擦亮识人慧眼。

**(二)综合"八征",慧眼识将**

姜太公在提出了识别外在表现与内情不符的15种情况后,还进一步提出了八种考核验证的方法。这就是所谓"问之以言以观其辞""穷之以辞以观其变""与之间谍以观其诚"等"八征"。这八种方法,出发点是通过特定的环境,来观察当事人的行为反应,体现了重事实、重实践的考核思想,为当时较为合理地选拔人才、任用人才提出了较为科学的途径。

唐太宗李世民就曾通过这个方法来考核将帅。贞观二十三年(公元649年),李世民病重,知道自己快不行了,就秘密对太子李治说:"李勣这个人是个将才,很会带兵,但是你对他也没有什么恩德,恐怕我死后他不会服从你。我今天把他贬到外地去,如果他即刻出发,等到我死后,你就用他为尚书仆射,把军国大事托付给他;如果他犹豫不决,怀有怨气,你即位后,就立刻把他除掉。"说完后,李世民下诏贬李勣为叠州都督。李勣接到诏书后,连家也没有回,就上任去了。李治即位后用他为尚书仆射,非常信任他,李勣也不负所托,后来在征讨高句丽的战争中立下了大功。

当然从这个故事中可以看出,"八征"多少也带有一些封建君王驭人控下、培养忠臣的权谋色彩,但这些观点对后世领导者的识别与任用人才仍有一定的借鉴作用。这是因为任何高瞻远瞩的战略计划都要靠人来制定和实施,况且,在当代,信息化战争既是高科技武器装备的对抗,更是高素质人才的较量,推进中国特色军事变革,做好新形势下的军事斗争准备,需要大批高素质的军事人才。吸取古人选贤任能思想科学和合理的内核,对于我们大力培养和选拔新型军事人才,也具有一定的借鉴意义。

## 二十一、立将第二十一

【原文】

武王问太公曰:"立将①之道奈何?"

太公曰:"凡国有难,君避正殿,召将而诏之曰:'社稷安危,一②在将军。今某国不臣,愿将军帅师应之。'将既受命,乃命太史卜,斋三日,之太庙,钻灵龟③,卜吉日,以授斧钺④。君入庙门，西面而立。将入庙门，北面而立。君亲操钺持首，授将其柄曰：'从此上至天者，将军制之。'复操斧持柄，授将其刃曰：'从此下至渊者，将军制之。见其虚则进，见其实则止。勿以三军为众而轻敌，勿以受命为重而必死，勿以身贵而贱人，勿以独见而违众，勿以辩说为必然。士未坐勿坐，士未食勿食，寒暑必同。如此，则士众必尽死力。'

将已受命，拜而报君曰：'臣闻国不可从外治，军不可从中御⑤。二心不可以事君，疑志不可以应敌。臣既受命，专斧钺之威，臣不敢生还，愿君亦垂⑥一言之命于臣。君不许臣，臣不敢将。君许之，乃辞而行。'

军中之事，不闻君命，皆由将出。临敌决战，无有二心。若此，则无天于上⑦，无地于下⑧，无敌于前⑨，无君于后⑩。是故智者为之谋，勇者为之斗，气厉青云，疾若驰骛⑪，兵不接刃，而敌降服。战胜于外，功立于内。吏迁士赏，百姓欢悦，将无咎殃。是故，风雨时节⑫，五谷丰熟，社稷安宁。"

武王曰："善哉！"

【注释】

①立将：任命大将、主帅。

②一：都，全。

③钻灵龟：古代用龟占卜，先要在龟甲背面钻凿若干孔眼，然后用火灼孔，根据龟甲正面裂开的纹路判定吉凶。

④斧钺：本为古代军中的两种行刑兵器，后成为指挥军队的权力象征。

⑤中：指国内朝廷之中。御，控制，指挥。

⑥垂：降，此指颁布诏命。

⑦无天于上：指不管天时气候有何变化，都不受限制。
⑧无地于下：指不管地形地势有何变化，都不受限制。
⑨无敌于前：指不管敌情有何变化，都不受限制。
⑩无君于后：指不管国君在后方有何意见，都不受限制。
⑪驰骛：奔驰的群马。
⑫时节：此用作动词，谓应合时令节气。

## 【译文】

周武王问姜太公："任命军队的主将应举行什么仪式？"

姜太公回答说："凡是国家遇到灾难必须出兵时，国君应该离开正殿，在偏殿召见将要被立为主将的人，告诉他：国家的安危全在将军一人了。现在有某国不肯归顺，挑起了战争，希望将军能统率军队前去讨伐叛逆。主将既已接受了诏命，国君就令太史钻龟甲进行占卜，选择吉利的日期。接着国君要斋戒三天，然后到太庙主持立将仪式，将斧钺授予主将。国君进入太庙正殿大门，处东向西而立；主将进入太庙正殿大门，处南向北而立。国君亲自执钺，用手握着钺的头部，将钺柄交给主将，说道：'自今日以后，上至于天，军中之事全由将军掌握。'再用手握住斧柄，让主将接住斧刃说：'自今日以后，下至于渊，军中的一切全由将军控制。看到敌军薄弱环节就进攻，看到敌军强大的地方就停止进攻。不要以为我方人数多就轻视敌军；不要以为肩负的使命重大而决计以死殉国；不要以为自己身份地位高贵而鄙视他人；不要以为自己见解独到而强加于众人；不要把一切巧辩之辞当作一定正确的理论；士卒未坐，你不可以先坐；士卒未食，你不可以先食；不分严寒酷暑，都必须和士卒同甘苦、共患难。只有这样，全军将士才会与你上下

一心，拼死致命。'

主将接受了国君的任命，然后下拜回答国君：'臣曾听说，国家不能够从外部进行治理，驻扎在外的军队，也不应该由朝内来控制。作为臣子的如果怀有二心，就不可能忠心耿耿地侍奉国君；作为主将如果心意不定，就不能抵御敌军。臣既然已接受了君命，执掌斧钺，拥有军权，就不敢留有从战场上生还的念头，但我希望国君您能授予我全部的权力。如果君主不应允，我就不敢担任主将，如果君主应允，我就马上拜辞远征。'

凡是军中的事情，可以不听从君主的命令，一切都由主将来裁决、发号施令。临敌决战，全军同心同德。如果是这样，就可做到上不受制于天，下不受制于地，前不管人有何变化，后不管国君有何指令。因此，足智多谋之士为主将出谋献策，勇敢无畏的将士为主将而奋战，使气势上冲云天，行动像奔马一样迅速，不等两军交战，敌人就降服了。军队在境外获胜，建功勋于国内，军吏加官晋级，士卒获得赏赐，百姓欢悦，主将没有祸灾。因此，国家就得以风调雨顺，五谷丰登，江山社稷也就得以安宁了。"

周武王说："您讲得真是太好了！"

**【新解】**

"立将"即确立、任命将帅之意。"立将"实际是一种授权仪式。中华民族被誉为礼仪之邦，历来重视借助仪式来展现其深厚的文化内涵。再加上，在古代"国之大事，在祀与戎"，大敌当前，更加需要一些仪式甚至是宗教仪式来强化军事的重要性和将帅的地位。因此，本篇《立将》重点讲述了古代君主任命将帅的仪式和方法，以及军权专一的重要性。

### （一）择贤而立，赋予重权

姜太公讲述的拜将仪式，形象地体现了将帅地位的崇高以及选拔将帅的严肃性和庄严感。古代立将的程序非常庄严。主将接受任命后，国君要斋戒三日，然后前往太庙，择吉日，再授予将帅斧钺。透过这一庄严仪式，我们看到的是将帅手中如泰山的责任和与之相适应的权利。这个责任就是将国家安危托付给将军，从此之后，军队中所有的事务也均由将军负责管理，直到部队凯旋。历史上很有名的一次立将是汉王刘邦拜韩信为大将军。

公元前209年（秦二世元年）7月，陈胜、吴广在大泽乡举行了中国历史上第一次农民起义，各地农民纷纷参加起义军。楚国名将之后项梁和其侄项羽也召集江东子弟奋起响应。这时，胸怀大志的韩信仗剑投奔，在项梁麾下当了一个"无所知名"的小卒。不久，项梁兵败阵亡，韩信转归项羽麾下，只做了一个持长戟的侍卫。其间，韩信曾多次给项羽出谋献策，都没有被采纳。

过了两年，韩信断定刚愎自用、不任贤能的项羽难成大事，便毅然离开项羽，投奔远在巴蜀的汉王刘邦。不过刘邦开始也没有把他视若"奇才"，只是让他当了治粟都尉这样的小官。不久，韩信结识了刘邦的重臣萧何，两人在一起讨论天下形势。萧何深为韩信的才识所惊奇，表示要向刘邦引荐。但过了一段时间，刘邦还是没有重用他。于是，韩信便在一个月夜里悄悄地离开了汉营。萧何得知韩信逃走，十分痛惜，来不及向刘邦报告，就策马追赶韩信。这就是被传为美谈的"萧何月下追韩信"。

韩信被追回来了，但刘邦却很不理解地责问萧何："过去逃跑的将领数十个，你都不去追赶，为何唯独追赶韩信？"萧何回答说："那些将领很容易得到，至于韩信，国士无双。大王如果只想做汉中之王，不要韩信是可以的。如果想争夺天下，除了韩信你就再找不到可以同您计议大事的人了。"刘邦说："我当然是想东向以争天下，安能郁郁久居于此呢！"萧何说："大王决计东向，就必须用韩信。不用韩信，韩信是要逃走的。用而不委以重任，他还是不愿意留下的。"刘邦素来尊重萧何的意见，见萧何极力举荐韩信，想必韩信确有大才，便决定选择吉日，斋戒沐浴，设立拜将台，举行仪式，拜韩信为大将。诸将得知刘邦要拜大将，都暗自高兴，以为会拜到自己头上。及至拜将时，见到刘邦拜的却是年轻的韩信，"一军皆惊"。而韩信由都尉升为大将军，则是他一生中最大的转折点。从此，韩信有机会大展雄才，成为一代名将，在楚汉战争中屡创奇迹，为汉王朝的开创立下了不世的功勋。

**（二）用人不疑，君臣互信**

姜太公通过君主确立任命将帅的仪式和方法，提出了一个非常重要的原则，即"军不可从中御"，也就是军权专一的问题。"军中之事，不闻君命，皆由将出"，就是将在外君命有所不受，要想打胜仗，君主必须给予将帅以充分的信任和机动指挥的权力。如果国君从中干预掣肘，对将帅采取不信任的态度，必然会干扰前线将帅的决心和计划，从而导致战争的失败。

历史上这方面的经验教训太多了。例如，北宋时期，统治者认为前朝国家长期分裂皆因将帅专权，于是采取了一系列措施分散将帅权力，甚至皇帝在每次开战前都要亲自画好阵图，且不许将帅自行决定。虽然这些措施保证了统治者对军队和将帅的有效控制，却极大地限制了军事指挥人员主观能动性的发挥，对军队战斗力的消极影响很大。北宋因此一直受到北方少数民族侵袭，屡屡签订"城下之盟"，甚至因此而亡国，这不能不说是因统治者奉行"将从中御"所造成的恶果。当然也有好的模范，魏文侯任贤拒谗、临阵不易将就是一个典型例证。

东周威烈王十八年（前408年），魏文侯任命乐羊为大将，率军讨伐中山国，乐羊率领军队攻入中山国后，遇到了顽强的抵抗，进展十分缓慢，用了一年时间，仍没有取得胜利。因此，国内流言四起，蜚语纷纷。有人说："乐羊无能，应尽早撤换，以免劳民伤财，徒损国威。"有人说："乐羊本是将才，久战不决，必定是别有用心，用意拖延。"更有人说："乐羊是利用时间争取民心，以便在灭亡中山后自立为王。"还有不少人上书说："常言虎毒不食子，而乐羊竟能忍心吞食自己的亲生骨肉，这种人如不趁早撤换，必将养虎为患。"

魏文侯听到这些流言蜚语，看了这类奏章，心中暗想，乐羊在开始进攻中山国时，他的儿子被中山国君王烹杀，并将羹汤送给乐羊，乐羊毫不迟疑地尽饮一杯。这一举动，只是为了表明对我的忠诚和必胜的决心，这样的人决不会背叛我。我如果轻信流言，临阵易将，不仅会使大将蒙冤，更重要的是贻误军机。于是，便将那些奏章放入一个匣子中，照旧给乐羊补充兵员，输送给养，支持乐羊继续进攻。随着时间的推移，检举乐羊的奏章也越来越多，魏文侯认定这些全是捕风捉影的不实之词，照例放入匣中。时经三年，检举信件竟装满了整整一个匣子。

乐羊苦战三年，终于取得胜利，灭了中山国。他带领军队回朝后，魏文侯张灯结彩，大摆宴席，庆贺胜利。在宴会上，乐羊自觉劳苦功高，满脸喜色，频频举杯，并等待魏文侯封赏。但魏文侯绝口不提封赏之事，直到宴会结束时，才令人送给乐羊一个匣子。乐羊认定封赏定在匣中，兴高采烈地回到家中，打开匣子一看，既无加官晋爵的诏旨，也没有金银珠宝之类的贵重物品，只有满满一匣书信。乐羊看完全部书信，心情激动不已，自言自语地说："没有文侯的信任和支持，我乐羊早就身陷囹圄，哪能得到今天的战功呢？"随即穿上朝服来到王宫，一见魏文侯纳头便拜，说："微臣浅薄无知，只想到自己出生入死的功劳，却不知大王信任和支持的重大作用。如今才知灭亡中山全靠大王的英明决策，乐羊不过略尽犬马之劳而已！"魏文侯见乐羊收敛了恃功倨傲的情绪，才重重地奖赏了他。从此，魏文侯任贤拒谗、信任将帅的故事，也成了历史上的一段佳话。

## 二十二、将威第二十二

### 【原文】

武王问太公曰："将何以为威？何以为明？何以为禁止而令行？"

太公曰："将以诛大①为威，以赏小②为明，以罚审③为禁止而令行。故杀一人而三军震者，杀之；赏一人而万人悦者，赏之。杀贵大，赏贵小。杀及当路④贵重之臣，是刑上极也；赏及牛竖马洗⑤厮养之徒，是赏下通也。刑上极，赏下通，是将威之所行也。"

**【注释】**

①诛大：诛杀地位尊贵的人。

②赏小：赏赐地位低微的人。

③审：周密，慎重，这里引申为适当。

④当路：即当途，指身居要职，执掌大权。

⑤牛竖：牧牛的僮仆。马洗，即马夫。

**【译文】**

周武王问姜太公："将帅凭什么来树立威信，用什么来体现严明，用什么办法来实现令行禁止呢？"

姜太公说："将帅用诛杀地位高的人来树立威信，以奖赏地位低下的人来体现圣明，以奖罚适当、严明来实现令行禁止。因此，杀一人能使三军震惊的就杀掉他，赏一人能使万人欢喜的就奖赏他。诛杀重在诛杀地位高的人，奖赏重在奖赏地位卑微的人。诛杀身居要职影响很大的人物，说明刑罚能及于最上层；奖赏能奖赏到牧牛喂马的僮仆，说明赏赐能达到最下层。刑罚能及于最上层，赏赐能达到最下层，这就是主将威信能够树立的原因之所在。"

**【新解】**

军队要步调一致，令行禁止，离不开严明的军纪，而严明的军纪又必须依靠赏与罚这两种手段来保障，历史上有作为的军事家都这样做。本篇《将威》继承了这一思想，并将其做了进一步阐发。"杀一人而三军震者，杀之；赏一人而万人悦者，赏之。"姜太公认为，在执行赏罚时要做到公正公平，使赏罚发挥应有的作用，应该"刑上极，赏下通"，并提出"诛大为威，赏小为明"。

**（一）诛大为威，令行禁止**

古人提倡"以诛大为威"，即敢于惩罚那些违法的权贵。这样，就可以让众多的人看到主将的威严、军纪的严厉，收到"杀一人而三军震"的效果，借此显示军法如山、军纪面前人人平等，从而警戒教育全军上下，无论官兵贵贱，都必须严守军纪。大军事家孙武就曾经用这一招导演了"吴宫斩美"的故事。

据说，孙武将《孙子兵法》进献给吴王阖闾后，阖闾将兵法一篇一篇看罢，啧啧称好，随即产生一个念头：你的兵法头头是道，是否真适合于战争的实用呢？便对孙武说："你的兵法十三篇，我已逐篇拜读，实在是耳目一新，受益不浅，但不知实行起来如何，可否用它小规模地演练一下，让我们见识一下？"孙武回答说："可以"。阖闾又问道："先生打算用什么样的人去演练？"孙武答："随君王的意愿，用什么样的人都可以。"阖闾想给孙武出个难题，便要求用宫女来演练。

于是，阖闾下令将宫中美女180名召到宫后的练兵场，交给孙武去演练。孙武把180名宫女分为左右两队，指定阖闾最为宠爱的两位美姬为左右队长，让他们带领宫女进行操练。安排完毕，孙武站在指挥台上，认真宣讲操练要领。他说道："你们都知道自己的前心、后背和左右手吧？向前，就是目视前方；向左，视左手；向右，视右手；向后，视后背。一切行动，都以鼓声为准。你们都听明白了吗？"宫女们回答："听明白了。"安排就绪，孙武便击鼓发令，然而尽管孙武三令五申，宫女们口中应答，内心却感到新奇、好玩，她们不听号令，捧腹大笑，队形大乱。孙武便召集军吏，根据兵法，要斩两位队长。阖闾见孙武要杀掉自己的爱姬，非常着急，就派人传令说："寡人已经知道将军能用兵了。没有这两个美人侍候，寡人吃饭也没有味道。请将军赦免她们。"这时，孙武毫不留情地说："臣既然受命为将，将在军中，君命有所不受！"执意杀掉了两位队长，同时任命两队的排头充当队长，继续练兵。

当孙武再次击鼓发令时，众宫女前后左右，进退回旋，跪爬滚起，全都合乎规矩，阵形十分齐整。孙武传人请阖闾检阅，阖闾因为失去爱姬，心中不快，便托辞不来，孙武便亲自去见阖闾。他说："令行禁止，赏罚分明，这是兵家的常法，为将治军的通则。对士卒一定要威严，只有这样，他们才会听从号令，打仗才能克敌制胜。"听了孙武的一番解释，阖闾心服口服，怒气也顿时烟消云散，便拜孙武为将军。此后，孙武为吴国开启了"西破强楚，南服越人，北威齐晋"的辉煌历史。

**（二）赏小为明，景从云集**

"赏小为明"，是指通过奖赏那些地位低下而建立军功的士卒，让普通将士看到争立战功的机会和希望，从而互相鼓励，互相劝慰，争相英勇作战，争当遵纪守法模范。唐朝开国皇帝李渊在运用奖赏手段时，就做得颇为成功。

隋朝末年，天下纷扰，群雄并起，各霸一方。镇守太原的李渊，也乘机起兵，准备争夺天下。他所属的州县听说唐国公李渊都起事了，便也陆续响应，广大民众纷纷前来投奔，十几天就招募了一万多人。李渊对这些人不分贫富贵贱，统统以义士相称。在他的正确领导下，形势发展比较顺利，很快就攻下了霍邑。

李渊进入霍邑城后，立即下令各部评议军功。这时有人提出:"虽然军中统称义士,但义士里面毕竟有贫富贵贱之别,奖励军功,难道主人和奴隶也能一样对待吗?"李渊一听此言,暗自思忖:在我身边英勇作战、屡建功勋的钱九陇和樊兴等人都是奴隶出身。女儿留在关中,因得到家奴马三宝的帮助才能招募部众,发展到数万人;再者,军中应募的奴隶为数众多,而且作战都十分勇敢,如果在奖励军功时不能一视同仁,必将使他们心灰意冷,削弱部队的战斗力。于是,李渊当众宣布:"两军争战中,刀枪箭矢从不分贫富贵贱,因此奖励战功也应一视同仁,论功行赏!"号令一出,全军上下无不欢呼雀跃。

由于李渊坚持贯彻论功行赏、一视同仁的政策,极大地鼓舞了广大参战奴隶的斗志,他们英勇奋战,为唐朝的建立立下了汗马功劳,有些奴隶出身的人,因屡建战功而获得很高的封赏。如钱九陇后来升任眉州刺史,巢国公樊兴则升任左监门大将军、襄城郡公马三宝也升任左骁卫大将军。

## 二十三、励军第二十三

【原文】

武王问太公曰:"吾欲令三军之众,攻城争先登,野战争先赴,闻金①声而怒,闻鼓②声而喜,为之奈何?"

太公曰:"将有三胜。"

武王曰:"请闻其目?"

太公曰:"将冬不服裘,夏不操扇,雨不张盖③,名曰礼将;将不身服④礼,无以知士卒之寒暑。出隘塞,犯泥涂⑤,

将必先下步，名曰力将；将不身服力，无以知士卒之劳苦。军皆定次，将乃就舍，炊者皆熟，将乃就食，军不举火⑥，将亦不举，名曰止欲将；将不身服止欲，无以知士卒之饥饱。将与士卒共寒暑、劳苦、饥饱，故三军之众，闻鼓声则喜，闻金声则怒。高城深池⑦，矢石繁下，士争先登；白刃始合，士争先赴。士非好死而乐伤也，为其将知寒暑、饥饱之审，而见劳苦之明也。"

## 【注释】

①金：古代金属乐器。军中用作指挥工具，击之以发出停止进攻的命令。

②鼓：即战鼓，古代将领以擂鼓传达发起进攻的命令。

③盖：伞之类遮阳避雨的器具。

④身：亲自。服：习惯。

⑤犯：到达。涂：通"途"。

⑥举火：举火把照明。

⑦高城深池：指敌方的防御设施。

## 【译文】

周武王问姜太公："我想使三军将士，在进攻敌人的城池时争先登城，在野外作战时争先冲锋，听到退兵的鸣金声就心中愤怒，听到进攻的战鼓声就心中高兴，要做到这些，应该怎么办呢？"

姜太公回答："将帅有三种办法可使全军将士按您所希望的那样做。"

周武王又问："请问这三种办法具体指的是什么呢？"

姜太公回答说:"作为一军主将,冬日不穿裘衣,夏日不拿扇子,下雨天不撑伞,这叫做礼将。主将不亲自去遵循礼法,就不了解士卒的冷热。通过狭窄险要的地段、进入泥泞沼泽之地,主将一定要率先下马步行,这叫做力将。主将不亲自去尝试艰苦,就不能了解士兵的劳苦。全军都安排好宿营,主将才能进入营帐休息,全军炊事全部完毕,主将才去进餐,军中不点火烧饭,主将决不点火做饭,这就叫做止欲将。主将不亲自体会克制自己的滋味,就不知道士兵的饥饱。主将能够与士卒同甘共苦,所以,全军将士听到进军的战鼓声则高兴,听到退兵的钲声就愤怒。这样,即使城墙再高,城池再深,箭石再密集,全军将士也会争先恐后地奋勇直前。双方刀枪相见,士卒奋力冲杀,并非他们喜欢受伤或战死,而是因为他们觉得主将知道他们的寒暑饥饱,知道他们所受的劳苦,故而才为之振奋,英勇杀敌。"

### 【新解】

"励军"即激励部队之意。战争是你死我活的残酷较量,如何提高战斗力,如何战胜对方,是历代兵家极为关注的重要问题。而士气是军人和军人群体的精神面貌、心理品质和凝聚力在作战过程中的集中体现,是军人在作战活动中不可缺少的精神力量,因而士气也是决定战争胜负的重要因素。本篇《励军》就是从提高士气的角度,联系带兵艺术,重点谈到了将领激励部队斗志的方法。

### (一)身先士卒,爱兵如子

强调将帅的个人素质和修养是中国古代兵法的一个重要思想,它要求为将者贵在率先励众,要求士卒做到的首先要自己做到，树立起榜样的力量。《尉缭子》也曾说："故战者，必本乎率身以励众士，如心之使四肢也。"这说明将帅重视以身作则是十分重要的。姜太公对将帅以身作则的要求则更为具体，称之为"三胜"。其内容包括：在生活中，"冬不服裘，夏不操扇，雨不张盖"的"共寒暑"；在战场上，"出隘寒，犯泥涂，将必先下步"的"知劳苦"；在宿营时，"炊者皆熟，将乃就食，军不举火，将亦不举"的"知饥饱"。姜太公认为，这三个方面都做到了，士兵的斗志就旺盛了，必然会出现"三军之众，闻鼓声则喜，闻金声则怒"的局面，打起仗来条件再艰苦，士卒也会争先冲锋，赴汤蹈火，视死如归。

事实的确如此。大军事家吴起是很会带兵的人，他带兵打仗的一个最大的特点就是身先士卒、爱兵如子。据说，吴起和军中最底层的士卒同吃一锅饭，穿同样的衣服，睡觉不另设床铺，行军时不坐车马，见到士兵背的粮食太重，就赶紧跑去分配一点自己背上。一次，有个年轻的士兵身上长了毒疮，吴起用嘴帮他把脓血吸出来，还亲自调药给他敷上。这个士兵的母亲听说后，痛哭流涕，旁人不解地问："您儿子是一个小小的卒子，吴起身为大将，他亲自替您儿子吸出毒疮里的脓血，您不应该高兴吗，还哭什么？"这位母亲回答说："您不知道，从前孩子他父亲身上也长过毒疮，也是吴大人用嘴替他吸脓，结果孩子他父亲打起仗来，奋不顾身，一往无前，战死在沙场。今天，吴大人又同样对待他，我真不知道这孩子将来落个什么下场。我就是为这个伤心流泪。"这位母亲的心情是可以理解的，她虽然替儿子担忧，却赞扬了吴起的为人，说出了一个很重要的事实，那就是吴起为了获取军心，很注意和士卒们打成一片，关心他们的温饱，体贴他们的疾苦，从而大大激发了他们的战斗意志和牺牲精神。

**（二）以人为本，官兵一致**

中国古代兵家很早就认识到了"师克贵和""三军一心，天下无敌"的道理。

历代兵家都主张"爱兵"，这种"爱兵"策略在激励士兵勇往直前、效忠上级方面起到了非常重要的作用。

军队将帅的"激励"效应同样适用于现代社会和现代战争。美国名将巴顿曾说"一个指挥员80%的任务是在激发部队的士气""如何照顾士兵比军事战术更重要"。现代管理学也认为，高明的领导者，无不重视非权力性影响的提高，既重视言教，更重视身教，把人的因素放在第一位，实现"目中有人""育人为本"，从以往单纯灌输政治的某些要求转变到尊重、理解、教育人。在内容上以正确思想为主导，着力注重挖掘人的潜力，提高其参与管理的积极性和主动性。在双方的沟通方式上，贯彻民主平等，注重情理交融，减少"官腔"和距离感，增加领导者的个人魅力与亲和力。在最终目的上，以人的个人发展来促进军队的发展，使二者互为基础和前提，做到有机结合。

## 二十四、阴符第二十四

### 【原文】

武王问太公曰："引兵深入诸侯之地，三军卒有缓急，或利或害。吾将以近通远，从中应外，以给三军之用，为之奈何？"

太公曰："主与将有阴符[①]凡八等：有大胜克敌之符，长一尺；破军杀将之符，长九寸；降城得邑之符，长八寸；却敌报远之符，长七寸；警众坚守之符，长六寸；请粮益兵之符，长五寸；败军亡将之符，长四寸；失利亡士之符，长三寸。诸奉使行符，稽留②者，若符事泄，闻者、告者皆诛之。八符者，主将秘闻。所以阴通言语不泄中外相知之术，敌虽圣智，莫之能识。"

武王曰："善哉！"

【注释】

①阴符：古代传达命令或征调军队用的凭证。君主与将领各执一半，以验真假。

②稽留：停留，耽误。

【译文】

周武王问姜太公："率军进入诸侯国境内作战，全军突然遇到紧急情况，或者对我军有利，或者对我军有害。我想通过捷径与前方沟通，从国内策应国外，以满足三军需要，应该怎么办？"

姜太公说："君主与将帅之间有秘密的通信工具——阴符，共分八种：有表示我军大胜、全歼敌人的阴符，长一尺；有击破敌军、擒获敌将的阴符，长九寸；有敌人全城投降、我军占领城邑的阴符，长八寸；有击退敌人、通报敌人已远逃的阴符，长七寸；有激励将士、民众坚守的阴符，长六寸；有请求送粮食、增加兵力的阴符，长五寸；有军队战败、将领伤亡的阴符，长四寸；有报告战斗失利、士兵伤亡的阴符，长三寸。凡是奉命传递阴符的人，如果延误报告时限，或泄露了机密，听到机密和泄露机密的人都要处死。这八种阴符，只能由君主和将帅秘密掌握，是一种暗中通报消息、不泄露内外机密的通信方法，即使敌方有绝顶聪明的人也没有谁能识破其中的秘密。"

周武王说："好啊！"

**【新解】**

"三军之事，莫重于密"。一旦将自己的底牌泄露给敌人，想不败都难。所以，保密工作历来为古代兵家所高度重视，本篇《阴符》主要讲述了君主和将帅之间通过事先约定的方式，进行保密通信、保持联络畅通，从而保证了君主对军权控制的历史事实。

**（一）符含暗语，密码通信**

通信在战争中的意义非常重要，尤其在古代通信手段十分落后的情况下，如何保证军令畅通且不被敌人识破，是每一个将帅必须慎重考虑的问题。为此，姜太公专列《阴符》及《阴书》两篇，对保密通信问题进行了完整而系统地阐述。

所谓"阴符"，就是用一种符节进行保密通信，不同的符节长度代表不同的意思，如《阴符》所介绍的那样：九寸表示击破了敌军，八寸表示攻占城邑等。这种方法简单易行，非常有效，后来发展为"密码"通信。不过"密码"这个词来自西方，是个舶来品。

据史料记载，密码最早产生于希腊。公元前404年，斯巴达国（今希腊）北路军司令莱山在征服雅典之后，斯巴达的信使赶到，向莱山献上了一条皮带，上面有文字，通报了敌国将断其归路的企图。莱山得知后，当机立断，率师轻装脱离了险境。到了4世纪，希腊出现了隐蔽书信内容的初级密码。8世纪古罗马教徒为传播新教，创造了"圣经密码"。中世纪末叶，西班牙的平民百姓与贵族阶级的青年男女之间，为了冲破封建制度对自由恋爱的束缚，不得不采取种种秘密通信的形式，从而导致了各种原始密码的产生。至19世纪，随着资本主义的发展和资产阶级相互斗争的需要，出现了无线电密码通信，并逐步运用到军事、政治、经济等各个领域中，形成了早期的密码通信。到了第一次世界大战，密码通信已十分普遍，许多国家成立专门机构，进一步研制和完备密码，并建立了侦察破译对方密码的机关，开启了历史上第一次密码战。

在当代，随着现代科技的发展，特别是电子技术的广泛应用，密码更趋完善，破译与反破译的斗争也更加激烈、更加复杂，这使得信息化战争中制信息权的争夺更加尖锐。

**（二）权力收授，以符为凭**

"阴符"，还有另一个功能。它是我国古代帝王授予臣属兵权和调动军队所用的凭证，也是古代兵权的象征。阴符从中剖为两半，有关双方各执一半，使用时两半互相扣合，表示验证可信。兵符的使用盛行于战国及秦、汉时期，因其常用铜铸成伏虎形，故也称之为"虎符"。当时，凡率兵出征的统帅，或带兵驻扎地方和屯守边疆的将领，都由国君任命。在任命时，把虎符的左半交给将领，右半留于君主。平时将领只负责带兵，用兵时必须有国君的右半个虎符与将军所掌握的左半个虎符扣合完整才能生效。如果没有右半个虎符相合，任何人都不得擅自调发军队。历史上广为流传的"窃符救赵"的故事，就是这样的一个例证。

公元前260年的长平之战中，赵国大败，秦将军白起欲乘胜直捣赵都邯郸。面对强秦的进攻，赵国上下同仇敌忾、誓死抵抗，秦军久攻不克，于次年改派王代、王陵为将，继续围困邯郸。为了鼓励士气，赵国丞相平原君带头散发家财作为军费，编妻妾入行伍，鼓励军民共赴国难，并选精兵三千不断出击，疲惫秦军。同时，接连遣使赴魏、楚求援。楚王发兵相救，魏国也派晋鄙率兵十万救赵。

秦王闻讯，即派使者威胁魏王：秦军攻下赵国只在旦夕之间，诸侯中谁胆敢出兵相救，将成为秦军的下一个攻击目标。魏王害怕秦军报复，便命晋鄙屯军于邺（今河北临漳西南），逗留不进，以观望事态发展。平原君见魏军不至，便不断催促他的姐夫魏公子信陵君设法救赵。信陵君在百般劝说魏王进兵无效后，便用门下食客侯嬴之计，求助于魏王爱妾如姬，让她从魏王寝室窃得虎符，由信陵君携带赶赴邺地，杀死晋鄙，夺取兵权，接管了军队。然后挑选了八万精兵，向邯郸进军。

听到这个消息，秦王也增兵遣将，加紧围攻邯郸。但此时魏、楚两国援军赶到，而秦军久屯坚城之下，师老兵疲，又受赵、魏、楚军的内外夹击，不得不撤兵回国。这样，被围困一年多的邯郸城终于得以解围，一场亡国的大灾难也就此化解了。

## 二十五、阴书第二十五

### 【原文】

武王问太公曰："引兵深入诸侯之地，主将欲合兵①，行无穷之变，图不测之利。其事繁多，符不能明，相去辽远，言语不通，为之奈何？"

太公曰："诸有阴事②大虑，当用书，不用符。主以书遗将,将以书问主。书皆一合而再离,三发③而一知。再离者,分书为三部。三发而一知者,言三人,人操一分,相参④而不知情也。此谓阴书。敌虽圣智,莫之能识。"

武王曰:"善哉!"

【注释】

①合兵:把两支以上的军队合在一起。这里指两支以上军队配合作战。

②阴事:机密大事。大虑,重大的谋虑。

③三发:分三次发出。一知,合而为一,才能知道阴书的内容。

④相参:指三部分阴书的文字搀杂错乱。

【译文】

武王问太公:"率军深入诸侯国境内,君主和将帅各率一支军队,使两支军队配合作战,实施机动灵活的作战方法,夺取敌人意想不到的胜利。可是,情况复杂多变,需要联络的事情很多,用兵符难以表达意图,两军相距又很遥远,不可能面授机宜,这该怎么办?"

太公回答:"传达各种需要保密的谋略决策和作战方案,应当用秘密的书信,而不用兵符。君主把机密写成书信传达给另一支军队的将帅,而将帅也用书信向君主请示作战意图。这种秘密书信应当做到'一合而再离,三发而一知'。所谓'一合而再离',就是把一封完整的书信拆离两次,分成三部分发出;'三发而一知',就是派三个人,每人拿一份,分别送出,使每个人都不了解信的全貌,只有收信人将三者合在一起才能知道书信的内容，这就叫做'阴书'。即使敌人有圣人般的聪明，也不能识破书信中的秘密。"

武王说："这太高明了！"

**【新解】**

姜太公不仅重视"阴符"，也很重视"阴书"。"阴书"与"阴符"一样，都是古代军事通信的重要手段。但是，二者有显著区别。如《阴符》一文所述，"阴符"快捷简单、保密性高，但它传递内容有限，只适用于短小紧急情报的传递，难以胜任复杂军事情况下的秘密通信。而"阴书"不仅可以传递更详细、更完整的信息，而且保密性更强。为此，姜太公着重强调"阴书"在指挥控制中的重要性。

**（一）军事通信，保密为要**

阴书不同于阴符。如前文所述，阴符的本质就是将普通的长短不同的木条或竹条分别对应不同的军事信号，这种将信息与实物建立对应关系的方法被视为一种密写技术，其核心就是建立载体和消息之间的映射关系。这种密写技术的优缺点十分明显，优点是竹木条非常普通，便于携带且不易引起敌方怀疑，缺点是每次传递的信息量很少。

然而，战场情况复杂且多变，一些情况下，阴符难以满足指挥控制的信息通信需求。而阴书至少有三点显著区别于阴符：第一，阴书的载体是"书"而不是"符"，"书"的信息载荷非"符"可比。第二，当"三军卒有缓急"时，如果用阴符传递信息，经常会碰到"其事繁多，符不能明"的情况，而阴书的战场应用更为广泛，利于"行无穷之变，图不测之利"。第三，阴书是加密的文字化表达，而阴符是授收双方约定信息的实物化映射，后者的保密性不如前者。

因此，姜太公一方面肯定阴书在军事指挥通信方面的重要地位，"诸有阴事大虑，当用书，不用符"。另一方面，他特别强调阴书流转过程的保密性，并采取特殊的方法，即先"一合而再离"，将机密内容完整地编写在木简或竹简上，再"三发而一知"，将其分成3份，委派3名使者传送。只有收信者收齐3部分，才可知晓全部内容。这种制作方法可以避免因某个送信人被俘而造成的情报泄露，但送信人被俘，也会导致收信者无法获取完整有效的情报。姜太公如此费尽心机，无非是告诫后人军事机密乃军事安全之首。

虽然阴书的表现形式随着印刷术、电信技术的发展不断演进，但"保密就是保命"的铁律永恒不变。这样的例子举不胜举。二战时期，日军在中途岛海战中惨败，重要原因就是战前美国海军情报局"魔术"小组在与英国以及荷兰相关单位的紧密合作下，成功地破解了日本海军主要通信系统 JN-25 的密码，掌握了日本进攻中途岛的计划，将日本舰队玩弄于股掌之间。此时，机要电报可算是现代版的"阴书"，关乎军事斗争全局安危。

**（二）与时俱进，方握胜算**

进入信息化、智能化时代以来，战争与战役、战斗的界限越来越模糊，制信息权的争夺非常激烈。"阴书"经过电话、电报和无线电等近代阶段的发展之后，依托信息技术、空间技术、新材料技术和人工智能技术等新兴科技，华丽变身成新型指挥通信工具，已经远远超越了传统的情报战、电子战、间谍战，承载着制信息权争夺的重要使命，纵横于战略、战役、战术各层级，决胜于陆海空天电和认知多维空间。一旦战场上敌对双方形成"阴书"对抗的某种不平衡，它往往化身为那只"扇动翅膀的蝴蝶"。这是姜太公当年无法想象的。

但是，姜太公论述"阴书"时传递出的信息安全思想仍然不失其时代价值。车臣分裂武装"总统"杜达耶夫无意中使用移动电话，结果遭到俄军的精确打击而一命呜呼；本·拉登谨慎使用现代电子通信工具，神出鬼没，虽曾历时十年躲过美国的高技术侦察监视系统，但最终还是因自己的信使露出马脚而暴露行踪，结果被美军派出海豹突击队突袭住处，殒命阿伯塔巴德。因此，通信安全非比寻常，只有采取有效措施确保通信的安全保密，才能"敌虽圣智，莫之能识"。

智能化时代呼之欲出。智能手机、智能手表等电子设备，微信、微博等社交媒体软件，大数据、云计算等新技术新手段被广泛使用，给我们的生活带来便利的同时，潜在的保密隐患也逐渐显现。国家面临的网络安全形势更加严峻复杂，政治渗透更加隐蔽、情报窃密更加无形、技侦手段更加尖端。若不加以严密防范，将给不法分子和敌特分子窃密打开"方便之门"。如果将涉密信息存入手机、传到网上，或手机被植入恶意程序、感染病毒，或违规开启手机定位功能，手机就成了敌特手中的"监视器""窃听器""定位仪"，随时可能造成失泄密事件。甚至有时几个看似毫无关联的词语，一旦被别有用心者掌握，就可能经过多源情报融合、综合分析研判生成一条完整信息，使涉密内容一览无余，后果难以估量。

不难想象，随着智能化通信技术的不断发展，我们可以期待在5G技术的普及、人工智能的应用、量子通信的突破、边缘计算的兴起以及隐私和安全的保护等新兴技术加持下的信息化、智能化"阴书"应用于战场，将作战指挥对抗不断推向新高度、新空间。

## 二十六、军势第二十六

【原文】

武王问太公曰:"攻伐之道奈何?"

太公曰:"势因于敌家之动,变生于两陈之间,奇正发于无穷之源。故至事①不语,用兵不言。且事之至者,其言不足听也;兵之用者,其状不足见也。倏而往,忽而来,能独专而不制者,兵也。闻则议,见则图,知则困,辨则危。

故善战者,不待张军②;善除患者,理于未生;善胜敌者,胜于无形。上战无与战,故争胜于白刃之前者,非良将也;设备于已失之后者,非上圣也;智与众同,非国师也;技与众同,非国工也。

事莫大于必克,用莫大于玄默③,动莫大于不意,谋莫大于不识。夫先胜者,先见弱于敌而后战者也,故事半而功倍焉。圣人征④于天地之动,孰知其纪⑤。循阴阳之道而从其候,当天地盈缩⑥,因以为常⑦。物有生死,因天地之形⑧。故曰:未见形而战,虽众必败。

善战者,居之不挠⑨,见胜则起,不胜则止。故曰:无恐惧,无犹豫。用兵之害,犹豫最大;三军之灾,莫过狐疑。善战者,见利不失,遇时不疑。失利后时,反受其殃。故智者从之而不释,巧者一决而不犹豫。是以疾雷不及掩耳,迅电不及瞑目。赴之若惊,用之若狂,当之者破,近之者亡。孰能御之!

夫将,有所不言而守者,神也;有所不见而视者,明也。故知神明之道者,野无衡敌,对无立国。"

武王曰:"善哉!"

**【注释】**

①至事:重大的事。
②张军:军队展开,摆成阵势。
③玄默:内蕴玄机而潜藏不露。
④征:征验,验证。
⑤孰:通"熟"。纪,准则,规律。
⑥盈缩:指日月盈亏、昼夜长短等自然现象。
⑦常:常规,定则。
⑧形:指盈缩变化。
⑨挠:曲。此处意思是受到干扰,改变原先的状态。

**【译文】**

武王问太公:"进攻讨伐敌人,应当遵循什么用兵原则?"

太公回答:"我军在战场上的形态要随着敌人的行动变化而不断变化,作战部署要根据交战双方阵势的情况而临机应变,作战计谋的奇正运用则应根据将帅智谋的深浅而变化无穷。所以,重大的军事机密,不能说出去;用兵的计谋,不能讲出去。并且事关军事机密的话不能让别人听到,体现军事计谋的重要行动不能让别人看见。部队快速而来,又忽然而去,只能由将帅独断专行而不受别人牵制,这就是用兵的重要原则。如果我军动静虚实的情况被敌人打听到,敌人就会预先讨论对付的办法;如果我军的行动被敌人看见,敌人就会谋划取胜的策略;如果我军的部署被敌人侦察清楚,敌人就会对我军加以困扰;如果我军的动向被敌人辨别和判明,敌人就会给我军造成很大的危害。

所以善于用兵作战的人，不等敌人出兵列阵就将其歼灭；善于消除祸患的人，不等祸患发生，就能将之清除；善于打胜仗的人，能够取胜于无形之中。最高明的制胜战略就是不战而胜。因此，通过战场上冲锋刺杀、白刃格斗取得胜利的，不能称为良将；在作战失利后才加强守备的，不能称为高明的将领；才智与一般人不相上下的，不能称为国师；技艺与一般人不相上下的，不能称为国工。

对于将帅而言，军事上最重要的事莫过于战则必胜，运用兵法最重要的事莫过于秘密含蓄，采取军事行动最重要的莫过于出敌不意，施展谋略最重要的莫过于使敌人揣摸不透。能够预先胜敌一筹的人，先示弱于敌，把敌人引诱到有利于我的条件下与之交战，然后一举将其歼灭，这样就可以收到事半功倍的效果。圣人征战总是顺应天地的变化，熟悉其变化规律。依据四时运行和季节的变化而见机行事，以天地四时盈缩的规律作为用兵的依据。万物有死生消长，就是随着天地盈缩虚实而产生的。所以说，如果没看清形势就仓促接战，军队虽多，也免不了要失败。

善于用兵的人，在等待时机时能镇静如常，不为表面现象所干扰；一旦捕捉到有利战机，就立即行动；没有取胜的把握，就坚决停止。所以说，在战场上不要恐惧，不要犹豫。用兵的忌讳，以犹豫为最大。军队的灾祸，以狐疑为最大。善于用兵的人，看到有利战机决不放过，遇到可胜的时机决不迟疑；见利不取和当机不断，反而会遭殃。因此，聪明的人抓住有利时机就决不放过，机智的人一经决定就决不犹豫。这样，军队行动起来才能像疾雷不及掩耳、迅电不及瞑目那样迅速。军队冲击时迅速得如受惊之马，战斗时勇猛得如发狂之犬。敢于抵抗的敌军必定要被击破，敢于进击的敌军必定要被击败。以这样的气势去作战，谁还能招架得住呢！

作为将帅，不动声色而胸有成竹的可称之为'神'，情况不明朗却能看出端倪的可称之为'明'。所以，深知'神''明'规律的人，在战场上没有能与之抗衡的敌人，也没有敢于与其对抗的国家。"

武王说："讲得太好了！"

**【新解】**

战场角逐，指挥为"魂"，谋划当先。本篇《军势》专门从作战指挥谋划的角度谈"势"（作战力量的发挥），姜太公认为作战指挥的根本着眼点和总要求是"独专而不制"。这与孙子所讲的"致人而不致于人"有异曲同工之妙，即只有夺取和保持战场主动权，才能始终立于不败之地。在此基础上，姜太公还提出了抢占先机、巧妙制胜，示弱于敌、后发制人，果断决策等指导思想，揭示了作战指挥的基本规律。两千多年来，这些思想为历代兵家所遵循，并对社会其他领域产生了较大影响。

**（一）善胜敌者，胜于无形**

俗话说："内行看门道，外行看热闹"。评价一场战争，熟谙韬略的兵家与一般人有很大区别，前者欣赏斗智，后者欣赏斗力。众所周知，如果两军对阵，兵戈相见，拼得死去活来、血流成河，即使获胜，也往往因消耗太大而元气大伤，于国于军于民都不利。诚然，"不战而胜""兵不血刃"是最佳境界，但是这种情形并不常见，任何一个指挥员也不可能经常做到。但是，高明的指挥员总能通过充分的战前准备和高超的指挥谋略,"胜于无形",实现战果最大化。

### (二)诱敌深入,后发制人

姜太公认为,诱敌的基本手段是"示弱于敌"。无论是力量弱小的一方,还是力量强大的一方,通过示弱于敌,将敌引诱到利于我而不利于敌的地方,然后聚而歼之,不失为万全之策。用于政治斗争中,这也不愧为避敌锋芒、自保而全胜的好策略。其中,"示弱"是前提,强者示弱意在麻痹对手,以小代价轻松战胜对手,追求较高的效费比;弱者示弱,意在通过空间换时间,调动、分散或消耗敌人,创造战机,形成局部优势各个击破。

不可一世的军事天才拿破仑未能识破俄国元帅库图佐夫的示弱诱敌之计而惨败,大伤元气。1812年6月,拿破仑亲率60万大军向俄国进攻。而俄国能够上前线的部队仅有20万,处于明显的劣势。面对强敌,库图佐夫决定采用以逸待劳、坚壁清野、诱敌深入的策略,以空间换取时间,广泛实施非正规战和民众战争,消耗法军。最后,虽然法军占领了莫斯科,但此时的莫斯科是一座毫无价值的空城,俄军的主力仍不见踪影。拿破仑费了好大的劲挥向俄国的拳头居然打在棉花堆里。更要命的是,由于当年莫斯科的冬天来得特别早,法军后勤补给严重不足,拿破仑打出去的拳头没法干净利索地收回来。在俄军的大反攻下,法军内外交困,最后仅以3万多残兵败将撤回国内。此役从根本上决定了拿破仑失败的命运。

### (三)见利不失,遇时不疑

机遇具有较强的瞬时性。机遇一旦出现,"缝隙"一旦露出,就万万不能拖延,不能犹豫,必须当机立断,否则就会失之交臂。反之,在做出决定时总是犹豫再三,没有决断能力,这比懦弱无能更加可怕。作为领导者，一定要有当机立断的魄力，决策往往是在一定的时间和地点内进行的，错过一定的时间和地点，最佳方案就可能成为最差方案。所以，姜太公要求"从之而不释""一决而不犹豫"。

第二次世界大战中，杰出统帅艾森豪威尔在1944年6月6日的诺曼底登陆战前夜就表现出了非凡的决断能力。登陆前夕，天气情况恶劣，一直下着大雨，气象学家也没有把握6月6日能否转晴。如果天气不转晴，空降兵将无法着陆，将会使整个登陆计划失败，50万士兵将面临牺牲的危险。在众多将领都迟疑不决的时候，艾森豪威尔当机立断，决定6月6日举行登陆，从而创造了战争史上的奇迹。

## 二十七、奇兵第二十七

**【原文】**

武王问太公曰："凡用兵之道，大要①何如？"

太公曰："古之善战者，非能战于天上，非能战于地下，其成与败，皆由神势②。得之者昌，失之者亡。

夫两陈③之间，出甲陈兵，纵卒乱行者，所以为变也。深草蓊翳④者，所以遁逃也。谿谷险阻者，所以止车御骑也。隘塞山林者，所以以少击众也。坳泽窈冥⑤者，所以匿其形也。清明无隐者，所以战勇力也。疾如流矢，击如发机者，所以破精微⑥也。诡伏设奇，远张⑦诳诱者，所以破军擒将也。四分五裂者，所以击圆破方也。因其惊骇者，所以一击十也。因其劳倦暮舍者，所以十击百也。奇技者，所以越深水、渡江河也。

强弩长兵者,所以逾水战也。长关远候,暴疾谬遁者,所以降城服邑也。鼓行喧嚣者,所以行奇谋也。大风甚雨者,所以搏前擒后也。伪称敌使者,所以绝粮道也。谬号令,与敌同服者,所以备走北也。战必以义者,所以励众胜敌也。尊爵重赏者,所以劝用命也。严刑罚者,所以进罢怠也。一喜一怒,一予一夺,一文一武,一徐一疾者,所以调和三军,制一臣下也。处高敞者,所以警守也。保险阻者,所以为固也。山林茂秽者,所以默往来也。深沟高垒,积粮多者,所以持久也。

故曰:不知战攻之策,不可以语敌。不能分移,不可以语奇。不通治乱,不可以语变。

故曰:将不仁,则三军不亲。将不勇,则三军不锐。将不智,则三军大疑。将不明,则三军大倾。将不精微,则三军失其机。将不常戒,则三军失其备。将不强力,则三军失其职。

故将者,人之司命⑧。三军与之俱治,与之俱乱。得贤将者,兵强国昌。不得贤将者,兵弱国亡。"

武王曰:"善哉!"

## 【注释】

① 大要:要旨,概要。

② 神势:神妙莫测的用兵之势。

③ 陈:阵。

④ 翁翳:草木茂盛。

⑤ 坳泽:低洼潮湿地。窈冥:阴暗隐蔽。

⑥ 精微:精心策划的部署或计谋。

⑦ 远张:虚张声势。

⑧ 司命:掌握命运。

**【译文】**

武王问太公:"大凡用兵的方法,有哪些基本内容?"

太公回答:"古代善于用兵打仗的人,并不是既能战于天上、又能战于地下,无所不能。其成功与失败,全在于能不能用谋略造成神秘莫测的态势。能造成这种态势并运用得好的就会胜利,不能造成这种态势的就要失败。

两军对决、摆兵布阵之时,放纵士卒胡乱行动,是蒙骗、诱惑敌人的好方法;占领茂密草丛地带,是隐蔽军队撤退或转移的好方法;占领溪谷险阻地段,是阻挡敌人战车和骑兵的好方法;占领险隘关塞、山林地区,是实现以寡击众的好方法;占领低洼、水泽、幽深、昏暗地区,是隐蔽自己行动的好方法;占领平坦开阔、毫无隐蔽的地形,是同敌人斗勇斗力的好方法;行动迅速犹如射出的飞箭,突击勇猛如扣发的弩机,是击破敌人精心布设的兵阵的好方法;诡诈地布下埋伏、设置奇兵,并在远处虚张声势,诱骗敌人,是击破敌军、俘虏敌将的好方法;将军队分成若干部分,呈多路多方向对敌人进行向心攻击,是打破敌人圆阵和方阵的好方法;乘敌惊慌失措时发动进攻,是以一击十的好方法;乘敌疲劳或夜晚宿营时进行攻击,是以十击百的好方法;采用奇特的技术架桥、修缆索,是渡过江河的好方法;使用强大的弓弩和长柄兵器进行战斗,是抗击渡江河来攻之敌的好方法;在远处设关卡,加强观察警戒,防止城外敌军前来救援,然后假装迅速撤退,引诱敌人,是降服敌人城邑的好方法;故意大张旗鼓,高声喧嚣,是配合施行奇谋妙计的好方法;乘刮大风、下大雨的不良天候发动攻击,是攻击敌军前锋、袭击敌军后方的好方法;伪装成敌军的使者,潜入敌后,是切断敌军粮食供给的好方法;诈用敌人号令,穿着敌人服装，是掩敌耳目、准备撤退的好方法；对部队晓以大义，宣扬战争的正义性，是用来激励士气以战胜敌人的好方法；加官封爵，施以重赏，是用以鼓励将士效命的好方法；对触犯军法军规的人处以严厉的刑罚，是激发部队进取心，克服疲怠松懈的好方法；指挥和管理部队时，有时表现高兴，有时表现愤怒，有时慷慨赐予，有时无情剥夺，有时用恩爱仁义感化，有时用军纪军法管束，有时和风细雨，有时雷厉风行，是用以协调全军行动、统一部属意志的好方法；占领居高临下、视野开阔的地形，是便于警戒和防守的好方法；保守住险隘阻塞地形，是巩固防守阵地的好方法；配置在深山林密的地方，是隐蔽己方行动的好方法；深挖壕沟，高筑堡垒，多储粮食，是准备持久作战的好方法。

所以说，将帅如果不懂得进攻和防御的基本方法，就谈不上对敌作战；如果不懂得部队分合变换和机动的基本套路，就谈不上出奇制胜；如果不懂得军队的治乱之道，就谈不上随机应变。

所以说，将帅如果不行仁义，军队就不会拥护他；将帅如果不勇敢，军队就会丧失斗志；将帅如果无智谋，军队会产生疑惑，军心不稳；将帅如果治军不能明察，办事不公正，军队会大败；将帅如果用兵不精细，军队就会失去战机；将帅如果不经常警惕，军队就会失去戒备；将帅如果不坚强果断，军队就会松懈散漫。

因此，将帅是掌握军队命运的人。将帅贤能，军队就会得到整治；将帅不贤，军队就散乱不堪。国家若能得到贤能的将帅，军队就会强大，国家就会昌盛；若得不到贤能的将帅，军队就会衰弱，国家就会灭亡。"

武王说："讲得好极了！"

**【新解】**

本篇《奇兵》主要论述的是作战方法问题，即奇正之术。全文共列举 26 种在不同地形、天候、敌情、我情等条件下的具体行动方法。这些方法贯穿着一条思想主线，即要根据具体情况采用相应战法。在此基础上，姜太公还强调了将帅在作战中的重要作用："得贤将者，兵强国昌。"

**（一）奇正相生，因情施变**

"正合奇胜"是本篇的核心思想，也是对孙子奇正理论的具体发挥和发展。从根源上看，正合奇胜的思想源出于《易经》阴阳互寓互变的思想。《易经》以阴爻（--）和阳爻（—）两种符号按照不同的方式组合成 64 卦和 384 爻，这不仅为最古老的战斗队形——方阵的形成提供了直接的理论样板，也给后世的谋略家提供了以组合求万变的组合思维模式。"奇正"在军事学范畴，最早源于方阵的兵力部署和队形变换。自孙子开始，"奇正"已经变得越来越抽象了。

那么，什么是正，什么是奇呢？"奇正"的内涵非常丰富。一般地说，常法为正，变法为奇。诸如，在兵力使用上，担任正面守备任务的部队为正兵，担任机动作战、翼侧突击的部队为奇兵；在作战方式上，正面进攻、暴露的进攻为正，迂回、侧击、偷袭为奇；在作战方法上，按一般原则和通常的战法作战为正，反常用兵、运用特殊的战法作战为奇；在主观意识上，敌方想到了并加以重点防备的方向、方法和兵力为正，敌方没想到的或疏于防守的方向、方法为奇；就特定的谋略家而言，他的一贯做法是正，其反常做法是奇，等等，不一而足。总之，奇正是相对的，并在一定的条件下可以相互转化且变化无穷。对"奇正"奥妙的驾驭，刘伯承元帅可谓颇有心得。

抗日战争时期，刘伯承曾凭借有利地形，大胆巧妙地在位于今山西省平定、昔阳与河北省井陉三县交界处的七亘村重叠设伏，3天之内于同一地点，用同一支部队，连续两次伏击同一股敌人，均以小的代价取得重大胜利。

1937年9月下旬，侵华日军大举进攻山西，在忻口遭到八路军和国民党军第二战区部队的有力阻击，被迫改由正（定）太（原）路西进。10月中旬，国民党守军未能阻止日军的进攻，晋东门户娘子关告急。根据八路军总部命令，时任第129师师长刘伯承率部火速向娘子关东南及以南日军侧后进发，寻机歼敌。10月26日，刘伯承指挥386旅在七亘村这一日军必经之路伏击日军辎重部队，毙敌300余人，缴获骡马300多匹及大批军用物资，还缴获华北、山西两份军用地图，386旅大胜。自古兵法，"用兵不复"是常理。刘伯承经深思熟虑，一反常规，两天后在七亘村再次设伏，重创日军。战斗结束后，当刘伯承慷慨地将部分战马、军刀、大衣等战利品送给第二战区副司令卫立煌时，卫立煌钦佩不已，认为七亘村"重叠待伏"是"兵家所忌"的一次大胆妙用。

七亘村伏击战中，刘伯承大胆反常用兵，这种思维和胆识，对现代战争同样具有重要的启迪和借鉴意义。军事指挥员深入研究现代战争制胜机理，并在实战中把作战对手"摸透"，把自己"摸清"，把应敌之策"搞准"，做到料敌在先、掌握主动。只有这样，才能打破思维定式，摒弃教条、惯性思维，因势而谋，出奇制胜。

**（二）得贤将者，兵强国昌**

姜太公从作战需求的角度，要求将帅具备"知战攻之策""能分移""通治乱"的能力和"仁、智、勇、明、精微、常戒、强力"的素质。满足这些能力和素质要求的将领堪称"贤将"。"得贤将者,兵强国昌。"这是《奇兵》的基本观点之一,与孙武"辅周则国必强,辅隙则国必弱"的论将思想如出一辙。

军队强弱、国家兴衰取决于将相。历史上,凡有贤将辅佐治理国家、安定邦国的,必定国运昌盛。商初成汤得伊尹,西周文王(姬昌)、武王(姬发)得吕尚,由于伊尹、吕尚的远见卓识、文韬武略,与其君主亲密协作、辅车相依,共同完成了灭夏兴商、灭纣兴周的伟业。春秋时期,齐桓公得管仲,成就春秋第一霸业;秦穆公得孟明视,楚庄王得孙叔敖等,他们都因得贤将称雄一时。

与此相反,如果君王用人不当,所任用的将帅(卿相)腐败无能、骄横无礼、严重渎职等,就会误军误国,给国家和军队造成严重的损失。公元前 632 年晋楚城濮之战,楚虽拥有优势兵力,却被晋打败了,问题就出在主帅子玉(楚令尹)"刚而无礼""愠而致战"上。公元前 506 年,吴、楚江南大战。楚王拥兵 12 万之众,吴军只有 3 万多人,兵力对比悬殊。然而,柏举之战,吴军却能以少胜多,长驱直入,大胜楚军,占领楚都。主要原因就在于楚令尹子常贪污腐败,残杀无辜,内失民心、军心,外失和于诸侯唐、蔡等国。所以,对将帅的选拔、任用和监督自古以来都是一项非常重要的工作。

## 二十八、五音第二十八

【原文】

武王问太公曰:"律音①之声,可以知三军之消息,胜负之决乎?"

太公曰："深哉！王之问也。夫律管十二，其要有五音：宫、商、角、徵、羽，此其正声也，万代不易。五行②之神，道之常也，可以知敌。金、木、水、火、土，各以其胜攻也。

古者三皇之世，虚无之情，以制刚强。无有文字，皆由五行。五行之道，天地自然。六甲之分，微妙之神。其法：以天清静，无阴云风雨，夜半遣轻骑往至敌人之垒，去九百步外，偏持律管当耳，大呼惊之。有声应管③，其来甚微。角声应管，当以白虎；徵声应管，当以玄武；商声应管，当以朱雀；羽声应管，当以勾陈；五管声尽不应者，宫也，当以青龙。此五行之符，佐胜之征，成败之机也。"

武王曰："善哉！"

太公曰："微妙之音，皆有外候！"

武王曰："何以知之？"

太公曰："敌人惊动则听之。闻桴④鼓之音者，角也；见火光者，徵也；闻金铁矛戟之音者，商也；闻人啸呼之音者，羽也；寂寞无闻者，宫也。此五者，声色之符也。"

**【注释】**

①律音：古代音乐中的十二律和五音。

②五行：古人认为金、木、水、火、土是构成天地万物的基本物质，称之为五行。

③有声应管：律管发出相应的声音。

④桴：鼓槌。

**【译文】**

武王问太公："通过六律五音的声音，就可以了解军队的盛衰强弱等状态，预知作战胜负吗？"

太公回答："我王问的这个问题道理很深奥啊！律管有十二个音阶，其中主要的有五个，即宫、商、角、徵、羽。这五种是真正纯正的音律，千年万代都不变。金、木、水、火、土五行所体现的奥妙关系，是天地间的普遍规律。金、木、水、火、土各以其相生相克的优势取胜。

古代三皇时代，以虚无柔弱、清静无为制胜刚强。那时没有文字，一切都按照五行相生相克的自然规律行事。五行学说，就是天地间的自然法则。六甲的分法也是很深奥玄妙的。运用五音、五行，通过律管判断敌情的方法是：如果天空清澈明净，没有阴云风雨，可在夜半派遣轻骑前往敌军营垒，在距敌营九百步以外的地方，全都拿着律管，放在耳边，然后对着敌人大声呼叫以惊动敌人。一会儿，从敌方传来的声音会反应于管中，当然很微弱。如果反应于律管中的声音是'角'声，（角声属木，根据金能克木的原理）应当令军队利用与白虎相应的时空方位或阵势，用右军从敌人西方进攻；如果反应于律管中的声音是'徵'声，（徵声属火，根据水能克火的原理）应当令军队利用玄武的时空方位或阵势，用后军从敌人北方进攻；如果反应于律管中的声音是'商'声，（商声属金，根据火能克金的原理）应当令军队利用朱雀的时空方位或阵势，用前军从敌人南方进攻；如果反应于律管中的声音是'羽'声，（羽声属水，根据土能克水的原理）应当令军队利用勾陈的时空方位或阵势，先用中军向敌人中央攻击；如果所有律管中都没有回音，则是'宫'声的反应，（宫声属土，表现得很沉寂，根据木能克土的原理）应当令军队利用青龙的时空方位或阵势，用左军从敌人东方去进攻。这是五行相克的符验效应，有助于军队预测胜利的征兆，是兵事胜败的关键。"

武王说："好极了！"

太公说："这些微妙的音律，都有其流露于外的迹象。"

武王又问："怎样才能察觉这些迹象呢？"

太公回答："当敌人受到惊动时，细心倾听敌营的反应。如果听到敌营有击鼓的声音，就是与'角'声相对应；如果看见敌营有火光，就是与'徵'声相对应；如果听到敌营有金铁矛戟等兵器碰撞的声音，就是与'商'声相对应；如果敌营寂静无声，就是与'宫'声相对应。这五种音律与外在的迹象是完全相符合的。"

## 【新解】

本篇《五音》主要讲的是敌情侦听和判断问题。结合当时的"侦听"手段，以五行学说为理论基础，论述如何从"听"的角度来观察敌情、判断敌情和进行战术处置的种种方法。

### （一）善循外候，洞察虚实

侦听是获取情报的一种最传统、最常用的手段。从用耳朵偷听近在咫尺的谈话，到用高科技手段截获远在千万里之外的信息，都属于侦听。它具有直接、简便、可靠等其他情报手段无法比拟的优点。如上所述，虽然敌情侦听是作战情报活动的一种手段，但在某些关键时候，它不仅仅是一种手段。历史证明，胜利的一方往往能通过成功的侦听，以柔克刚，胜敌于无形，直接达成作战目的。

公元前202年，盖世英雄项羽的楚军虽被汉王刘邦率领的几十万大军团团围困在垓下，但楚军的战斗意志依然强大，刘邦要"吃"掉它，绝非易事。然而，楚军内部的薄弱之处被汉军侦听到：在楚军的营帐里，被久困的士兵都在窃窃私语，有的抱怨三军没有粮，有的议论战马没有草，更多的人是发泄对连年战乱的不满，并不时地发出思念故乡楚国的叹息。刘邦与其谋士们根据这一重要情报，制订出了瓦解楚军的方案。就在两军决战的前夜，一阵阵深沉的楚国歌曲，从四面八方传进项羽的军营。歌声一下子激起了久已厌战的楚国士兵们思念家乡、父母、妻子的情绪。开始是三三两两地开小差，后来便整批整队地走掉。就这样，项羽的千军万马迅速瓦解。刘邦借助于"墙"外细作之耳，取得了军事上的胜利，逼得项羽在乌江边自刎。

无独有偶，在第二次世界大战期间，美国政府征集了大批商船运输军火。一位名叫杰克的船员在出海之前，牵挂着热恋中的女友，匆匆来到码头旁的咖啡馆通过电话与女友玛丽道别。情意绵绵的电话中，杰克将这次船队行动的日期、航行的路线和停靠的港口告诉了女友。不幸的是，这一温情脉脉的道别被坐在咖啡馆中扮成商人模样的德国间谍偷听到了。不久这一重要情报被迅速传到纳粹德国的情报机构手中。结果可想而知，这支船队在茫茫的大洋上遭到德国潜艇毁灭性的打击。

**（二）五音五行，因敌制胜**

春秋战国时期，五行与五音相配，以听律管的共鸣来判断敌情。这是很专业的指挥技能，也是兵阴阳家的理论，极为玄妙，如今没有多少人能确切地知道其推理的内在逻辑和依据。本文强调根据不同敌情灵活用谋施策，闪烁着古代兵学的辩证法智慧，正如《孙子兵法·虚实篇》所言："水因地而制流，兵因敌而制胜。故兵无常势，水无常形。能因敌变化而取胜者，谓之神。"古今中外，将"因敌制胜"兵法运用到极致的战例莫过于"四渡赤水"。此役中,毫无兵力优势、装备优势和后勤优势的3万红军面对国民党40万大军的围追堵截,因情决策,因敌施计,把敌人耍得团团转,最终冲出重围。毛泽东称之为"得意之笔"。

遵义会议之后,蒋介石调集重兵40万,企图趁红军立足未稳,围歼中央红军于川黔边地区。面对敌人重兵包围,中共中央决定北渡长江进入四川与红四方面军配合作战,创建新的根据地。1935年1月19日,红军兵分三路北上,准备在泸州和宜宾间北渡长江。无奈在土城青杠坡遭遇川军劲旅郭勋祺部,战斗失利。中共中央紧急决定放弃由赤水地区北渡长江的计划,改为从土城西渡赤水,进入川南。同时,根据土城战斗的教训,毛泽东提出,红军必须经常转移作战地区,有时向东有时向西,有时走大路,有时走小路。一改第五次反"围剿"以来僵化、教条的作战方针。1935年2月上旬,中央红军时抵川南叙永、古蔺地区,准备相机在宜宾上游北渡长江。蒋介石见红军渡过赤水河北上,惊恐异常,急调川、黔、滇军和"中央军"进行堵截。红军转兵向南,集结扎西,休整待机,暂缓执行渡江计划。敌军主力接近扎西时,红军乘贵州敌人空虚之际,出敌不意,二渡赤水,重占娄山关,再克遵义城,取得了红军长征以来第一个重大胜利。

遵义战役后,蒋介石飞临重庆督战。红军决定主力向西南方向前进,寻找有利战机,控制赤水河上游作为转移的枢纽。3月15日,红一、红三军团佯攻鲁班场,吸引敌军。当敌逼近时,红军突然北进,三渡赤水、再进川南,又摆出北渡长江的架势。蒋介石以为红军要北渡长江,又急调重兵向红军逼近,企图把红军围歼在古蔺地区。然而,红军突然折回贵州,于

1935年3月21日在二郎滩、太平渡四渡赤水，从数十万敌军的空隙中穿插向南疾进。紧接着佯攻贵阳，兵逼昆明，巧渡金沙江，强渡大渡河，飞夺泸定桥。这样，在敌我力量悬殊、红军处境不利的情况下，毛泽东巧妙地运用灵活机动、声东击西、隐蔽自己、迷惑调动敌人的战略战术，因敌制胜、因情施策，实现了绝地突围。

## 二十九、兵征第二十九

### 【原文】

武王问太公曰："吾欲未战先知敌人之强弱，预见胜负之征，为之奈何？"

太公曰："胜败之征，精神先见。明将察之，其效在人。谨候敌人出入进退，察其动静，言语妖祥，士卒所告。凡三军悦怿，士卒畏法，敬其将命，相喜以破敌，相陈以勇猛，相贤以威武，此强征也。三军数惊，士卒不齐，相恐以[强]敌，相语以不利，耳目相属，妖言不止，众口相惑，不畏法令，不重其将，此弱征也。

三军齐整，陈势以固，深沟高垒，又有大风甚雨之利，三军无故①，旌旗前指，金铎之声扬以清，鼙鼓之声宛以鸣，此得神明之助，大胜之征也。行陈不固，旌旗乱而相绕，逆大风甚雨之利，士卒恐惧，气绝而不属，戎马惊奔，兵车折轴，金铎之声下以浊，鼙鼓之声湿如沐，此大败之征也。

凡攻城围邑，城之气色如死灰，城可屠；城之气出而北，城可克；城之气出而西，城必降；城之气出而南，城不可拔；

城之气出而东，城不可攻。城之气出而复入，城主逃北；城之气出而覆我军之上，军必病②；城之气出高而无所止，用兵长久。凡攻城围邑，过旬不雷不雨，必亟去之，城必有大辅。此所以知可攻而攻，不可攻而止。"

武王曰："善哉！"

【注释】

①故：事故，变故。
②病：陷入困境。

【译文】

武王问太公："我想在交战前知道敌人的强弱，预见胜败的征兆，该怎么办？"

太公回答："胜败的征兆，一开始就表现在两军将士的精神状态上。明智的将帅善于察知这些征兆，而这些征兆往往体现在人的言行上。应该谨慎地侦知敌人出入进退的情况，观察其动静，辨别士卒之间相互传播、谈论的言论所传递的信息是凶是吉。全军上下心情喜悦，士卒敬畏并遵守法纪，尊重将帅命令，把打败敌人当作欢喜之事，把勇猛杀敌当作夸耀之事，把威武雄壮当作赞美之事，这是军队战斗力强的征候。反之，如果全军经常自相惊扰，士卒军容不整，行动不统一，把敌人的强大当作谈论的话题，相互恐吓，相互谈论不利消息，互为耳目，探听消息，连续不断地传播扰乱军心的谣言，互相煽惑，不畏惧法令，不敬重将帅，这些都是军队虚弱无力的征候。

全军上下军容严整、行动一致，阵势坚固，高筑壁垒，深挖壕沟，又有大风大雨的有利条件；全军平静安宁，旌旗飘扬，直指敌军，金铎之声昂扬清亮，鼙鼓之声悠扬激越；这都是得到神明的帮助，是取得大胜的征候。全军队列不整齐，阵势不稳固，旌旗混乱不定，相互缠绕，又处于大风大雨的不利条件；士卒恐惧，士气衰竭、人心涣散，军马惊骇、四处乱跑，兵车车轴被折断，金铎之声低沉而混浊，鼙鼓之声如被雨淋湿一样昏暗低沉，这些都是大败的征候。

凡是进攻、包围敌人的城邑时，如果城中云气的颜色如同死灰色，说明此城必遭毁灭；如果城中的云气升起而向北流去，说明此城可被降服；如果城中的云气升起而向西流去，说明此城必可被攻破；如果城中的云气升起而向南流去，说明此城坚不可破；如果城内的云气升起而向东流去，说明不可进攻此城；如果城内的云气升起又降下，说明守城将帅必定逃亡败北；如果城内的云气出城而覆盖我军的上空，说明我军将遇到麻烦，陷入困境；如果城内的云气高高升起而不停止，说明战事将旷日持久。凡是进攻、包围敌人的城邑，如果超过十天仍不打雷下雨，必须迅速撤退，因为该城一定有贤能之人予以辅佐。这样，就可以清楚地说明当攻则攻、不可攻则止的道理了。"

武王说："您讲得很好啊！"

**【新解】**

俗话说：百闻不如一见。作战指挥活动中，要准确把握敌情，把对手弄透，光靠侦听还不够，还要求将帅具备较强的洞察力，善于"看"敌情。在姊妹篇《五音》论述"听"敌情的方法之后，本篇《兵征》接着论述"看"敌情的种种方法，其中不乏精辟独到之处。

《兵征》论述"看"敌情的出发点与《孙子·行军篇》所说的相敌三十二法如出一辙，即透过表面现象去观察敌军的实际情况。所不同的是，孙子通过对敌人言论行动的分析判断其作战意图，通过对草木鸟兽、尘埃状态判断敌人的行动，通过对敌人活动的状况判断敌军的作战实力，谈得简单实在、朴实确切，体现了浓厚的唯物论思想。而《兵征》则根据军队精神面貌和所谓的"神明之助""云气"来判断敌情，预见作战胜负。虽然文中提到的敌情研判方法略显抽象，混杂了迷信和谶纬之学，充满神秘色彩，但是其思想方法仍有可取之处。

### （一）胜负之征，精神先见

"胜负之征，精神先见"是姜太公极富创见性的思想。我们常说，一定的内容总有相应的表现形式。一支军队的战斗力如何，除了表现为物质上，如武器装备状况外，还必然表现在精神状态上。

二者相比较，物质因素是静态的、客观的。而精神是最活跃的动态因素，可以改变物质因素的表现形态，使弱者变强、强者变弱。换言之，在具备基本物质条件的情况下，精神因素强大的一方，即使武器装备落后，也可通过充分发挥主观能动性，"致人而不致于人"，控制战争主动权；反之，一支士气低落的军队，即使拥有较好的武器装备，也难免失败。正因如此，军事理论家克劳塞维茨把物质因素比作刀柄，精神因素比作刀柄上的利刃，认为最管用的还是精神因素。英国陆军元帅蒙哥马利也说过："士气是战争中最重要的因素，没有高涨的士气，一切其他工作如何完善，也不能取得任何胜利。"美国兰德公司也认为："战争胜负毕竟不是电子计算机算出来的，最终还是靠活人的头脑。"

的确，昂扬的精神状态和高昂的斗志历来是影响乃至决定战争胜负的重要因素。古罗马军队曾经是世界上赫赫有名的军队，后来却因军队内部官兵精神不振、骄奢淫逸而使士气丧失殆尽，在战场上一败涂地。"八旗军"曾是"威如雷霆"的精锐之师，入关后文恬武嬉、萎靡不振，最终成为一群纨绔子弟，百无一用。在几十年的革命历程中，中国共产党领导的人民军队一直保持着昂扬的精神状态，始终坚持"全心全意为人民服务"的根本宗旨，先后培育了"井冈山精神""长征精神"和"延安精神"等。这些精神鼓舞和引导着全军将士，奋发图强，成为全体官兵的强大精神支柱，使我军战胜千难万险，从小到大，由弱变强，所向无敌。

**（二）由表及里，见微知著**

尽管《兵征》中有不少观察和判断敌情的方法缺乏科学性，但通篇贯穿着一个颇具哲理性的中心思想，即透过表面的、细小的现象看事物的本质和发展趋势。事物的发展总会显露出一定的迹象或苗头，高明的人善于以敏锐的目光，从表面现象入手，从细微处着眼，抓住细小但至关重要的特征或迹象，由小知大，见微知著，洞察到事物的本质，判断事物发展的方向。正如老子所说过的，能看清细小之物的才是明眼人，当泰山闯入眼帘而慨叹其巍峨壮观的人只是表明他不是一个盲人。

有一个广为流传的战场故事。第一次世界大战中，法军和德军打仗时，法军的一个旅司令部在前线构筑了十分隐蔽的地下指挥所，人员深居简出。德军捕捉不到目标，无计可施。一天，德军一个参谋人员用望远镜观察战场情况时，无意中发现法军阵地上有一只金色的猫。经过几天的反复观察，他发现一个有趣的规律：这只猫每天早上八九点钟，都在法军阵地后方的一座坟包上晒太阳。由此，他们做出以下判断：第一，这不是野猫，野猫一般白天不出来，更不可能在炮火纷飞的阵地上按时出没；第二，猫的栖身处在坟包附近，周围并无人家，很可能是从附近的地下掩蔽部里出来的；第三，这只猫是相当名贵的波斯品种，在打仗的时候还有条件玩这种猫的，绝不会是普通的下级军官。德军根据这些情况断定，附近的掩蔽部一定是高级指挥所。

于是，德军集中6个炮兵营的火力，对疑似法军的掩蔽部施以猛烈袭击。事后得知，法军的这个阵地被彻底销毁，包括数名中、高级军官在内的人员全部阵亡。原来，这是法军的一个旅指挥所，因为一个军官养了一只波斯猫，导致了飞来之祸。德军这种意想不到的战果源于参谋人员对细节的关注。

总之，无论从事什么行业，都要养成一个注重细节的好习惯，做到"心细如发"是一个人成就事业的基本要求之一。反之，不注重细节的"差不多先生""马虎先生"，即便专业能力很强，恐怕也难有作为，弄不好还会为单位惹麻烦、出乱子。

## 三十、农器第三十

**【原文】**

武王问太公曰："天下安定，国家无事①。战攻之具，可无修②乎？守御之备，可无设乎？"

太公曰："战攻守御之具，尽在于人事：耒耜③者，其行马蒺藜④也；马牛车舆⑤者，其营垒蔽橹⑥也；锄耰⑦之具，其矛戟也；蓑薜簦笠⑧者，其甲胄干楯⑨也；镢锸斧锯杵臼，其攻城器也；牛马，所以转输粮用也；鸡犬，其伺候⑩也；妇人织纴⑪，其旌旗也；丈夫平壤⑫，其攻城也；春铍⑬草棘，其战车骑也；夏耨⑭田畴，其战步兵也；秋刈⑮禾薪，其粮食储备也；冬实仓廪，其坚守也；田里相伍⑯，其约束⑰符信⑱也；里有吏，官有长，其将帅也；里有周垣，不得相过，其队分也；输粟收刍，其廪库也；春秋治城郭，修沟渠，其堑垒也。

故用兵之具，尽在于人事也。善为国者，取于人事，故必使遂其六畜，辟其田野，究其处所。丈夫治田有亩数，妇人织纴有尺度，是富国强兵之道也。"

武王曰："善哉！"

【注释】

①事：指战争之事。

②修：整治。

③耒耜：古代用来翻土的农具。

④行马：古代用来阻止敌人车骑的防御器具，亦称拒马。蒺藜：一种形似蒺藜的木制带刺的防御器具，用来阻塞道路、设置障碍。

⑤舆：车厢，又泛指车。

⑥蔽橹：盾牌之类的遮蔽器具。

⑦耰：古代用来碎土平田的农具。

⑧蓑薜：古代的雨衣。

⑨甲，革制的护身衣；胄，头盔；干，盾；楯，盾。

⑩伺候：守望侦视。

⑪纴：织布。

⑫平壤：平整土地。

⑬ 钹：本是一种割草的农具，本文指割草。

⑭ 耨，锄草。

⑮ 刈：收割。

⑯ 田里，田地和住宅，本文用以代农家。相伍，编制户籍，以五家为一伍。

⑰ 约束：指规约限制。

⑱ 符信：指号令，凭证。

【译文】

武王问太公："当天下安定太平、国家无战事之时，各种野战、攻城的器械就可以不修整了吗？各种防守御敌的设施，就可以不用设置了吗？"

太公回答："作战用的各种攻战防守器械，都贯穿于平时的日常农事生产活动之中：翻土用的耒耜，可用作阻挡敌军的拒马和木蒺藜；各种马车和牛车，可用作军队的营垒和屏障器材；农作用的锄和耰等工具，可用作矛、戟；蓑衣、雨伞和斗笠，可用作盔甲和盾牌；大锄、锹锨、斧子、锯以及杵臼等器具，可用于攻城；牛马，可用来运送军用粮草物资；鸡犬，可用于守望警戒；妇女纺织的布、帛，可用来制作旌旗；男子平整土地的技术，可用于攻城作业；春季农民铲除野草荆棘的技术，可用于对敌车兵、骑兵作战；夏天拔除田地里杂草的技术，可用于对敌步兵作战；秋天农民收割庄稼、柴草，可视为战时进行粮秣储备；冬天农民把粮食装满仓库，就相当于军队在战时做好持久坚守的储备；农家平时编制户籍，以五家为一'伍'，相当于军队用法规制约行为，用号令符信指挥行动；每里设吏，吏的上面又设官长，相当于军队的将帅领导体制；里的四周都构筑有围墙，不可任意翻越，就相当于军队的编制和驻地各不相同，不可混杂；运输粮食、收割饲草，相当于军队进行后勤储备；春、秋两季，整修城郭、修挖沟渠，相当于军队挖壕沟，筑营垒。

综上所述，作战所需要的器械，完全可以在农家平时的农业生产活动中进行筹备。善于治理国家的人，无不关注和利用农家平时的日常生活。因此，必须使人民大力繁殖六畜，开垦耕种田地，规划住所。每个男子种田，必须规定达到一定的亩数，每个妇女纺织，也要达到一定的尺数。这就是富国强兵的根本途径。"

武王说："您讲得好极了！"

【新解】

本篇《农器》是中国古代兵书中较早系统、全面地论述国防建设思想的重要文献。它吸收了先秦兵家和法家的农战思想之优长，从农业社会的生产力状况出发，将经济力、物质力历史地赋予农业这样的具体内容并使之与夺取战争胜利联系起来，初步揭示了军事与经济的辩证关系。提出了平战结合、寓兵于农，兵农合一的"农战"思想，对于丰富和发展先秦国防建设思想发挥了重大作用。

**（一）天下安定，战备不忘**

战争与和平，始终是人类社会的主题。爱好和平、拒绝战争，自古以来就是人们的良好愿望。然而，如何处理好二者的关系是重大的战略命题。中国古代兵家对此都有许多精辟论述，先秦之初的《周易》云："君子安而不忘危，存而不忘亡，治而不忘乱。是以身安而国家可保也。"姜太公从战争的物质准备的角度，深化了"安不忘危"的国防思想，提出"天下安定，国家无事"之时，必须修"战攻之具"，设"守御之备"，加强战备建设。

古今中外历史上，因和平时期片面强调经济建设，忽视战备建设，而导致国家衰败的教训是深刻的。中国宋朝就是典型例证。据史学界研究，以人均占有衣食为指标，宋代是中国历史上最富足的时期，比后来的元、明、清都富。但这样的一个朝代，与外敌交战却屡战屡败，先败于辽，再败于金，又败于西夏，最后被蒙古兵灭亡。其失败的重要原因正是宋朝统治者坐稳江山之后，沉迷于物质享受和"才子佳人"式的文化消遣，轻视国防建设，在政治上推行"崇文抑武"的政策，在军事上实行"养兵防患"的消极方针，以致国防空虚不堪，屡战屡败，终被灭亡。因此，姜太公强调在和平时期不忘修"攻战之具"、设"守御之备"的思想，是现实主义的战争观。

**（二）用兵之具，取于人事**

"天下安定，国家无事"之时，实行兵农合一，是修"攻战之具"、设"守御之备"的重要方法，这正是本篇的中心思想。姜太公认为，实行兵农合一，主要包括四个方面：一是"战攻守御之具，尽在于人事"，即战时所用的攻守器具，可用平时人们从事农业生产活动中的生产工具和生活用具来充当。二是"丈夫平壤，其攻城也"，即农民平时的生产技术，到战时可以成为战斗技术。三是"田里相伍，其约束符信也"，即平时农民按丁、伍、邻、里的编组方法，可以成为战斗编组，因此它可作为战时动员的基础。四是平时的农业设施，如"里有周垣""城郭""沟渠"，打起仗来都可以用于战斗。这四个方面，涵盖了武器装备、作战方法、体制编制和战场建设等国防建设的主要内容。姜太公这一思想的重大意义，正如蒋百里先生所言："我于世界民族兴衰，发现一条根本的原则，就是'生活条件与战斗条件一致者强，相离者弱，相反者亡'。"

秦国的商鞅变法就是突出的例子。战国初期，秦还是一个经济落后、国力虚弱的诸侯国，被东方各诸侯国视为"蛮夷"之邦。商鞅变法之后，秦国迅速崛起。商鞅变法的中心内容是奖励耕战，寓兵于农，即以重赏重罚来实现重农重战政策。重农，就是废除井田制，鼓励男耕女织，发展经济；重战，就是推行郡县制，废除奴隶主贵族的世卿世禄制度，颁行二十等军功爵制，鼓励民众为巩固政权而战。经过变法，秦面貌焕然一新，从原来的落后诸侯国，一跃成为"兵革大强，诸侯畏惧"的强大诸侯国，为后来秦始皇统一中国奠定了坚实基础。

"农战"思想的精神实质是"寓军于民、平战结合"。这不仅是农业时代富国强军的不二法则，也是信息化时代实现富国强军的根本途径。信息化时代，很难想象，现代高端军事科技开发、人才培养、作战保障、后勤保障等国防建设的方方面面能够脱离社会经济建设的大平台而单骑独进。现实已经表明，真正的军事强国必定是经济强国、科技强国。

# 第四章

## 《虎韬》新解

## [章节解析]

《虎韬》是《六韬》中的第四卷，内分《军用》《三阵》《疾战》《必出》《军略》《临境》《动静》《金鼓》《绝道》《略地》《火战》《垒虚》12篇。老虎是真正的兽中之王，它威猛、敏捷、勇敢。在中国人的心目中，老虎象征压倒一切、所向无敌的威力，这正是将领指挥部队作战所必须具备的特征。所以，作者以"虎韬"命名本篇，意在说明全篇的主要内容是讨论各种特殊天候、地形及其他不利条件下的进攻和防御战术及其他应注意的问题。

作者提出，将领统率军队出征之前应当准备好"三军器用"和"攻守之具"，并具体说明了各种兵器和器材的数量及其性能。接着，作者论述了天阵、地阵、人阵等阵法，并具体分析了利用各种阵法作战的指挥艺术。此外，作者突出强调，作战指挥一定要善于利用天时、地利，根据各种客观自然天候和地形灵活采用相应的战术。基于这种思想，作者分别论述了陷入合围之地时的"疾战"战法、夜间突围和渡过江河溪谷时的"必出"战法、陷入江河湖沼地带的主要对策，以及对阵、迂回、伏击和反伏击、攻城、反火攻等各种作战形式和战术运用问题。

## 三十一、军用第三十一

【原文】

武王问太公曰:"王者举兵,三军器用,攻守之具,科品<sup>①</sup>众寡,岂有法乎?"

太公曰:"大哉!王之问也。夫攻守之具,各有科品,此兵之大威也。"

武王曰:"愿闻之。"

太公曰:"凡用兵之大数<sup>②</sup>,将甲士万人,法用:武冲大扶胥<sup>③</sup>三十六乘,材士<sup>④</sup>强弩<sup>⑤</sup>矛戟为翼,一车二十四人,推之以八尺车轮,车上立旗鼓<sup>⑥</sup>,兵法谓之震骇,陷坚陈,败强敌。

武翼大橹矛戟扶胥<sup>⑦</sup>七十二乘,材士强弩矛戟为翼,以五尺车轮,绞车<sup>⑧</sup>、连弩自副,陷坚陈,败强敌。

提翼小橹扶胥<sup>⑨</sup>一百四十具,绞车、连弩自副,以鹿车<sup>⑩</sup>轮,陷坚陈,败强敌。

大黄参连弩大扶胥<sup>⑪</sup>三十六乘,材士强弩矛戟为翼,飞凫、电影<sup>⑫</sup>自副。飞凫赤茎<sup>⑬</sup>白羽,以铜为首;电影青茎赤羽,以铁为首。昼则以绛缟<sup>⑭</sup>,长六尺,广六寸,为光耀;夜则以白缟,长六尺,广六寸,为流星。陷坚陈,败步骑。

大扶胥冲车三十六乘,螳螂武士<sup>⑮</sup>共载,可以击纵横,可以败敌。轻车骑寇<sup>⑯</sup>,一名电车,兵法谓之电击,陷坚阵,败步骑。寇夜前来,矛戟扶胥轻车<sup>⑰</sup>一百六十乘,螳螂武士三人共载,兵法谓之霆击,陷坚陈,败步骑。

方首铁棓维朌<sup>⑱</sup>,重十二斤,柄长五尺以上,千二百枚,一名天棓;大柯<sup>⑲</sup>斧,刃长八寸,重八斤,柄长五尺以上,千二百枚，一名天越；方首铁锤，重八斤，柄长五尺以上，千二百枚，一名天锤。败步骑群寇。飞钩，长八寸，钩芒长四寸，柄长六尺以上，千二百枚，以投其众。

三军拒守：木螳螂剑刃扶胥⑳，广二丈，百二十具，一名行马，平易地，以步兵败车骑。木蒺藜㉑，去地二尺五寸，百二十具，败步骑，要穷寇，遮走北㉒。轴旋短冲矛戟扶胥㉓，百二十具，黄帝所以败蚩尤氏，败步骑，要穷寇，遮走北。狭路微径，张铁蒺藜，芒高四寸，广八寸，长六尺以上，千二百具，败步骑。突瞑㉔来前促战，白刃接，张地罗，铺两镞蒺藜㉕，参连织女㉖，芒间相去二寸，万二千具。旷野草中，方胸铤矛㉗，千二百具。张铤矛法，高一尺五寸。败步骑，要穷寇，遮走北。狭路微径，地陷铁械锁㉘，参连百二十具，败步骑，要穷寇，遮走北。

垒门拒守：矛戟小橹㉙十二具，绞车、连弩自副。三军拒守：天罗、虎落、锁连㉚，一部广一丈五尺，高八尺，百二十具。虎落剑刃扶胥㉛，广一丈五尺，高八尺，五百二十具。

渡沟堑：飞桥，一间广一丈五尺，长二丈以上，着转关辘轳㉜，八具，以环利通索张之。渡大水：飞江㉝，广一丈五尺，长二丈以上，八具，以环利通索㉞张之。天浮铁螳螂㉟，矩内圆外，径四尺以上，环络㊱自副，三十二具。以天浮张飞江济大海，谓之天潢，一名天舡㊲。

山林野居，结虎落柴营㊳：环利铁锁，长二丈以上，千二百枚。环利大通索，大四寸，长四丈以上，六百枚。环利中通索，大二寸，长四丈以上，二百枚。环利小微缧㊴，长二丈以上，万二千枚。天雨盖，重车㊵上板，结枲鉏铻㊶，广四尺，长四丈以上，车一具，以铁杙㊷张之。伐木大斧，重八斤，柄长三尺以上，三百枚。棨镢㊸，刃广六寸，柄长五尺以上，三百枚。铜筑㊹固为垂，长五尺以上，三百枚。鹰爪方胸铁杷，柄长七尺以上，三百枚。方胸铁叉，柄长七尺以上，三百枚。方胸两枝铁叉，柄长七尺以上，三百枚。芟㊺草木大镰，柄长七尺以上，三百枚。大橹刀㊻，重八斤，柄长六尺，三百枚。委环铁杙㊼，长三尺以上，三百枚。椓㊽杙大锤，重五斤，柄长二尺以上，百二十具。

甲士万人，强弩六千，戟橹二千，矛楯二千。修治攻具，砥砺㊾兵器，巧手三百人。此举兵军用之大数也。"

武王曰："允哉！"

【注释】

①科品：种类。

②大数：约计之数。

③武冲大扶胥：一种大型兵车的名称。"扶胥"是车的别名，一说指兵车左右的防盾。

④材士：有武艺的勇士。

⑤强弩：力量强大，可以射远的弩。

⑥旗鼓：古代军中往往用旗鼓传递信号，指挥军队行动。

⑦武翼大橹矛戟扶胥：一种装备掩蔽装置并设有矛戟以备击刺的兵车。

⑧绞车：一种用以张开强弩的牵引机械。

⑨提翼小橹扶胥：一种装有掩蔽装置的兵车，但形制较小。

⑩鹿车：一种人力推挽的小车。

⑪大黄参连弩大扶胥：指装备着大黄子和连弩的大型兵车。大黄是一种强弩的名称。

⑫飞凫、电影：两种箭的名称。

⑬茎：箭杆。

⑭绛，深红色。缟，生绢。

⑮螳螂武士：勇武之士的称号。

⑯轻车骑寇：一种轻型的兵车。

⑰矛戟扶胥轻车：一种配备矛戟的轻型兵车。

⑱方首铁棓维盼：棒头硕大的方头铁棒。棓，通"棒"。盼，通"颁"，大头状。

⑲柯：斧柄。

⑳木螳螂剑刃扶胥：一种用以阻隔的木制兵车，形似螳螂，可防止敌骑兵冲击。

㉑木蒺藜：一种带有铁刺的木制障碍物。

㉒要：通"邀"，邀击，截击。遮：阻截，拦击。

㉓轴旋短冲矛戟扶胥：一种用于阻隔的兵车，便于旋转，装有冲角，并且配备矛戟。

㉔暝：天黑。

㉕两镞蒺藜：有两个向上尖刺的小型铁蒺藜。

㉖织女：指一种有尖刺的障碍物。

㉗铤矛：短柄小矛。方胸，指矛尖与矛柄之间的部位呈方形。

㉘铁械锁：一种铁锁链。

㉙矛戟小橹：一种设有矛戟和小型防盾的兵车。

㉚天罗、虎落、锁连：天罗是指悬挂于空中，上有钩刺的网。虎落是竹篱笆。锁连是指锁链，用来绕在虎落上。

㉛虎落剑刃扶胥：一种车箱四周围有竹篱，并且有尖刀外向的兵车。

㉜转关辘轳：一种起重装置，可以把飞桥吊起或转移方向。

㉝飞江：浮桥。

㉞环利通索：连环铁索。

㉟天浮铁螳螂：一种用以连接浮桥，使之有足够长度的装置。

㊱环络：铁环和绳索。

㊲舡：船。

㊳柴营：营寨。"柴"，通"寨"。

㊴缧：绳索，这里指铁索。

㊵重车：重型兵车。

㊶结枲鉏铻：指用麻绳捆扎排列，形成齿形掩蔽物。

㊷杙：桩子。

㊸荣镢：一种大锄。

㊹筑：捣土的杵。

㊺芟：除草。

㊻大橹刀：大砍刀。

㊼委环铁杙：上连铁环的铁橛。

㊽椓：捶击。

㊾砥砺：磨砺。

【译文】

武王问太公："有志于成就王业的国君起兵打仗，全军所用的武器和攻守具械的品类及数量，有一定标准吗？"

太公回答："君王问的可是个大问题啊！攻守器具的种类和数量，是关系军队作战威力的重大问题。"

武王说："我想听一听其中的道理。"

太公说："凡用兵打仗所用的武器装备的大概数目，按甲士一万人的标准计算，应当是：武冲大扶胥战车三十六辆，由技能精湛的勇猛战士拿着强弩和矛戟在两侧护卫，每车由二十四人推着，车高八尺，车上设置旗鼓，兵法上把这种车称为'震骇'，可以用来攻破坚固阵势，击败强大的敌人。

武翼大橹矛戟扶胥战车七十二辆。由技能精湛的勇猛战士拿着强弩和矛戟在两侧护卫，车高五尺，车上设有绞车和连弩，可以用来攻破坚固阵势，击败强大的敌人。

提翼小橹扶胥战车一百四十辆。装置有绞车和连弩作为辅助装备，装独轮，可以用来攻破坚固阵势，击败强大的敌人。

大黄参连弩大扶胥战车三十六辆。由技能精湛的勇猛战士拿着强弩和矛戟在两侧护卫，附设'飞凫''电影'作为辅助装备。所谓'飞凫'，是一种用红色的杆、白色羽毛做成的箭，以铜为箭头。所谓'电影'，是一种用青色的杆、红色的羽毛做成的箭，以铁为箭头。白天在车上用长六尺、宽六寸的红绢为旗，称为'光耀'；晚上则在车上用长六尺、宽六寸的白绢为旗，称为'流星'。这种战车可用来攻破坚固阵势，击败强大的步兵和骑兵。

大扶胥冲车三十六辆，车上载有勇猛的'螳螂武士'，可以纵横冲杀，击败敌人。轻车骑寇，又叫电车，兵法称之为'电击'。可以用来攻破坚固阵势，击败敌人的步兵、骑兵。矛戟扶胥轻车一百六十辆，车上有勇猛的螳螂武士三人，兵法称之为'霆击'。可以用来攻破坚固阵势，击败敌人的步骑兵。

大方头的铁棒，重十二斤，柄长五尺以上，有一千二百枚，又称天棓。大柄斧，刃长八寸，重达八斤，柄长五尺以上，有一千二百枚，又叫天钺。方头的铁锤，重八斤，柄长五尺以上，有一千二百枚，又叫天锤。这些武器可以击败敌人的步兵、骑兵。飞钩，长八寸，钩芒长四寸，柄长六尺以上，有一千二百具，用来投掷、杀伤敌人。

军队用于拒敌防守的器械有：木螳螂剑刃扶胥战车，宽二丈，有一百二十辆，又称行马，在平坦地形上，步兵能够借此阻止敌车、骑兵的进攻。木蒺藜，要高于地面二尺五寸设置，共一百二十具，可以用来击败敌人的步兵、骑兵，拦截筋疲力尽的敌人，阻挡溃散逃跑的敌人。轴旋短冲矛戟扶胥战车，一百二十辆，这是黄帝打败蚩尤氏时用的战车，可以用来击败敌人的步兵、骑兵，拦截穷途末路的敌人，阻挡撤退逃跑的敌人。作战时，遇上狭隘道路小径，要布设铁蒺藜，刺长四寸，宽八寸，铁蒺藜长六尺以上，一千二百具，可以用来击败敌人的步兵、骑兵。敌人乘天色昏暗前来挑战，双方白刃相接，则应当张设地网，铺小型铁蒺藜，中间掺杂一些'织女'，锋芒之间相距两寸，共一万二千具。在旷野草丛中，可设置方胸铤矛，共一千二百支。布设铤矛的办法，应使矛尖高出地面一尺五寸，这样，可用来击败敌人的步兵、骑兵，拦截穷途末路之敌，阻挡撤退溃逃之敌。在狭小的道路上，可以在地表铺设互相交错连接的铁锁链，共一百二十条，这样可用来击败敌人的步兵、骑兵，拦截穷途末路之敌，阻挡撤退溃逃之敌。

用于防守军营门口的器械：矛戟小橹十二辆，车上装有绞车和连弩等辅助设备。用于营区防守，可用天罗虎落锁连，每部宽一丈五尺，高八尺，一百二十具，以及虎落剑刃扶胥车，宽一丈五尺，高八尺，五百二十辆。

渡沟堑用的器械包括：飞桥，宽一丈五尺，长二丈以上，配备转关辘轳，共用八架，用铁环和长绳架设。渡越大江大河的器械：飞江，宽一丈五尺，长两丈以上，共用八架，用铁环和长绳架设；天浮铁螳螂，外圆内方，直径四尺以上，上面附有铁环和绳索等辅助设备，共三十二个。用天浮铁螳螂连接飞江，可渡过大江河，称作天潢，又叫天舡。

军队占据山林，野外宿营时，结成绕有竹篱的虎落柴营需用：连环铁锁，长二丈以上，共一千二百条；大铁链，环大四寸，长四丈以上，共六百条；小微螺链，长二丈以上，共一万二千条；天雨盖，即重型战车上的盖板，用麻绳连接，竖立营前，排成齿形，每块宽四尺，长四丈以上，每车配一块，并用小铁桩固定好；伐木大斧，重八斤，柄长三尺以上，共三百把；棨锸，刃宽六寸，柄长五尺以上，共三百把；铜筑，有坚固的附耳，长五尺，共二百把。鹰爪方胸铁耙，柄长七尺以上，共三百把；方胸铁叉，柄长七尺以上，共三百把；方胸两枝铁叉，柄长七尺以上，共三百把；割草用的大镰，柄长七尺以上，共三百把；大砍刀，重八斤，柄长六尺，共三百把；委环铁杙，长三尺以上，共三百个；捶击铁橛用的大锤，重五斤，柄长二尺以上，共一百二十把。

编有一万名甲士的部队，须有六千名使用强弩，两千名使用戟和大盾，两千名使用矛和小盾。此外，还有修理工具和砥砺兵器的巧手三百人。以上是率兵出征时部队所需武器装备的大体数目。"

武王说："讲得好啊！"

**【新解】**

作为先秦兵家之集大成者，《六韬》在《虎韬》卷专辟一篇

《军用》，专门讲述了各种兵器和器械，阐述了各类兵器和器械的战术运用问题，既充分反映了当时武器装备的发展状况，又揭示了武器装备与作战理论内在的、普遍的联系，即"攻守之具，各有科品，此兵之大威也"。

### （一）兵有大论，先论其器

姜太公浓墨重彩地专讲武器装备，从某种程度上说明重谋轻器并非先秦兵家的传统。当时，人们深知"工欲善其事，必先利其器"的道理，认为要夺取战争的胜利，就必须首先足器械、备甲兵，重视武器装备的生产和发展。正因如此，《管子》也说："兵有大论，必先论其器"。

"先论其器"堪称唯物主义的思想。马克思主义认为，武器装备是军队实力的体现，是提高军队作战能力的物质基础。1866年7月，恩格斯在一封致马克思的信里，结合普奥战争的实际，阐明了军队武器装备在战争中的重要作用。他说，一个简单的事实是：普鲁士有五十万支针发枪，而整个其余世界还不到五百支。在两三年或五年之内，没有一支军队能够配备后装枪，而在此以前优势在普鲁士一边。从历史上看，冷兵器时代结束后，在相当长一段时间内，军队在火器数量和构造上的优势，一直是决定会战的主要因素。列宁也曾指出：战争使人懂得，占上风的总是拥有高度的技术装备和精良的机器的人。没有机器，在现代社会中是不能生存的，或者是必须掌握高度的技术装备，或者是被消灭。

战争实践也反复证明，武器装备是决定战争胜负的重要因素。近代以来，中国与西方列强的历次战争中都处于被动挨打的境地，直接原因就是当时中国的武器水平与西方列强存在严重的"时代差"。

### （二）战术适当，方成大威

姜太公要求军器的配发数量和方式严格按照编制而定，体现了"兵惟杂"的思想，也就是将武器装备按性能进行混合编组。如，以每军万人计算，应编武冲大扶胥三十六乘，矛戟扶胥七十二乘，小橹扶胥一百四十四乘，连弩大扶胥三十六乘，大扶胥冲车三十六乘，轻车骑寇一百六十乘，合计戎车四百八十四乘；强弩六千具；戟二千具；矛二千具。此外，为了随时维修各种器械，还特别编入工匠三百人。其思想实质就是，重视武器装备的战场运用方法，即作战理论。

武器装备是"死"的，不会自动起作用。没有适当的作战理论，再好的武器也发挥不了应有作用。譬如，坦克是英国首先发明的，并在第一次世界大战中令德军闻风丧胆。然而，第二次世界大战初期，在坦克部队面前大吃苦头的却是英法军队。原来，英法军队受阵地战理论的束缚，没能充分认识和开发坦克的重要作用，满足于把战车当作步兵的支援武器来使用。所以，在1940年5月，英法联军虽然装备了4000余辆装甲车，在数量上超过了德军，质量上也不次于德军，但并没有进一步研究装甲车潜在的威力而正确地发挥它的作用，因而仍然把大多数装甲车编在一般的陆军建制之内，让它们听命于步兵师指挥员，没能形成集中的快速突击力量。

相反，德国人却从第一次世界大战失败的教训中，认识了坦克的重要性，并且组建了装甲部队，引进戴高乐和富勒等人的"机械化战争"理论，确立了"闪击战"这种能够充分发挥坦克机械化部队特点的全新作战样式，使他们的装甲部队，像当年成吉思汗的骑兵一样不可阻挡，势如破竹地闯入了法国领土，闪电般到达了大西洋海岸。

人类进入21世纪，科技创新加速，武器装备的信息化水平不断跃升，信息化战争形态日趋成熟。要决胜未来战争，既要充分认识信息化武器装备的重要地位，大力提升武器装备的信息化程度，又要加快信息化作战理论创新，防止陷入"唯武器论"的泥潭。

## 三十二、三阵第三十二

**【原文】**

武王问太公曰："凡用兵为天陈①、地陈、人陈，奈何？"

太公曰："日月星辰斗杓②，一左一右，一向一背，此谓天陈。丘陵水泉，亦有前后左右之利，此谓地陈。用车用马，用文用武，此谓人陈。"

武王曰："善哉！"

**【注释】**

①陈：通"阵"。
②斗杓：北斗星。

**【译文】**

武王问太公："用兵布阵时设的天阵、地阵、人阵，该怎样理解？"

太公回答："天上有日月星辰，按北斗可辨明方向。按它们的前后左右运转情况及相互关系，可确定阵法的左右向背，这就是天阵。依据地上丘陵的高低走向，以及水泉的深浅远近，可确定阵法的前后左右布设,这就是地阵。使用战车,还是使用骑兵,施展计谋,还是依靠勇力,都要根据人事条件而定,这就是人阵。"

武王说:"讲得好啊!"

**【新解】**

所有作战,事先都要"排兵布阵"。正如岳飞所言:"阵而后战,兵法之常。""阵",即阵形,作战队形。但是,本篇《三阵》所讲的并不是具体的阵形、阵法,而是讲谋兵布阵必须考虑天象、地形和敌我形势等三大因素。其中心意思是,要善于根据"天""地"和"人"等三大因素,发挥主观能动性,灵活用兵制胜。正如孙子所言:"知彼知己,胜乃不殆;知天知地,胜乃可全。"

**(一)顺天时,灵活列阵**

所谓"天阵",就是依据日月星辰的明暗、隐显及北斗星星柄的转换与春夏秋冬四季的关系,布列战阵。姜太公的本意是告诫指挥员在进行作战部署时要高度重视和顺应气象条件。

气象在军事上有着极其重要的地位。气象条件利用得如何,对作战行动和指挥往往产生重大影响,甚至决定战争成败。历史上最大规模的诺曼底登陆战役中,准确完整的气象保障是盟军顺利登陆的最重要因素之一。1944年初,为了选择登陆的具体日期,英美统帅部迅速建立了专门的气象组织,由美国空军天气中心、英国空军天气中心和英国海军天气中心组成。这些中心由闭合电路交换机联结起来,并由三个单位共同派人,组成预报的核心班子。此外,他们还组织了一个联合委员会,由三个预报中心的代表和艾森豪威尔的参谋部首席气象军官、海军总司令参谋部的气象军官和盟军远征军司令部的军官组成。1944年4月底以后,由于登陆作战的日期将临,在三军总司令的作战会议上,天气总是他们讨论的重要题目之一。到了临战前夕,艾森豪威尔和他最重要的几个助手亲自听取了天气预报讨论会。艾森豪威尔事后追述,在D日(登陆开始日)以前,他们面对的最大问题是天气。

如今,随着武器装备的信息化和机械化程度越来越高,人类已经克服了部分气象条件的负面影响,甚至能够化气象条件的"弊"为"利",如拥有先进夜视器材的一方恰恰能够克服夜暗对作战的不利影响,占尽"夜战"的先机之利。然而,复杂的气象系统是人类生存的基本条件,人类无法完全超越它,只能顺应它,在军事领域更是如此。

**(二)依地形,巧妙布势**

所谓"地阵",是依据所处山岭、水泽的位置和险易所布列的战阵,它直接受各种地形条件的制约。其意思是说,作战部署要依照地形条件进行。本文没有谈如何利用地形,而是强调地形对兵力部署的重要作用,对于作战指挥有提示意义。

孙子说:"地形者,兵之助也。"地形,是敌我双方陆上作战活动的舞台,对作战的影响很大。所以,指挥员只有善于察地之"形",并懂得对地形条件的利用,才能把握获胜的机会。凡是成功的作战指挥都必须依照地形条件行事。1937年著名的平型关大捷中,八路军115师之所以能够击毙日军1000余人,取得八路军出师华北抗日战场后的首战大捷,赢得全面抗战爆发以来中国军队的第一个大胜利,关键在于八路军充分利用了平型关地区的特殊地形,打了个漂亮的伏击战。

平型关古称瓶形寨,周围地形如瓶,在山西繁峙县东北与灵丘县相交界的平型岭下，雁门关之东。平型关北的恒山高峙如屏，关南矗立五台山，两山都是陡峻的断块山，海拔在1500米以上，是晋北的交通障碍。两山之间是一条不太宽的地堑式低地，是河北北部平原与山西之间的最便捷通道。平型岭位于这条带状低地中隆起的部分，形势险要。这样一种瓶形（或称"袋状"）地形，最适于在两头部署重兵，待敌进入伏击圈，再扎紧口子，来个瓮中捉鳖。由此可见，不同的地形条件下，应该采取相应的作战部署。

其实，生活中许多领域都有"顺天时""依地利""知敌情"的问题。诸如选什么市场、找什么项目，都必须根据经济发展大势、具体市场状况和竞争对手实力而定，而不能单凭主观想象盲目决策。

### （三）知敌情，活用战法

所谓"人阵"，是指依据敌人兵力大小及配置，武器装备的数量与优劣，以及部队战斗素质的好坏等情况布列的阵势。姜太公的本意是，要把敌人研究透，因敌用兵，与孙子"因敌制胜"的思想如出一辙。毛泽东胜敌无定法，善于因敌而变，在三大战役决战中充分展现了他的军事才能。

辽沈战役中，针对卫立煌集团的孤立情况，毛泽东确立"兜住敌人，封闭东北蒋军，各个歼灭"的方针。战役一开始，毛泽东就指示东北野战军主力控制北宁线，首先攻克锦州，封闭东北敌人撤向关内的陆上通路，造成"关门打狗"之势。淮海战役中，根据黄百韬兵团孤立突出、便于歼灭的情况，毛泽东及时指示中原野战军占据宿县，割断徐州敌军战略集团与蚌埠、南京的联系，为我军以后歼敌创造极为有利的条件。平津战役中，针对傅作义集团走留不定的顾虑，毛泽东确立了抑留敌人于华北地区就地歼灭、不使敌人南逃与西窜的方针。在东面"首先包围天津、塘沽、芦台、唐山诸点",在西面要扣住新保安,通过卡住两头,切断了平津地区几十万敌军东逃西窜的道路,使敌人收不拢、逃不脱。

值得注意的是,毛泽东活用战法的重要前提是深刻把握敌情变化。这也是姜太公布列"人阵"的基础。相反,不知敌情,死搬兵法,势必弄巧成拙。例如,项羽在巨鹿之战中破釜沉舟,一战成名;韩信在井陉之战中,背水列阵,以少胜多。两者异曲同工,皆得于对敌情的准确把握。而马谡无视"敌情"迥异,死搬项羽和韩信的兵法,放弃关键地形,依山背水列阵,反而自乱阵脚,丢失街亭。总之,用兵必因敌情。《吕氏春秋》说:"凡兵,贵其因也。因也者,因敌之险以为己固,因敌之谋以为己事,能审因而加,胜则不可穷矣,胜不可穷之谓神。"将帅决策绝不可固守一法,泥古不化,而是要根据战场上敌情的变化,调整与变换自己的战略与策略,采取正确的作战部署。

## 三十三、疾战第三十三

### 【原文】

武王问太公曰:"敌人围我,断我前后,绝我粮道,为之奈何?"

太公曰:"此天下之困兵也。暴①用之则胜,徐用之则败。如此者,为四武冲陈②,以武车③骁骑惊乱其军而疾击之,可以横行④。"

武王曰:"若已出围地,欲因以为胜,为之奈何?"

太公曰："左军疾左，右军疾右，无与敌人争道，中军迭前迭后⑤。敌人虽众，其将可走。"

**【注释】**

①暴：迅速。
②四武冲陈：用武冲大扶胥战车防卫四侧的阵势。
③武车：指各种兵车。
④横行：比喻所向无阻。
⑤迭前迭后：在左右军之前或之后更替位置。

**【译文】**

武王问太公："如果敌人包围我军，堵断我军前后的通路，切断我军的粮道，该怎么办？"

太公回答："这是处境极端困难的军队。如果能够鼓足勇气、急速行动，就能取得胜利；如果行动迟缓、决心不强，就会失败。在这种情况下，要把军队布成四武冲阵，即把武冲大扶胥布置在部队的四侧，捍卫核心，再用各种车兵和勇猛的骑兵组成冲击集群袭扰敌军部署，然后乘机快速攻击敌阵，这样就能所向无阻，突破包围。"

武王又问："如果已经冲出敌人的包围圈，想要趁势战胜敌人，应当怎么办？"

太公回答："应以我的左翼部队迅速从左侧攻击，右翼部队从右侧快速发起攻击，不和敌人争夺道路；中路主力轮番在左、右翼部队的前面和后面向敌人攻击。这样，敌人即使再多，也能被击败，迫使其主将逃跑。"

**【新解】**

随着战争实践的不断深入，各种战术指导原则和方法不断被应用，并被兵学家们以理论的形式固定下来。本篇《疾战》讲的是突围战斗的原则和方法。突围战斗是在四面受敌威胁、情况极为紧迫、准备时间短促、组织指挥困难复杂的情况下进行的。古代战场上，战斗行动的空间较小，大多数都是肉眼可视、耳朵可听的范围之内，客观上没有多少施计用谋、迷惑敌人的条件。"狭路相逢勇者胜"，强攻是突围战斗的主要方式。所以，姜太公认为，要坚持"暴用"的战术原则，既要斗勇又要斗力。

**（一）果断决策，勇者无敌**

要贯彻"暴用"的原则，必须有"破釜沉舟""背水一战"的勇气。这是处在被战术包围的情况下必须具备的精神力量，也是在绝境中求得生存之根本。心理学家曾经做过这样一个有趣的实验：把 100 名志愿者分成两个组，一个是实验组，另一个是对照组。两个组的人数都是 50 人，而且互相之间素不相识。分别给两个组下达同样的任务——把杂乱的图形拼成一幅规定的图案。这是需要多人协作并且难度较大的一项活动。所不同的是，实验组被告知，如果不能很好地完成这项活动，那么，连接在他们手腕上的电线可能出现电击，电压虽不高，但是令人相当难受。如果完成得好，每个人可得到丰厚的物质奖赏。对照组只被告知，如果完成得好，会得到很好的物质报酬。结果怎么样呢？实验组在整个实验中虽然一直处于紧张状态和危险的气氛中，但是与没有这种紧张和危机感的对照组相比，他们完成这项任务的效率是后者的三倍。无数事实表明，勇气的力量往往是惊人的，人的潜能往往靠勇气能够迅速激发出来。

因此，在大多数时候，成功者与平庸者的区别，首先不在于才能的高低，而在于有没有勇气。有足够勇气的人可以过关斩将，勇往直前，平庸者则只能畏首畏尾，知难而退。庄子曾说过这样的话：勇敢的渔夫可以在水中行走不躲避凶猛的蛟龙；勇敢的猎人可以在陆地上行走不躲避凶猛的犀牛和老虎；明晃晃的尖刀架在脖子上，而视死如归的，一定是刚烈之士；明白失意在于命运，得意在于时运，大难当前而无所畏惧的，是圣人的勇敢。所以，《疾战》所言之"暴"，首先是"毕其功于一役""置之死地而后生"的勇武。这是突围战斗的首要条件。

**（二）攻防结合，攻势破竹**

贯彻"暴用"原则，还必须在战术上善于"斗力"。姜太公设想了"攻防结合"的作战战法。作战部署上，以战斗力强的"四武冲阵"防卫本队，保持力量部署的稳定性，同时以"武车骁骑"为突击力量，"惊乱其军而疾击之"，打开突破口；突破方法上，"左军疾左，右军疾右""中军迭前迭后"，由内向外卷击，快速突围。其精神实质，就是使用力量要精锐，发动突然猛烈的攻势行动，快速突围。只有组织较强的突击力量，才可能撕开敌人合围的"口子"；只有果断决策、快速行动，才可能迅速抓住战机，在敌人尚未形成紧密合围时，打破敌人的包围。战史表明，"攻防结合"是突围的有效战斗方法。我军历史上多有成功突围的战例，重要原因不仅因为我军是一支英勇顽强的正义之师，具有压倒一切敌人的战斗勇气，关键在于我军指挥员能够灵活运用"攻防结合"的突围战术，果断地打破敌人的包围。

信息化条件下，突围战斗的时空环境、战斗手段与机械化时代相比发生了许多变化。但是，万变不离其宗，姜太公提出的"暴用"原则仍具有普遍的适用价值。

## 三十四、必出第三十四

### 【原文】

武王问太公曰："引兵深入诸侯之地，敌人四合而围我，断我归道，绝我粮食。敌人既众，粮食甚多，险阻又固。我欲必出，为之奈何？"

太公曰："必出之道，器械为宝，勇斗为首。审知敌人空虚之地，无人之处，可以必出。将士持玄旗①，操器械，设衔枚②夜出。勇力、飞足、冒将之士居前，平垒③为军开道，材士强弩为伏兵居后，弱卒车骑居中。陈毕徐引，慎无惊骇。以武冲扶胥前后拒守，武翼大橹以备左右。敌人若惊，勇力、冒将之士④疾击而前。弱卒车骑以属其后，材士强弩隐伏而处。审候⑤敌人追我，伏兵疾击其后，多其火鼓⑥，若从地出，若从天下。三军勇斗，莫我能御。"

武王曰："前有大水、广堑、深坑，我欲逾渡，无舟楫之备。敌人屯垒⑦，限⑧我军前，塞我归道，斥候⑨常戒，险塞尽守，车骑要我（军）[前]，勇士击我后，为之奈何？"

太公曰："大水、广堑、深坑，敌人所不守。或能守之，其卒必寡。若此者，以飞江转关与天潢以济吾军。勇力材士，从我所指，冲敌绝陈，皆致其死。先燔⑩吾辎重，烧吾粮食，明告吏士：勇斗则生，不勇则死。已出，令我踵军⑪设云火远候，必依草木、丘墓、险阻。敌人车骑，必不敢远追长驱。用以火为记，先出者，令至火而止，为四武冲陈。如此，则三军皆精锐勇斗，莫我能止。"

武王曰："善哉！"

**【注释】**

①玄旗：黑旗。

②枚：一种形如筷子的竹木条。

③平垒：平毁营前壁垒，便于大军迅速撤离。

④勇力：勇猛之士。冒将之士：敢于冒险冲击敌将之士。

⑤审候：侦察，伺机。

⑥火鼓：夜战时用的火把和战鼓。

⑦屯垒：驻守的营垒。

⑧限：阻挡，隔绝。

⑨斥候：哨兵，也指侦察敌情的人。

⑩燔：烧。

⑪踵军：随先头部队或主力部队之后跟进的部队。

**【译文】**

武王问太公："率领军队深入敌国境内，敌人从四面合围我军，断绝了我军的归路，截断我军的粮道。敌人数量又多，粮食又足，而且凭借险要地形构筑了坚固的阵地。在这种情况下，我军要成功突围，该怎么办？"

太公回答："成功突围的办法是，备好必需的器械是关键，而敢于勇猛战斗又是最重要的。能够仔细地侦察到敌军包围圈的空虚之地和无人防守之处，那就可以从中突围而出。突围时全军将士手持黑旗，拿好器械，口中衔枚，乘夜暗采取行动。选择勇猛强壮、敏捷善跑、敢于冒险的将士在前面扫清障碍，为大部队开路；选择善用强弩的精兵用作伏兵殿后；将老弱士卒和车兵、骑兵配置在中间开进。部队列阵完毕后要沉着应对，小心谨慎，不要惊慌。以武冲大扶胥战车配置在部队的前后，作为拒守的屏障，又将武翼大橹战车配置在部队的两翼。敌军如果被惊动了，指挥勇猛强壮、敢于冒险的先头部队迅速在前面发起攻击，老弱士卒和车兵、骑兵紧跟其后，配备强弩的精兵隐蔽埋伏起来。经过仔细观察，如果敌军前来追击我军，伏兵就迅速从后面袭击敌方追兵，多拿火把，猛击战鼓，给敌造成人数众多的假象，好像从地下冒出的，从天上降下的。这时全军奋力战斗，谁也不能抵抗这种攻势。"

武王又问："当部队突围时遇到前面有大河、宽堑、深坑，我想渡过，却没有准备好船只。敌人驻守的营垒挡在前面，堵塞我军归路。敌军设置观察和警戒哨经常戒备，把守住全部险要地形。敌军用车兵和骑兵拦截我军，又派勇士袭击我后部。在这些情况下，该怎么办？"

太公回答："大河、宽堑、深坑，一般是敌人不注意防守的。即使设防，兵力也不会多。这样，可用飞江、转关和天潢把部队渡过去。指挥勇猛强壮的战士，冲锋陷阵，殊死战斗。主力部队开进时，先烧掉不便携带的装备，烧毁粮草，向将士明确宣告：情况危急，奋勇战斗才有生路，否则必死无疑。部队突围之后，令在先头部队之后跟进的部队设置大火堆，并派人从远处侦察敌人动静，后续跟进部队必须依靠草丛、树林、坟墓和险要地形进行隐蔽配置。这样，敌人的车兵和骑兵就不敢长驱远追。接着以火堆为标志，后续突围的部队见火则停下，集结成用武冲大扶胥战车防卫四侧的阵势。这样,只要我全军将士都精锐勇斗,敌人就没法阻止我们突围。"

武王说:"讲得太好了!"

**【新解】**

与《疾战》不同,本篇《必出》讲的是大部队深入敌方境内实施的突围行动,实质上是处于战略进攻的一方在没有后方依托或后方支援有限的情况下作战。虽然这种作战的行动性质是主动的,但毕竟是深入敌方控制地区,仍受不少因素制约。一是战线长,不利于灵活、迅速地做出反应。由于在敌方的领地作战,对地形、社情不熟悉,回旋余地不大,不利于作战指挥;二是后备供应线长、点多,费时费力,保障难度大。一旦补给被掐断,则造成孤军深入的局面,成为敌人瓮中之鳖。所以,姜太公要求这种突围作战不仅要突出"勇斗",还要强调谋略。

**(一)突出重围,勇斗为首**

突围作战,不是军事上常用的,只能是在迫不得已时,为了摆脱绝境而采用的一种作战样式。通常情况下,陷入重围的一方很难取得胜利,能够全身而退的极少。《必出》设置的情况是,后勤供给线被截断,地形不利,四面被合围,态势孤立。这种情况下,姜太公强调"器械为宝",即在备好武器装备的前提下"勇斗为首",要求"明告吏士,勇斗则生,不勇则死"。这一点与《疾战》的要求相近,也是陷入重围、孤军作战的基本方法。

17世纪初,我国东北的女真人在其杰出领袖努尔哈赤的领导下日益兴起,于万历四十四年(1616年)建立了后金地方割据政权,成为与明朝中央政府相对抗的强大势力。自万历四十八年起,直到天启六年(1626年)宁远(今辽宁省兴城市)大战之前,后金一直势如破竹,连续赢得清抚、萨尔浒、开铁、辽沈、广宁等大战,明朝廷上下除袁崇焕等少数人外,一片悲观情绪,明军更是犹如惊弓之鸟,不战而退。此时,关外仅宁远一个孤立的军事据点支撑大明王朝的战略安全,形势异常紧张,城内的官员和商人纷纷逃离,宁远守军和居民总共不过2万人。在强敌压境的情况下,袁崇焕仍然镇定自若,集合全体将士,刺血为书,激励士气,与城内居民一同誓死守城。最终,袁崇焕取得了宁远之战的胜利,努尔哈赤失败而归。宁远之战,从根本上说,是努尔哈赤败在袁崇焕压倒一切的"英勇之气"之下。

**(二)乘敌之虚,谋略为要**

由于深入敌方境内作战,《必出》的突围与《疾战》不一样,更具有战略、战役性质,因此,突围不仅要求指挥员"知彼",将敌人空虚之地预先侦察好,选好突破口,还要善于施计用谋,调动敌人,并乘敌之隙突围。但是不管怎么说,突围作战非常艰难,对指挥员的指挥能力要求很高。解放战争的"中原突围"战役中,因指挥员灵活运用战略战术,声东击西,调动敌人,我方部队以较小的损失突围成功,堪称战争史上绝无仅有的突围经典。

早在抗日战争时期,共产党军队活动于中原地区,有力地消耗和牵制了日军。抗战胜利后,蒋介石视共产党为心腹大患,必欲除之而后快,遂调集重兵从四面包围共产党军队,并不断进行蚕食和进攻,造成中原解放区军民极度困难的局面。至1946年初,中原解放区已经被国民党军包围压缩到鄂豫两省交界处的狭小地域，给养极为困难，且国民党军不顾停战协议，以优势兵力步步进逼，在周围部署了30余万兵力，而解放军中原军区只有3万人马。蒋介石认为，中原解放区的共产党军队如此弱小，完全是一只煮熟的鸭子，国民党军的胜算最大，应能达成首战一举胜利的目的。

面对国民党军队的步步紧逼，解放军决定，主力分南北两路向西突围，少数部队向东佯动，掩护主力部队。6月26日清晨，国民党军开始进攻。当晚，中原军区主力开始向西突围，军区党委命令一纵一旅担任掩护任务。中原军区一纵一旅旅长皮定均命令部队白天大张旗鼓地向东开进，而晚上秘密地向西进军。就这样由东向西地来回转，造成了我军主力大量向东集结突围的声势，诱使国民党军迅速将主力往东调动。中原军区主力部队趁此机会，分左右两路向西突围而去，彻底打破了国民党军的围追堵截。

此役，中原军区主力不仅成功突围，一纵一旅也在完成牵制任务后，从几十倍于己的敌人的包围圈中全身而退。如此辉煌战绩，恐怕连姜太公也要惊叹中国人民解放军指挥员的谋略水平之高了！

## 三十五、军略第三十五

### 【原文】

武王问太公曰："引兵深入诸侯之地，遇深溪大谷险阻之水。吾三军未得毕济，而天暴雨，流水大至，后不得属<sup>①</sup>于前，无有舟梁之备，又无水草之资。吾欲毕济，使三军不稽留，为之奈何？"

太公曰："凡帅师将众，虑不先设，器械不备，教不素信②，士卒不习，若此不可以为王者之兵也。凡三军有大事，莫不习用器械。攻城围邑，则有轒辒③、临冲④。视城中，则有云梯、飞楼⑤。三军行止，则有武冲、大橹前后拒守。绝道遮街，则有材士强弩卫其两旁。设营垒，则有天罗、武落、行马、蒺藜。昼则登云梯远望，立五色旗旌，夜则云火万炬，击雷鼓⑥，振鼙铎⑦，吹鸣笳⑧。越沟堑，则有飞桥、转关辘轳、鉏铻。济大水，则有天潢、飞江⑨。逆波上流，则有浮海、绝江⑩。三军用备，主将何忧。"

**【注释】**

①属：连接。

②信：真，此指实战。

③轒辒：攻城用的一种战车，下有四轮，上蒙生牛皮以抵御矢石，用人力推进。

④临冲：临是指攻城用的临车，车身较高，可以从上临下；冲是指攻城用的冲车，用以撞击城门、城墙。

⑤飞楼：一种攻城器械。在车上设高竿，竿上部架屋，人居其中可以窥视城中动静。

⑥雷鼓：一种八面蒙革的大鼓。

⑦铎：一种形似大铃的响器。

⑧鸣笳：一种管乐器。

⑨天潢、飞江：类似于浮桥的器械。

⑩浮海、绝江：可能是舟筏之类的用于渡水的器械，其详不明。

## 【译文】

武王问太公:"率领军队深入敌国境内,遇到深溪和大山谷中势险水急的河流。我军部队还没全部渡过,而天突然下起大雨,洪峰到来,后面的部队跟不上前面的部队,没有船只、桥梁设备,又没有堵水的草捆。我想使全军都渡过去而不作拖延停留,该怎么办?"

太公回答:"凡是统帅军队,率领部队,如果事先不拟定好计划,不备齐器械,平素不严格按实战要求训练士兵,以致士兵不能熟练地掌握战斗技能,这样,是不能成为统一天下的王者之师的。凡是军队有作战任务的,无不事先使士兵熟练掌握使用兵器具械的技巧。围攻敌人的城邑,则有轒辒车、临车和冲车可用;观察城中的情况,则有云梯、飞楼可用;军队开进、休息,则有武冲、大橹在前后拒守,以防意外;大部队密集行进经过街道大路,则有持强弩的勇猛武士在两侧护卫;设置营垒,则用天罗、武落、行马、蒺藜等防御设备;白天登云梯瞭望,营中按方位竖起青、红、白、黑、黄五色旌旗;夜间则设置许多大火把,不时击雷鼓,敲鼙铎,吹鸣笳,以加强警戒;越过深壕大沟,则有飞桥、转关辘轳和钼铻等器械;横渡大河,则有天潢、飞江等器械;逆流而上,则有浮海、绝江等器械。军队所需的以上器械如果装备齐全,主将还有什么可担忧的。"

## 【新解】

一般而言,深入敌方控制地区作战,是在无后方或后方支援有限的条件下作战,难度很大,不可预知的困难很多。在敌方控制地区,如果部队突然遭遇深溪、大谷、急流等不利地形隔阻，又不幸遇上暴雨天，洪水大至，战斗队形因此被切割，再加上缺乏必备的工程装备，后果不堪设想。针对这种非常棘手的情况，本篇《军略》并未直接回答如何处置，而是提出应对这种情况的前提条件并展开论述，即"凡帅师将众，虑不先设，器械不备，教不素信，士卒不习，若此不可以为王者之兵也"。

**（一）设虑在先，谋定后战**

"凡事预则立，不预则废"。未战先谋，谋定而后动，是姜太公在本篇提出的第一个作战原则，也是姜太公慎战和谋战的重要思想。主要包含两层意思：一是要"知彼知己"，不打无把握之仗。将帅必须在战前深入了解敌我双方的政治、兵力、经济等方面情况，周密分析敌对双方的各种条件，比较敌对双方的优劣长短，预知战争的胜负，从而决定打还是不打，绝对不能草率从事，匆忙拍板，盲目决策，进行毫无把握的战争冒险，希求侥幸的胜利；二是要谋"战胜之法"，不打无准备之仗。在"知彼知己"的基础上，将帅要准确地分析作战中可能遇到什么阻力，可能出现哪些困难，可能发生何种意外，在周密的思虑后，拿出一种最佳方案，准备多份预案，绝不抱侥幸心理，力求在战争打响之前就预先做好准备；姜太公反对凭血气之勇，猛冲蛮撞。这是历代兵家之共识。

正如明代杰出军事家戚继光所说："夫大战之道有三：有算定战，有舍命战，有糊涂战。"他所谓"算定战"就是"谋定而后战"，是指在作战之前，预计主客观条件，有一定的胜利把握，做好充分准备，然后投入战斗，属于"胜兵"之列。至于"舍命战""糊涂战"，就只能是凭血气之勇，先战而后求胜的"败兵"之列。因此"诸葛一生唯谨慎"，讲的就是战前精细谋划。

### （二）器械足备，胜敌之基

"器械足备，胜敌之基"是姜太公强调的第二个前提。他认为，事先要备足武器装备和作战物资。如为攻城，备"轒辒""临车""冲车"；为越沟堑济大水，备"飞桥""飞江""天潢"，等等。其思想实质与孔子"工欲善其事，必先利其器"的思想异曲同工。众所周知，战争是智力的较量，也是武器装备水平的较量。其中，武器装备是战争的物质基础。从一定意义上说，没有武器，便没有战争，更无战争的胜负可言；武器的先进与落后，直接影响战争胜负的进程和结局。正如恩格斯所说：手枪战胜利剑，较完善的武器战胜较不完善的武器，这是即使最幼稚的公理论者也应当明了的道理。刘邦得天下之后，对文武百官的论功行赏很能说明问题。

楚汉两争，金戈铁马，历时七年，功臣如云，那么，头功该给谁呢？刘邦没有把头功评给运筹帷幄、决胜千里的张良，也没有评给将兵百万、屡战皆捷的韩信，而是评给了"后勤部长"萧何。众将一时惊诧不已。这功评得是否公道？刘邦和项羽交兵，大战70次，小战40次，曾屡屡战败，身负重伤12次，但由于萧何镇守战略后方关中，循循有序调治有方，不断输送兵卒粮草，使汉军"兵盛、食多"，虽屡败而力不竭；与此相反，楚霸王项羽虽然"力拔山兮气盖世"，但他不重视"后勤"建设，战场的补给遇到极大困难，陷入"少助、食尽"的境地；最后，垓下一战，刘邦终于大获全胜。能使刘邦支撑到最后胜利，萧何用力盖莫大焉，头功当然非他莫属！

西方"军事天才"拿破仑的成败功过，同样与"后勤"建设息息相关。拿破仑在军事生涯的早期，非常重视"后勤"建设，以至于他能在很短的时间内横扫整个欧洲。后来，也正是由于他忽视"后勤"建设，在军队给养装备不足的情况下东征西讨，打输了几场关键性的战役，为他最终的失败埋下了种子。

**（三）士卒先教，战胜之本**

姜太公提出的第三个条件是部队必须训练有素，该条件是成就"王者之兵"的根本。通常，战斗力由人、武器、人与武器的结合三部分组成。如前所述，武器装备固然极其重要，是战胜的物质基础，但战争胜负的决定性因素还是人，是能发挥主体性作用的人。人的主体性作用不是天然的，而是通过教育训练培养出来的。未经训练的人只是乌合之众，毫无战斗力，打起仗来就等于白白送死。正如《司马法》云："士不先教，不可用也"。同样，大军事家吴起也十分重视教育训练问题，认为"夫人常死其所不能，败其所不便。故用兵之法，教戒为先"。他率先提出了兵强在治，以治为胜；兵治在教，教戒为先等观点，并以此为指导，先后在鲁国、魏国、楚国教戒士兵，并带出一支支能征善战的军队，用于战场无往而不胜。

## 三十六、临境第三十六

**【原文】**

武王问太公曰："吾与敌人临境相拒①，彼可以来，我可以往，陈皆坚固，莫敢先举②。我欲往而袭之，彼亦可来，为之奈何？"

太公曰："兵分三处。令我前军，深沟增垒而无出，列旌旗，击鼙鼓，完为守备。令我后军，多积粮食，无使敌人知我意。发我锐士，潜袭其中，击其不意，攻其无备。敌人不知我情，则止不来矣。"

武王曰："敌人知我之情，通我之谋，动则得我事。其锐士伏于深草，要我隘路，击我便处，为之奈何？"

太公曰："令我前军，日出挑战，以劳其意。令我老弱，曳柴扬尘，鼓呼而往来，或出其左，或出其右，去敌无过百步，其将必劳，其卒必骇。如此，则敌人不敢来。吾往者不止，或袭其内，或击其外，三军疾战，敌人必败。"

**【注释】**

①拒：此处指两军对峙。
②举：发动进攻。

**【译文】**

武王问太公："我军与敌人在边境线上对峙，敌人可以攻过来，我军也可以打过去，双方的阵势都很坚固，谁也不敢贸然首先发起进攻。我军打算前去袭击敌军，但敌人也会来袭击我军，这该怎么办？"

太公回答："这种情况下，可以把部队编组为三个部分：令我前军深挖堑壕，增高壁垒，坚守不出，在阵地上多摆列旗帜，敲击军鼓，严密戒备；令我后军多积蓄粮食，不让敌人得知我军意图；派遣由勇猛精干的战士所组成的突击队，深入敌军内部进行偷袭，出其不意，攻其不备。敌人不了解我军的情况，就会按兵不动，不敢前来进攻。"

武王又问："如果敌人已经得知我军情况，了解我军的谋划，我军一有动静，敌人就能得到情报，并事先将精锐部队埋伏在深草丛中，或重要隘路上拦截我军，或在他们有利的地方攻击我军。在这种情况下，我军该怎么办？"

太公回答："遇到这种情况，可以令我前军每天出去向敌军挑战，以消磨敌军的战斗意志；令我军的老弱人员拖着柴把，扬起很多尘土，打鼓喧嚷，来回奔走；有时出现在敌人的左侧，有时出现在敌人的右侧，距离敌人不要超过一百步，使敌人的将领因之疲劳不堪，士卒因之惊骇不定。这样，敌人就不敢来攻。我军却不断地向敌冲击，或袭击敌内部，或攻击其外部，全军勇猛奋战，敌人必定失败。"

【新解】

一般来说，两军在边境的对峙状态，实际上就是"顶牛"之势。其基本态势不外乎两种：要么双方都准备充分，防守坚固，一时谁也找不到下手的机会；要么受地形、天气等客观因素的影响，双方都无力进攻，暂时处于均势状态。无论哪种情况，都不宜实施正面强行进攻，谁强攻谁吃亏。基于此，本篇《临境》针对两军"临境相拒"的状态，提出要创造性地运用谋略，在积极等待中发现战机，或创造战机，调动敌人，战而胜之。

**（一）击其不意，攻其无备**

两军对峙状态下，如果能敏锐地察觉敌方部署的破绽，然后调遣精锐力量袭击其薄弱之处，往往能够迅速打破平衡，瓦解敌方体系，这就是姜太公首推的"击其不意，攻其无备"谋略。东汉末年的官渡之战，曹操就是凭此谋略打败袁绍，赢得战略主动。

官渡，位于许都（今河南省许昌市）之北，黄河之南，离许昌不到200里，是从河北进军河南地界的军事要冲之地。公元199年，袁绍战胜公孙瓒坐拥冀、青、幽、并四大州，成为东汉末年实力最强大的诸侯王。6月，袁绍挑选精兵十万企图南下进攻许都，官渡之战的序幕由此拉开。公元200年2月，袁绍进军黎阳，企图同曹操主力进行决战。袁绍首先派遣大将颜良进攻白马，以保障后续大军渡河，而曹操则采取声东击西之计，佯攻袁绍的后方大营，实则亲率大军迅速进攻前往白马的袁军，首败袁军。随后，曹操迁徙白马的百姓沿黄河向西撤退。袁绍率军渡河追击，军至延津南，派大将文丑与刘备继续率兵追击曹军。曹军突然发起攻击，再败袁军。

为了避免不必要的消耗，曹军退至官渡，准备与袁绍展开持久战。虽然曹军占据地理优势，但是袁军拥有兵力优势和后勤优势。不出所料，双方对峙数月后，曹军处境困难，前方兵少粮缺，士卒疲乏，后方也不稳固，几乎失去坚守的信心。恰在这时，袁绍谋士许攸投奔曹操，向曹操献计，建议曹操奇袭乌巢。乌巢是袁绍在黄河以南建立的物资中转站，袁军的粮草会先运到乌巢储存起来，然后送往官渡前线。而黄河以南都在曹军的突袭范围之内，乌巢自然也就成为袁军的命门所在。于是，曹操亲自率领五千精兵，冒用袁军旗号利用夜暗走小路偷袭乌巢，成功烧毁了袁军数千车的军粮。粮草被毁后，袁军军心动摇，士气大减。曹军乘胜追击。最终，曹军打败了袁军，取得了决定性的胜利。

官渡之战，曹操在"临境相拒"的状态，出其不意，奇袭乌巢，"点穴"对方"命门"，以两万左右的兵力，击破袁军十万，展现了非凡的才智和勇气。

### (二)示形动敌,乘敌之虚

如果敌方识破我方"击其不意,攻其无备"谋略,完善防御部署,使我无机可乘的话,就要施计用谋,"劳其意",劳其将,疲其师,惊其众,制造可乘之"虚",然后,乘虚而击之。这就是姜太公提出的第二种制胜谋略,即"示形动敌,乘敌之虚"。当敌方没有虚弱之处时,就要用"诡道",诸如"能而示之不能,用而示之不用,近而示之远,远而示之近""利而诱之""卑而骄之"等方法,声东击西,虚虚实实,诱使敌人改变以前的正确部署,举兵趋害,出现破绽,为我所用。1935年3月17日,中央红军三渡赤水之后,示形动敌,四渡赤水,彻底摆脱被动局面。

中央红军三渡赤水后,蒋介石误认为中央红军又要北渡长江,急忙调整部署,一面急令北面的川军加强长江防堵,固守川南的叙永地区;一面急令其中央军和川黔滇湘军各部一齐兼程向川南压逼我军,企图再次围歼我军于长江南岸的古蔺地区。

中央红军三渡赤水河后,为进一步扰乱国民党军,连施三计出奇兵,成功地迷惑了敌人,堪称神来之笔。第一计,大张旗鼓渡河,主力隐蔽休整待机。三渡赤水河时,中央红军大张旗鼓,行事高调,动静很大,就是要让敌人知道大部队进入了古蔺境内。但是,一进入古蔺,大部队立即静默隐蔽于山林之中,距离赤水河不超过20公里,等待新的命令。几万人的部队突然消失不见,让国民党部队摸不着头脑,于是,国民党军派出飞机进行低空侦察和轰炸。

第二计,明修栈道,小部奔袭镇龙山。为进一步调动敌人,使敌人确信中央红军又欲再次由古蔺、叙永北渡长江,中央红军接着实施连环计,即第二计:奔袭镇龙山。以红一军团第一师第三团伪装主力,大张旗鼓地向古蔺方向行军,快速奔袭镇龙山,攻击驻守镇龙山的川军,随后高调佯攻古蔺城,作出北渡长江的架势,而主力则继续隐蔽待机。

第三计,王诤背上无线电台,随红三团活动,定时发报,迷惑敌人。担任诱敌任务的红三团占领镇龙山后,继续乘胜追击,给敌以大有进攻古蔺之势。而此时,带着电台跟随红三团行军的王诤,则按照周恩来的指示,每两小时发报一次。王诤所带的电台,是被国民党长期追踪的朱毛指挥电台。所以,王诤在这部电台上定时发出电报信息,就让敌人相信,电台移动的方向,就是中央红军主力前进的方向。

由于红军的大部队隐蔽集结在赤水河附近,而蒋介石收到的多方情报均显示红军主力向西行进,中央红军一部向镇龙山西移。所以,蒋介石错误地判断:红军仍将北渡长江。随后,蒋介石将大量兵力调集到古蔺一带"围剿"红军,为中央红军秘密回师东进、四渡赤水创造了有利战机。

## 三十七、动静第三十七

### 【原文】

武王问太公曰:"引兵深入诸侯之地,与敌之军相当①。两军相望,众寡强弱相等,未敢先举。吾欲令敌人将帅恐惧,士卒心伤②,行陈不固,后陈欲走,前陈数顾③。鼓噪而乘之,敌人遂走。为之奈何?"

太公曰:"如此者,发我兵,去寇十里而伏其两旁,车骑百里而越其前后。多其旌旗,益其金鼓。战合,鼓噪而俱起。敌将必恐，其军惊骇，众寡不相救，贵贱④不相待，敌人必败。"

武王曰："敌之地势，不可以伏其两旁，车骑又无以越其前后。敌知我虑，先施其备。我士卒心伤，将帅恐惧，战则不胜，为之奈何？"

太公曰："微哉！王之问也。如此者，先战五日，发我远候，往视其动静。审候其来，设伏以待之，必于死地⑤与敌相遇。远我旌旗，疏我行陈。必奔其前，与敌相当，战合而走，击金而止。三里而还，伏兵乃起，或陷⑥其两旁，或击其前后。三军疾战，敌人必走。"

武王曰："善哉！"

**【注释】**

①相当：相遇，相持。
②心伤：指挫伤士气，丧失斗志。
③数顾：频频回顾，指士卒军心不稳，随时准备逃跑。
④贵贱：此处指官兵。
⑤死地：兵术语，指没有退路、非力战不能求生之地。
⑥陷：进攻。

**【译文】**

周武王问姜太公说："假如领兵深入敌国领土，敌我双方势均力敌。两军对峙，两阵相望，兵力众寡强弱相等，谁都不敢率先发起攻击，我想令敌人将帅恐惧，士卒士气低落，行阵不固定，后阵士卒想撤、前阵士卒回头望，然后我击鼓呐喊，乘势攻击，敌人就能退走，该怎么办？"

姜太公回答说："遇到这种情形，就应派一支步兵，埋伏在距离敌人十里的道路两侧。派车骑绕百里迂回到敌人后面，多设旌旗，多备金鼓。交战后，击鼓呐喊同时发动进攻，敌将必定害怕。其军队惊恐害怕，大小部队不能相互救援，将士之间不能相互关照，敌人必定失败。"

武王说："敌方的地势不利于我在其两旁设伏，车骑又不能迂回到敌人后面，敌人觉察到我的意图，事先做好了准备，我方士卒士气低落，将帅心怀恐惧，与敌作战也不能取胜，这下我该怎么办？"

太公说："您问的这个问题真是微妙啊！这种情况，应在战斗前五天，向远方派遣侦察哨，去观察敌人动静，谨慎等候敌人的到来，设置埋伏等待时机。设伏选在于敌不利的地形，和敌人遭遇，使我先头部队疏散旌旗，拉开行阵，以一部兵力向敌前进，与敌人正面交兵，则一交战即行撤退，不断鸣金，后退三里，又回过头反击，伏兵乘机而起，或击溃敌军两侧，或袭击敌军前后，全军奋力作战，敌人必定失败而逃。"

武王说："您讲得真是太好了！"

## 【新解】

本篇《动静》篇分析了野战条件下，如何在两军相对、兵力相当的情况下战胜敌人的战法。"动""静"分别是指"迂回"和"伏击"两种基本作战方法；"动静"就是指翼侧迂回与预先设伏相结合。姜太公针对"两军相望"时可能出现的两种基本态势，提出了两种"动""静"结合，战胜敌人的战法。这些战法具有普遍的战术指导意义。

### （一）迂回攻击，乱而取之

第一种态势是，"两军相望，众寡强弱相等，未敢先举"。

姜太公提出的作战方法是，以"动"为主，以"静"为辅。即先"伏其两旁"，然后"车骑百里而越其前后"，对敌实施翼侧迂回攻击，打乱敌作战部署。所以，这种态势下，主要是运用迂回攻击的方法。

迂回是绕向敌人后方进攻，目的是断敌退路，阻敌增援，协同正面攻击和翼侧包围的部队歼灭敌人。孙子曾提出"以迂为直"的思想。迂者，弯曲也；直者，近直也。从数学法则看，弯的线路较远，直的线路较近；若从军事取胜看则不然，迂者不一定为远，直者不一定为近。因为路远敌虚，易于进军，故似远实近；路近敌实，难于攻取，故似近实远。在战略上，英国军事理论家利德尔·哈特认为，最漫长的迂回道路，常常又是达到目的的最短途径。迂回战法，实际上是"避实击虚"在兵力运动上的具体运用。在抗美援朝战争第二次战役中，中国人民志愿军第38军113师三所里战斗就是迂回攻击成功的典型。

战前态势类同于本篇的"两军相望"。美军的西线部队进至嘉山、龙山洞至德川、宁远一线，东线部队进至长津湖地区。其进攻正面已经由最初的80公里扩大到300公里，各师之间出现了明显的空隙，纵深兵力薄弱，整个布势呈兵力分散、侧翼暴露、后方空虚的状态。见此有利战机，志愿军总部命令第50军、第66军、第39军从正面攻击美军，打开战役缺口；同时令第38军、第42军迅速向敌后迂回。

1950年11月27日18时，中国人民志愿军第38军113师奉命由德川向西南三所里迂回，堵击由军隅里、价川南逃的美军。该师沿小路行进，14小时前进了72.5千米，及时抢占了三所里，切断了美第9军的南逃退路。28日夜，该师1个团又机动地抢占了三所里以西龙源里，切断了美军另一退路。29 日，美第 9 军向南突围，同时美骑兵第 1 师及英军第 29 旅各一部从顺川和平壤向北增援接应。30 日，美军又调用 100 余架飞机和 100 余辆坦克支援，猛攻志愿军 113 师龙源里、三所里阵地，企图打通退路。志愿军 113 师腹背受敌，两面作战，但仍然克服一切困难、顽强阻击，使突围和北援的美军虽相隔不到 1 千米，却可望而不可及，圆满完成了预定作战任务。

此战，第 38 军 113 师实施远距离迂回、穿插的策略，不仅切断了敌人的退路，而且取得了重大战果，共歼敌 3000 余人，缴获汽车 500 余辆，使敌人军心动摇，对第二次战役西线作战的胜利起了重大作用；同时，此战也为第 38 军赢得了"万岁军"的美名，113 师也一举斩获"飞虎师"的美誉。

**（二）审候其来，设伏待之**

第二种态势是，地形条件不利于设伏，且"敌知我虑，先施其备"，无法实施迂回攻击。姜太公提出的作战方法是，以"静"为主，以"动"为辅。即事先侦察敌情，并在有利地形上预设伏击圈；两军交锋时，机动作战部队边打边退，将敌军诱进伏击圈，伏击歼敌。这一战法的核心是"伏击"。

伏击战，即设伏歼敌的战法，是避免与敌正面交锋、以弱胜强的有效途径。一般讲有待伏、诱伏两种。待伏，是指在获得敌人行动时间、兵力和必经道路的情报后，预先把兵力埋伏好，待机伏击敌人。诱伏，是指将主要力量设伏于有利地区，以少数人用各种方法把敌人诱骗到伏击圈内予以歼灭；或佯攻一地，引诱别地的敌人来增援，在路上伏击敌增援部队。《动静》篇讲的就是诱伏。马陵之战，是历史上一次最为经典的诱伏战。

桂陵之战后，魏国经过几年的休整后，逐渐开始恢复对外进攻。公元前341年，魏国再次发兵进攻韩国，韩国向齐国求援。齐威王采用孙膑"深结韩之亲而晚承魏之弊"的主张，与韩结好却不急于发兵。待韩军五战五败，魏军也实力大损时，才于次年以田忌为主将，孙膑为军师，发兵救韩。

齐军重施"围魏救赵"的战法，直驱魏都大梁。魏惠王像上次一样将攻韩的部队召回，以太子申为主将，庞涓为将军，率兵10万迎击齐军。但是，此次形势不同于桂陵之战，魏军是有备而来，气势旺盛。故孙膑决定因势利导，利用魏军求胜心切的弱点，诱敌冒进，再图取胜。齐军前锋与魏军稍一接触，即佯装怯战，掉头东撤。在撤退途中，齐军有意造成军力不断被削弱的假象。第一天架起10万人吃饭的锅灶，第二天架起5万人用的锅灶，第三天则只架起3万人用的锅灶。庞涓与孙膑交手，本来小心翼翼，害怕再次上当，但当看到齐军锅灶日减，以为齐军胆怯，三天中即逃亡了大半，这才壮起胆子，丢下辎重和步兵，只领轻车锐骑日夜兼程猛追，必欲全歼齐军，擒获孙膑。

齐军退至马陵，此地道路狭窄，地势险隘，两旁树木茂盛，是个设伏的好地方。孙膑计算行程，判断魏军将于日落后追至，遂命士卒伐木堵路，并将路边一棵大树剥去树皮，在树干上写了"庞涓死于此树之下"几个大字。并挑选一万名弓弩手埋伏在道路两侧的山上，约定天黑后，见到火光就一齐放箭。日暮时分，庞涓果然率军追到马陵，发现路旁的大树被剥去树皮，上面隐隐约约写有字，就命士卒点起火把来看，待他看清树上字后，这才发现中计，急令部队撤退。但已经晚了，两旁齐军看见火光，万弩齐发，伏兵四起。魏军猝不及防，仓促应战，很快溃败，庞涓中箭，左突右冲无法突出重围，最后愤愧自杀。魏军悉数被歼。

这场战役中，齐军"动""静"结合，以"静"为主，依托有利地形，以弱胜强。其中，边打边退，"三里而还"，诱敌深入，是齐军的辅助性作战行动；预设伏击圈，以逸待劳是最关键的战术动作。

## 三十八、金鼓第三十八

【原文】

武王问太公曰："引兵深入诸侯之地，与敌相当，而天大寒甚暑，日夜霖雨，旬日不止，沟垒悉坏，隘塞不守，斥候懈怠，士卒不戒。敌人夜来，三军无备，上下惑乱，为之奈何？"

太公曰："凡三军，以戒为固，以怠为败。令我垒上，'谁何'①不绝，人执旌旗，外内相望，以号相命，勿令乏音，而皆外向②。三千人为一屯，诫而约之，各慎其处。敌人若来，视我军之警戒，至而必还，力尽气怠。发我锐士，随而击之。"

武王曰："敌人知我随之，而伏其锐士，佯北不止，过伏而还，或击我前，或击我后，或薄③我垒。吾三军大恐，扰乱失次，离其处所。为之奈何？"

太公曰："分为三队，随而追之，勿过其伏。三队俱至，或击其前后，或陷其两旁。明号审令，疾击而前。敌人必败。"

**【注释】**

①谁何：军营中的口令问答声。

②勿令乏音，而皆外向：《汇解》："金鼓之声，勿令断乏，皆外向示欲战也。"意思是金鼓之声不可断绝，对敌表示我已做好战斗准备。

③薄：逼近、逼迫，此处指军队进攻。

**【译文】**

周武王问姜太公说："领兵深入诸侯国境内，敌我兵力相当，适值严寒或酷暑季节，或者日夜大雨，旬日不止，致使沟垒崩塌，山险要塞失去守御，斥候麻痹懈怠，士卒疏于警戒，敌人乘夜前来，我三军毫无防备，上下乱作一团，应该怎么办？"

姜太公说："军队有了戒备，就能巩固；若懈怠，就会失败。在我军营垒之上，稽查诘问的声音不绝，哨兵手执令旗，与营垒内外联络，再以号令相传送，金鼓之声不可断绝，对外表示已作好战斗准备。每3000人编为一屯，谆谆告诫，严加约束，使各自谨慎守备。敌人如果来犯，看到我军戒备森严，即使来到我军阵前，也必会退去。这时，我军应乘敌军力尽气衰之时，派遣精锐的士卒紧随敌后猛击敌人。"

周武王问："敌人知道我军随后追击，而事先埋伏下精锐士卒，然后伪装败退不止，当我军进入敌人设伏的地区后，敌人就回过头来，配合其伏兵攻击我军，有的攻打我军前部，有的袭击我军后部，有的迫近我军营垒，从而使我军大为恐慌，自相惊扰，行列混乱，各自擅离阵中的位置，对此应该怎么办？"

姜太公说:"把部队分成三部分,分头跟踪追击敌人而不要进入敌人的设伏区,三队要同时到达敌人的设伏区,有的攻击敌人的前后,有的攻击敌人的两侧,要严明号令迅速出击,这样,敌人必被打败。"

【新解】

"金"和"鼓"都是古代军事指挥通信工具。通常讲"鸣金收兵"表示的是停止进攻或撤退,"击鼓前进"则表示的是进攻或追击。本篇《金鼓》对这一知识点进行了引申,主要讲述了在激烈的军事对抗中,防备敌人突然袭击和追击时防备敌人反扑的方法。

**(一)严密警戒,有备无患**

我国古代兵书中,《六韬》最早提出了警戒的概念:"视我军之警戒,至而必还"。姜太公认为,加强警戒,做好防备,这是防止敌人袭击的根本要求,其目的是及时发现敌人的袭击或破坏活动,掩护部队机动、展开和进行休整。因为"有备制人,无备则制于人",部队在没有戒备时遭到敌人突袭很容易陷入被动,出现混乱,所以姜太公才说"以戒为固,以怠为败"。

著名的崤山之战中,秦军失败的重要原因就在于没有加强警戒和防范。当时,秦穆公为了争霸中原,派出军队穿过晋境东征郑国。晋襄公见有机可乘,决定在秦军回来的路上设伏。周襄王二十五年(公元前627年),晋襄公得知秦军西归,派军队秘密赶到崤山,埋伏在隘道的两侧。秦军因为东征时未遇晋军的阻击而有些大意,尤其是主帅孟明视在没有派出警戒部队的情况下,就轻率地让军队进入了崤山。秦军士卒全部进入晋军设伏地域后,晋军突然发起猛攻。秦军仓促应战,溃不成军，孟明视也成了俘虏。

为了避免崤山之战的惨痛教训，早在春秋时期，军队在行军时，就常常派有斥候、游兵或散骑先行打探消息，宿营时则要挖掘壕沟、设置栅栏作为警戒。后来，人们又对警戒的方法进行了总结完善。警戒行动的基本要求如下：一是统一使用各种兵力兵器，综合运用各种器材、手段，建立系统的警戒配系；二是严密组织对重要方向、地区、目标和接合部的警戒；三是合理确定警戒兵力的编成、任务和派出的时间、距离；四是周密组织警戒分队与被警戒部队、友邻部队的协同动作；五是建立顺畅的通信联络系统，规定通信联络的方法和识别信号，确保一旦有事，迅速告知。

现代战争中，随着军事技术的发展，警戒的范围不断扩大，种类手段日益增多，已发展为对地面、海上和空中全方位、立体的警戒。其中，尤其需要加强对空警戒；如果忽视对空警戒，就会造成严重的后果。例如，1941年12月7日，日本偷袭珍珠港就是以空袭的方式，第一轮即投入183架飞机的大编队作战；而美军却疏于防范，当发现日机凌空时，竟然认为是己方正在进行演习，因而造成重大损失，主力舰船19艘被炸沉、飞机200余架被毁，官兵伤亡4000多人。近年来的几场局部战争，也都是以空袭的方式揭开战争的序幕，科索沃战争中北约军队进行了78天的空袭，南联盟军队主要进行的就是防空作战。这更加凸显了对空警戒的地位和重要性。

**（二）审慎追击，协同攻歼**

在战争中，"回马枪"是很厉害的一招。古代战场上，常常可以看到这样的情景：两员战将沙场相遇，一员战将佯装败退，另一个战将策马追赶。突然，败退的战将迅速调转马头，还手一枪刺杀过来，追赶之将猝不及防，被刺翻在马下。这就是兵书上常说的"回马枪"。姜太公特别提醒将帅，在追击敌人时一定要慎重，应有所节制，做到"随而追之，勿过其伏"，以免中了敌人的"回马枪"。这个观点很有见地，也很有借鉴意义。

那么，在追击时如何才能避免中敌人的埋伏，破解敌人的"回马枪"呢？姜太公告诉我们：可将部队分成几部分，互相之间要有照应、有协同，行动时齐头并进，"三队俱至，或击其前后，或陷其两旁"，形成一个"大网"罩住敌人。这就是说，要注意追击力量间的协同联系，形成合力攻击的局面，防止孤军深入，盲目冒进。实践证明这一方法非常有效，淮海战役后期，华东野战军就是采用这个办法追歼杜聿明集团的。

当时，杜聿明率邱清泉、李弥和孙元良3个兵团约30万人向永城方向撤退。该集团仍有相当战斗力，如果打狼不死，很可能会被反咬一口。如何才能抓住杜聿明集团呢？华东野战军代司令员兼代政委粟裕在查明杜聿明集团已从徐州撤退后，立即指挥各纵队进行追堵。他命令渤海纵队经大许家、宿羊山地区沿陇海路西进，担任警戒任务；命令第1、第4、第12纵队分别由潘塘镇、褚兰、双沟等地向徐州、萧县间尾追敌军；命令第3、第8、第9纵队和鲁中南纵队分别由城阳、桃山集、路疃向瓦子口、濉溪口平行追击；命令第2、第10纵队和第11纵队由固镇地区，分别向永城、涡阳、亳州方向急进，迂回拦击，迎头堵住杜聿明集团。这样十几个纵队从四面八方包抄过来，形成一个密不透风的"大网"，牢牢罩住了杜聿明集团，使其动弹挣扎不得，只能乖乖地等待被全歼的结局。

# 三十九、绝道第三十九

## 【原文】

武王问太公曰:"引兵深入诸侯之地,与敌相守。敌人绝我粮道,又越我前后①。吾欲战则不可胜,欲守则不可久。为之奈何?"

太公曰:"凡深入敌人之地,必察地之形势,务求便利。依山林险阻,水泉林木而为之固。谨守关梁②,又知城邑、丘墓、地形之利。如是,则我军坚固,敌人不能绝我粮道,又不能越我前后。"

武王曰:"吾三军过大林广泽平易之地,吾盟③误失,卒与敌人相薄④。以战则不胜,以守则不固。敌人翼⑤我两旁,越我前后,三军大恐。为之奈何?"

太公曰:"凡帅师之法,当先发远候,去敌二百里,审知敌人所在。地势不利,则以武冲为垒而前,又置两踵军⑥于后,远者百里,近者五十里,即有警急,前后相救。吾三军常完坚,必无毁伤。"

武王曰:"善哉!"

## 【注释】

①越我前后:指敌人迂回绕到我军侧后,从前后两面对我军实施夹击。

②关梁:指水陆交通要道上的关隘、桥梁。

③盟:盟军,友邻部队。

④薄:逼近相遇。

⑤ 翼：鸟类和昆虫的翅膀。此处作动词用可理解为包围翼侧。

⑥ 踵军：《汇解》："殿后之军以防突至。"这里指后卫部队。

【译文】

武王问太公说："如果率领军队深入敌国境内，与敌人对峙相守，敌人断绝我军粮道，又跃进到我军前后，我想和敌军作战不能取胜，想坚守又不能持久，该怎么办？"

太公说："凡深入敌人境内，必定仔细审察地理形势，务求占据有利地形，依托山林、险阻、水泉、树林造成坚固防守，严密把守关隘、桥梁，又要熟知城邑、丘墓地形之利。如果这样，则我军防守坚固，敌人不能绝断我粮道，又不能越过我的前后位置。"

武王说："我全军通过大片山陵、广阔沼泽和平坦地段时，盟军因失误而未能与我军会合，仓促与敌人在短距离内遭遇，导致战不能胜，守不能固，敌人包围我两旁，又迂回到我前后，全军大慌，这下该怎么办？"

太公说："凡统帅军队的方法，应当先向远方派出侦察，距敌营二百里就需要知道敌军的详细位置。如果地形对我行动不利，就用武冲车结成营垒向前推进，并派出两支后卫部队在后跟进，后卫部队和主力的间隔远的为一百里，近的为五十里。一旦遇有紧急情况，以便前后互相救援。我军如能经常保持这种完善而坚固的部署，就一定不会遭受伤亡和失败了。"

武王说："好啊！"

**【新解】**

"地形者,兵之助也",地形是影响作战胜负的重要因素。本篇《绝道》从军事地形学的角度,论述了部队"深入敌人之地"时,驻扎和行军分别应注意把握的战术原则。

**(一)与敌相守,务求地利**

姜太公指出,"引兵深入诸侯之地,与敌相守","必察地之形势,务求便利",依托山林、险阻、水泉,占领有利地形,把守交通要道。他非常中肯地揭示了军队驻扎时,严密的防御阵地与地形条件之间的紧密联系。在"与敌相守"的情况下,能否稳住阵脚,使敌人无空子可钻,前提之一就是观察和选择好地形,构筑防御阵地。任何防御部署,特别是阵地,都是在一定的地形上构筑而成的,无疑也受到地形条件的制约。能否根据不同的地形条件和特点,最大限度地发挥防御的占地之利,灵活地设置防御阵地,对弥补防御军队武器装备在质量和数量上的劣势、提高整体抗击能力具有重大影响。

战争历史证明,弱军可以因得地利而变强,而强军也可因失去地利而变弱。在革命战争中,我军历来重视选择和利用有利的地形条件,在战斗中克敌制胜。如1937年10月,八路军第129师骑兵营凭借有利地形,在和顺地区成功地阻击日军。

1937年9月6日,红15军团骑兵团改编为八路军第129师骑兵营。10月12日进抵晋西阳泉以南、和顺以北地区。当时,正值日军突破长城防线,进逼忻口,妄想直取太原。为挫败日军企图,配合国民党军队保卫太原,八路军总部命令第129师挺进娘子关地区,阻击日军西进。10月下旬,日军占领阳泉,以一部兵力由昔阳进犯我第129师师部所在地和顺县城。刘伯承师长命令骑兵营选择有利地形,阻击敌人。骑兵营立即组织第1、2连前往昔阳以南地区，于马圈沟、沙谷驼、郭家垴地区设伏，命令1连张金仓排长率领该排发挥骑兵优势，迅速抢占高野地、四十亩地村、杨家坡一带有利地形，袭扰敌人。当1排进至四十亩地村时，发现了日军的大队人马。张排长立即命令全排下马，占领有利地形隐蔽，然后以突然猛烈的火力，毙伤日军30余人，打得敌人晕头转向。黄昏时分，东躲西藏的日军窜到我伏击地域马圈沟一带，早已在此设伏的第1、2连立即以猛烈的火力进行打击，再一次击退了日军的冲击，进犯日军损伤惨重。

和顺阻击战，是骑兵营首次单独和日军交锋的一次硬仗。指战员们发挥骑兵优势，充分利用地形条件，巧妙构筑阻击阵地和伏击阵地，歼敌100余人，给日寇以有力的打击，牵制了日军西犯，掩护了防守娘子关地区之国民党军队的撤退。

**（二）险地行军，预多戒备**

在"深入诸侯之地"的大片山陵、广阔沼泽和平坦地段地形上行军，要么易遭伏击、袭击，要么易暴露目标，要么机动极其不便，风险较大。为此，姜太公认为，要防止不测，必须做好两个方面的工作：一是必须向数百公里范围内的地区派出侦察，了解敌情与地形；二是在地形不利时，要根据战斗要求，对行军序列进行编组，即以战斗力较强的"武冲战车"为前锋，并设置后卫部队。同时，要确保各支部队在行军过程中，能够互相掩护，前后相救。这既是在危险、复杂地形条件下行军的基本战术原则，也是一般规律。违反规律必遭规律的惩罚。苏军第1156机械化步兵团1980年5月12日在查普查勒山口的惨败便是例证。

1980年5月12日10时，苏军装备有300多辆坦克和装甲车的第1156机械化步兵团从萨曼甘向达拉苏夫进发,企图消灭这里的阿富汗游击队。由于山高坡陡,苏军的坦克、装甲车从萨曼甘出发后,只能排着纵队,沿一条路向达拉苏夫山区进发。14时30分,苏军坦克、装甲车进入查普查勒山口,阿游击队马上点燃炸药。顷刻间山崩地裂,大量的巨石滚入峡谷,犹如日坠天倾,当即就有40辆苏军坦克和装甲车被巨石压成一个个"铁饼"。

接着,埋伏在山顶的阿游击队用步枪、手榴弹、土制炸药包等武器狠打苏军。在不到一个小时的时间里,苏军有上百辆坦克、装甲车被毁,伤亡500多人。为避免全军覆没,15时30分,苏军指挥官下令撤退,剩余的坦克、装甲车载着残兵败将夺路而逃。由于苏军队形较长,不便于组织指挥,加上败退时慌不择路,阿游击队在追击中又击毙几十人,并生擒40多名苏军士兵。至此,查普查勒山口之战以苏军的彻底失败而告终。

为何一支装备有300多辆坦克和装甲车的机械化部队被一支装备简陋的游击队击溃?依据姜太公在本篇中提出的战术原则分析,苏军在战术上至少存在两点致命错误:一是忽视地形,过分依赖坦克优势。苏军动用300余辆坦克、装甲车进入层峦叠嶂、沟壑纵横的达拉苏夫山区作战,看起来威风凛凛、杀气腾腾,但一进入四面绝壁的深山,坦克就如同"老牛掉进枯井里,有劲使不出",相反,其目标大、易受攻击的弱点却暴露无遗。因此,苏军战败并非其坦克性能不好,关键在于没有因地用兵,而是舍长就短、削足适履,以致被动挨打,自陷绝境。

二是忽视侦察,恃强冒进。查普查勒山口地势险峻,道路两边均是陡峭的石壁,稍有军事常识的人都明白这里是打伏击战的好地形。按照反伏击作战原则,苏军在通过查普查勒山口时，应首先派兵控制山口两侧的制高点，至少应出动直升机对可能有伏兵的两侧制高点进行细致侦察后方可通过。但是，苏军急于围剿达拉苏夫地区的阿游击队，一味贪求行军速度，大摇大摆地以一字队形通过查普查勒山口，结果"出师未捷身先死"。

由此可见，《绝道》篇提出战术原则是科学的，对于现代战争依然具有一定的指导意义。正如若米尼所言："兵法原则尽管根据不同的情况，有时需要加以修改，但是一般说来，在混乱和动荡的战争中，却可以当作是一个指南针，指导军队的统帅去完成困难而复杂的任务。"

## 四十、略地第四十

### 【原文】

武王问太公曰："战胜深入，略①其地，有大城不可下②。其别军守险，与我相拒。我欲攻城围邑，恐其别军③卒至而击我，中外相合，击我表里④。三军大乱，上下恐骇。为之奈何？"

太公曰："凡攻城围邑，车骑必远，屯卫警戒，阻其外内。中人绝粮，外不得输。城人恐怖，其将必降。"

武王曰："中人绝粮，外不得输，阴为约誓，相与密谋，夜出穷寇死战，其车骑锐士，或冲我内，或击我外。士卒迷惑，三军败乱。为之奈何？"

太公曰："如此者，当分军为三军，谨视地形而处。审知敌人别军所在，及其大城别堡⑤，为之置遗缺之道⑥，以利其心，谨备勿失。敌人恐惧，不入山林，即归大邑，走其别军。车骑远要其前，勿令遗脱。中人以为先出者得其径道，其练卒⑦材士必出，其老弱独在。车骑深入长驱，敌人之军必莫敢至。慎勿与战，绝其粮道，围而守之，必久其日。无燔人积聚，无坏人宫室，冢树社⑧丛勿伐，降者勿杀，得而勿戮，示之以仁义，施之以厚德。令其士民曰：罪在一人⑨。如此，则天下和服。"

武王曰："善哉！"

【注释】

①略：攻略，夺取。

②下：攻下，攻克。

③别军：偏师，主力之外的另一支部队。

④表里：军队的正面和侧后。

⑤堡：土筑的小城，用于警戒和守备。

⑥为之置遗缺之道：故意在包围圈中留下缺口，使敌心存逃生的侥幸心理，以削弱其斗志，使其不致据城死守，负隅顽抗。

⑦练卒：训练有素的士卒。

⑧冢：坟墓。社，古指土地神或祀神的地方。

⑨罪：《直解》本作"辜"，罪在一人，指罪魁祸首只有一人，其他概不追究。一人，指敌国的君主。

【译文】

周武王问姜太公说："如果我军对敌作战获胜，并趁机深入试图占领敌军国土，但有防护森严的大城阻挡而难以攻克。另外一支敌军拒守在城外一险要地势、以抵抗我军。我想发兵围攻城邑，但又担心城外那支敌军突然前来攻打我军，敌人内外相呼应，使我军腹背受敌，全军一片混乱，将士都惊恐畏惧。遇到这种情况，应该怎么办呢？"

姜太公回答说："通常围城攻邑，一定要调遣兵车，骑兵驻扎在距城较远的地方，警卫戒备、封锁隔绝城内与外面的一切联系。城中敌军粮食断绝，外面的粮食又运不进去。因而城中军民会感到恐慌，敌军将领一定投降。"

周武王又问："城中敌军粮食被断绝，城外粮食又不能运进去，敌军就暗地里约下盟誓，彼此间进行秘密谋划，深夜之时那些已经无路可走的敌军发起了突围的殊死战斗。他们的兵车、骑兵和精锐士兵都一齐发动进攻，有的冲入我军内部，有的从外部攻击我军。我军士兵都感到迷惑不安，全军呈现一片失利慌乱的局面。这时又应该怎么办呢？"

姜太公回答说："在这种情况下，应该把全军分作三部分，谨慎察看挑选有利地形进行驻扎。认真了解敌军其他部队的方位以及他们周围所占据的城堡等防御要点，要为城中被困的敌军专门留一条没有设防的通道，来诱惑他们逃跑，但千万要准备妥当，以免有闪失。最先逃出的敌军都很惊恐，他们不是躲藏于深山老林中，就是逃往附近有敌军驻守的城堡，或投奔其他敌军。我军的兵车、骑兵应布置在远处进行拦截，不能让这些最先出逃的敌军真的成了漏网之鱼。城中的敌军以为最先逃的敌军已经打通了逃路，他们的精兵强将一定会接踵外逃，城中只留下一些老弱伤残。这时，派遣我军兵车、骑兵长驱直入，而那些接着出逃的敌军必定不敢迎战我军，只得返回城中。我则要慎重，不要同他们作战，仍继续封锁其粮道，围困他们，要持续一段日子。城中敌军必无奈而降服，但我军应做到不焚烧他们积累贮存的物品，不损坏他们的房屋，不乱砍他们墓地的林木和神庙旁边的树丛，不要杀死已经归降的敌军，也不要杀死被活捉的敌军，把我军的仁慈义气表现给他们，并以宽厚之德对待他们。对他们说：'一切罪过都由那个昏庸无道的君主来承担。'如果能做到这些，天下人就会和顺诚服。"

周武王说："您讲得真是太好了！"

**【新解】**

古人说："征伐必略地"，战争的基本表现形式之一就是"攻城略地"。可以说，战争在某种意义上说是对土地、人口等资源的争夺。如何才能取得攻城略地的胜利呢？本篇《略地》就讲述了攻城略地的作战方法。

**（一）扼守要道，断敌外援**

城市一般均为一国或一地的政治、经济中心，都是战略要地，在军事上占有重要地位，势所必争。所以，城市作战也是常见的作战样式之一。城市作战中，防守一方可以利用高大的建筑物和四通八达的地下工程设施，构筑坚固的堡垒。因此，在冷兵器时代，由于攻城技术相对落后，高城深池难以强力攻取。在现代战争中，城市人口众多，楼宇林立，道路纵横交错，设施结构复杂，也不易攻占。这时，要想占领它，必须采取灵活机动的战术手段，尤其是将强攻与智取有机结合起来。姜太公讲"车骑必远，屯卫警戒，阻其外内。中人绝粮，外不得输。城人恐怖，其将必降。"就是说要占据有利地形，扼守交通要道，切断敌人外援。这样持续一段时间，城内被围的军民便会因感到孤立无援而恐慌不安，有时甚至会丧失抵抗决心，主动献出城池。我军历史上的"平津战役"就是用此战法取胜的著名战役。

东北解放以后，据守张家口、北平、天津、唐山一线的国民党华北"剿总"傅作义集团50多万人，面临东北、华北两大野战军的联合打击，已经成了惊弓之鸟。但是傅作义认为自己还有希望，军队既有北平、天津坚固的城防做依靠，必要时又可以从东南方向撤到海上或者从西北方向撤到绥远，因此傅作义集团采取了固守平津，确保通道，以观战局变化的方针。

为了防止傅作义集团南撤西退，中央军委和毛泽东决定立即发动平津战役，就地歼灭傅作义集团，并采取了这样几条措施：东北野战军立即结束休整，取捷径以最快速度隐蔽入关，突然包围唐山、塘沽和天津之敌，斩断敌人海上退路；徐向前兵团停止攻打太原，杨成武兵团撤围归绥（现呼和浩特），以免傅作义作战失利后向西北逃跑；先通过与傅作义进行谈判，将其稳住等。

一切准备就绪后，我军首先对傅作义集团进行分割包围，截断其西退、南撤的通路，将这只"惊弓之鸟"变成了"笼中之鸟"。然后按照毛泽东确立的先取两头后打中间的攻击次序，逐一歼灭被围困在新保安、张家口、天津等地的敌人，解放了天津和塘沽。天津解放后，北平守敌25万人彻底陷于绝境，既失去外援，又没有了突围的希望。傅作义见大势已去，被迫接受毛泽东提出的"八项和平条件"，率部接受和平改编。1949年1月31日，北平宣告和平解放，平津战役胜利结束。

不过，这种战法也要警惕敌人搞假装投降，或故意拖延时间，寻求外援。公元前457年的晋阳之战，知伯联合韩、魏两家，围赵襄子于晋阳（今山西太原市南），时间长达三年。赵襄子在城内弹尽粮竭的紧急关头，接受了孟谈的建议，利用韩、魏与知伯之间的矛盾，假借洽谈投降之名派人晓以利害说服韩、魏，韩、魏两家经过权衡后同意与赵襄子共同对付知伯。韩、魏、赵秘密签订协议后，赵襄子先派人乘夜掘开知伯所筑晋水大堤，引晋河之水反灌知伯的军队。知伯的军队突遭水攻顿时大乱，这时韩、魏两军乘机从侧翼进攻，赵军则从正面出击，最后知伯兵败被杀。这场战役，知伯因为没有提防赵军假投降的阴谋，又遭到韩、魏两军反戈一击，在大好形势下却落得全军覆没的下场。

### （二）仁义攻心，瓦解敌军

"攻心为上，攻城为下；心战为上，兵战为下"。在长期的战争实践中，人们逐渐认识到"攻城略地"固然十分重要，但更重要的还是拉拢人心，这样被占领土地的人民才会心悦诚服地归顺。所以，古代兵家十分重视"恤民善俘"，认为，"祸莫大于杀已降"，主张"元恶不可不除，协从不可不抚。"姜太公也说："降者勿杀，得而勿戮，示之以仁义，施之以厚德。令其士民曰：罪在一人。如此，则天下和服。"

由于这种方法可以最大限度地孤立敌人，用小的代价换取大的胜利，甚至可以"不战而屈人之兵"，所以在现代战争中也被各国军队重视和使用，但使用最好的就是中国人民解放军。我军将这种实行革命人道主义和妥善处置俘虏的政策和策略称为"瓦解敌军"，并作为中国人民解放军政治工作三大原则之一，在解放战争中运用得淋漓尽致。

解放战争时期，中国人民解放军创造了大规模瓦解敌军和改造投诚、起义部队的新经验。在共产党主张和平、反对内战政策的攻心下，国民党11战区副司令长官高树勋于1945年10月率1个军和1个纵队在邯郸举行起义。此后，为了加强分化、瓦解和争取国民党军队的工作，中共中央决定对国民党军队开展宣传运动，号召更多的国民党军队官兵将高树勋部队作为榜样，站到人民方面来。

1947年10月，中国人民解放军发表宣言，公布了对国民党军政人员采取"首恶者必办，胁从者不问，立功者受奖"的方针。1948年1月，刘少奇在第一次全军敌军工作会议上作了《关于目前形势及处理俘虏问题的报告》，总结了中国人民解放军敌军工作的历史经验，并在开展"高树勋运动"的基础上，根据新的形势提出了敌军工作的根本方针、政策和办法。辽沈、淮海、平津战役后，对100多万国民党残余军队，又适时采取天津（战斗解决）、北平（和平改编）、绥远（有意地保存一部分，进行政治争取，在适当时机改编）三种方式分别解决。

整个解放战争期间，配合军事打击，经过声势浩大的政治攻势和广泛深入的争取工作，国民党军官兵起义、投诚和接受和平改编的共177.3万余人。

## 四十一、火战第四十一

### 【原文】

武王问太公曰："引兵深入诸侯之地，遇深草蓊秽①，周②吾军前后左右。三军行数百里，人马疲倦休止。敌人因天燥疾风之利，燔③吾上风，车骑锐士坚伏吾后。吾三军恐怖，散乱而走。为之奈何？"

太公曰："若此者，则以云梯、飞楼远望左右，谨察前后。见火起，即燔吾前而广延之④。又燔吾后，敌人若至，则引军而却，按黑地⑤而坚处。敌人之来，犹在吾后，见火起必还走。吾按黑地而处，强弩材士卫吾左右，又燔吾前后。若此，则敌人不能害我。"

武王曰："敌人燔吾左右，又燔吾前后，烟覆吾军，其大兵按黑地而起。为之奈何？"

太公曰："若此者，为四武冲阵，强弩翼吾左右。其法无胜亦无负。"

【注释】

①翁秽：草木丛生、枝叶繁茂的样子。

②周：围绕，环绕。

③燔：焚烧。

④燔吾前而广延之：发现敌人放火之际，立即将我军前后一定宽度的草木割除，亦即设置防火带。然后，我亦于防火带外放火，这样大火烧到防火带就会自然熄灭，不会伤害我军，反而阻止前来进攻的敌人。

⑤黑地：草地燃烧后的焦土地带。

【译文】

周武王问姜太公说："如果带领军队深入敌军国土，行进到满目荒草的地方；我军前后左右都被茂密的草丛所围绕。此时军队行程已达数百里，人困马乏，需要休息。敌人借天气干燥和风势较大的有利时机，在我军上风处纵火烧草；并有大量的兵车、骑车和精锐士兵埋伏于我军背后。我军将士都深为恐惧，奔散而逃。遇到这种情况，应该怎么办呢？"

姜太公回答说："在这种情况下，应借助云梯、飞楼来登高远望，仔细地观察周围动静。看到起火后，应立即焚烧我军营前较远处的草丛（而在此之前，还要在紧靠营地的前面整理出一片干净空地，以阻绝火势蔓延），还要焚烧下风处的草丛。若是前方的敌军发动攻击，我军就退却到焚烧后的黑地上顽强防守；若是后方的敌军发动攻击，由于他们位于我军下风处，当他们发现火起，必定转身退兵。我军固守着黑地，左右有强弩和精锐士兵护卫，而且已将前后的草地焚烧掉，做到这些的话，敌人是难以损伤我军的。"

周武王又问："敌人不仅焚烧我军左右，而且还焚烧了我军前后，烟雾弥漫，笼罩了我军，敌人先我一步抢占了黑地，并发起攻势。应该怎么办呢？"

姜太公接着回答："在这种情况下，就要摆成四武冲阵，使用强弩来防护两侧。这种方法虽不能够获胜，但也不至于失败。"

## 【新解】

本篇《火战》比《孙子·火攻篇》中主张用火来进攻的战术思想更加具体生动。一方面，提出了组织实施防御战斗的基本方法。另一方面，反其道而行之，深入地论述了在深草及灌木丛林地带防御敌人火攻的方法，反映了"极其反常"的谋略智慧。

### （一）谋兵设阵，谨察为先

面对复杂或不明敌情，姜太公首先采取的措施是"以云梯、飞楼远望左右，谨察前后"。这是作战指挥的首要环节，也是现代作战所讲的"情报信息活动"。刘伯承元帅曾说："五行不定，输得干干净净。"他所说的"五行"，即任务、我情、敌情、时间、地形。这些因素是打仗的基础，也是夺取战场胜利的关键。情报信息是作战指挥的灵魂，运筹决策、计划组织和控制协调等指挥活动都以此为基础和前提。大凡胜战，必先胜于战前的情报信息优势。古今中外，概莫能外。

1938年3月16日，八路军第一二九师在山西潞城县东北神头岭对日军展开了一场伏击战。作战时间仅仅2小时，却因为战术上的"出其不意"，以及八路军将士在战斗中的勇猛顽强，极大地震慑了入侵日军，沉重打击了日军的嚣张气焰。这一战中，八路军有三"奇"：第一是战法运用"奇"，采用了围点打援的方法；第二是伏击地点"奇"，选择了在平坦地形设伏；第三是战术配合"奇"，兵火协同非常默契。最终，八路军以240人伤亡的代价，歼灭日军近1500人，缴获了大量枪械和马匹。此后，神头岭伏击战被作为经典案例，载入了史册。

然而，这三个"奇"的背后离不开刘伯承元帅的"细"。在具体部署这次伏击战之前，刘伯承亲自到神头岭侦察地形。他发现，这里的汽车路是从岭上通过的，但是司令部的参谋却没有在地图上标示出来，刘伯承严肃地批评他说："这么大的疏忽，能打胜仗吗？做参谋必须细心，要像头发丝那样才行。"可见，刘伯承元帅在指挥作战中以奇策制胜，这与他精细料定"五行"的指挥风格不无关系。

### （二）拓展纵深，防御之要

姜太公认为，为了防止敌人对我实施火攻，可以先将自己周围的草烧掉，即"见火起，即燔吾前而广延之"。这在战术上是拓展安全界的必要选择，延伸到战略上则体现为拓展防御纵深的积极防御思想。这一点在战术应用上虽然过时，但是在战略上却是非常重要的防御思想，无论在古代战争，还是现代战争中都是值得学习和借鉴的。当年拿破仑远征莫斯科失败的重要原因之一，就是俄国方面实施了"坚壁清野"的防御战略。

1812年6月，拿破仑调集60万大军进攻俄国。俄国在强敌进攻面前，节节败退，法军迅速推进到俄国腹地数百公里的斯摩棱斯克。此时，沙皇亚历山大一世重新起任库图佐夫担任俄总司令。库图佐夫分析敌我形势后，决定避开敌人的锋芒，拓展战略纵深，实行大退却，诱敌深入，伺机歼灭敌人。当法军进逼莫斯科时，库图佐夫排除众议，极力主张避免不利情况下的决战，主动放弃莫斯科。9月中旬，库图佐夫指挥俄军撤出了莫斯科。

为了使法军进占莫斯科后不能就地获得补给，俄国采取"坚壁清野"的策略。库图佐夫命令俄军组织大批车船，运走城内物资，并动员城内居民撤出。接着，俄军放火焚城，将来不及运走的粮食和军用装备统统烧毁。城内大火数日不灭，大量房屋化为灰烬。

法军占领莫斯科以后，由于俄军大规模地实行"坚壁清野"策略，在城内找不到粮食充饥，数十万法军饥寒交迫，疲惫不堪。法军因补给缺乏，加上疾病和寒冷，处境日益困难，士气低落。拿破仑看到形势严峻，便想在冬季来临之前退出这场战争。他多次派人诱逼沙皇签订和约，但均未得逞。在不利局面下，拿破仑被迫率军撤出莫斯科，开始战略退却。库图佐夫则抓住战机，及时转入战略反攻，在塔鲁丁诺战役和小雅罗斯拉韦茨战役中大败法军，法军狼狈退出俄境，俄国取得了第一次卫国战争的胜利。

为避免类似情况的发生，优秀的指挥员应当在充分预测的基础上，周密制定应对各种情况的预案，充分做好应对战争不确定性的准备，使作战计划建立在能够对付多种情况的基础上，务求先胜而后战。只有这样，当"战争之火"超出我方预期控制时，才能做到冷静沉着、从容应对，才能做到应对有信心、有办法、有把握。

## 四十二、垒虚第四十二

### 【原文】

武王问太公曰："何以知敌垒之虚实，自来自去①？"

太公曰："将必上知天道，下知地理，中知人事。登高下望，以观敌之变动。望其垒，则知其虚实；望其士卒，则知其去来。"

武王曰："何以知之？"

太公曰："听其鼓无音、铎无声，望其垒上多飞鸟而不惊，上无氛气②，必知敌诈而为偶人③也。敌人卒去不远未定而复返者，彼用其士卒太疾也。太疾则前后不相次，不相次则行陈必乱。如此者，急出兵击之。以少击众，则必胜矣。"

### 【注释】

①自来自去：来，前来进攻；去，撤离后退。这里指敌人是要进攻还是撤退的意图。

②氛气：既指因人马行动造成的烟尘，也指结聚在军队屯留处上空可以据以推测军情的"气"。

③偶人：指用稻草或土木所制成的假人。

**【译文】**

周武王问姜太公说："怎样才能知道敌人营垒的虚实和敌军来来去去的调动情况呢？"

姜太公说："将帅必须上知天时的顺逆，下知地理的险易，中知人事的得失。登高瞭望，以观察敌人的变动；从远处眺望敌人营垒，便知道他们内部的虚实；观察敌人士卒的动态，就知道敌军调动的情况。"

周武王问："用什么办法知道这些呢？"

姜太公说："如果听不到敌营的鼓声，也听不到敌营的铃声，瞭望敌营垒上有许多飞鸟而不惊惧，空中也没有烟尘飞扬，就可以判断必然是敌人用木偶人守营来欺骗我们。如果敌人仓猝撤退不远，而又回来了，这是敌人调动军队太忙乱了。太乱，前后就没有秩序；没有秩序，行列就会混乱。像这种情况，就可以急速出兵打击他，即使是以少击众，也一定会取得胜利。"

**【新解】**

"知彼知己，百战不殆"这是一句至理名言，那么如何做到知彼呢？姜太公认为：要高度重视侦察情报工作，并通过全面、综合的分析来正确地判断敌情。所以，本篇《垒虚》主要论述了侦知敌人营垒虚实和敌人行动状态的方法。

**（一）知天知地，通达人事**

战争总是在一定的空间和时间内进行的，地形、天候等自然条件对战争胜负具有不可或缺的重要影响。孙子提出的"知天知地，胜乃不穷"，就是强调指挥员如果了解、掌握好天时、地利等自然因素，并使之与人事相结合，就会在战争中达到"胜乃不穷"的境界。这与姜太公的"上知天道，下知地理，中知人事"神韵一致。

天，包括天气，气候变化等。人们常说靠天吃饭，比如适度下雨有利于农作物的生长。时，就是选择做事的时间。比如农业的春播秋收，就是顺应了天时。《说文》讲："时，四时也。"即春夏秋冬的季节变迁。又说："旹，古文时，从之日。"这表明人们很早就直观地感觉到太阳运行引起季节的变迁，故称之为"时"。

天时，可以为兵家所运用，正所谓顺天而行道。三国演义中的诸葛亮巧用了天时草船借箭，为赤壁之战的胜利奠定了基础。相反，逆天时而兵败如山倒者比比皆是，因为自然界的威胁可能比来自敌人的威胁更持久、更严重、更全面。例如，1812年，拿破仑率60万大军进攻俄国，攻占莫斯科后，因寒冬骤降，法军饥寒交加，并遭到俄军反击，法军死伤55万人之多，大伤元气。据二战期间各国统计，冬季作战冻伤与战场伤亡的比例几乎为一比一，冻伤成为军队战斗力下降的重要原因，这也印证了"顺天时"的重要性。

古人把"地"看成是"万物之本原，诸生之根菀"，在军事上常讲利用地形，了解掌握各种地物、地貌对作战行动的影响，可以说战争离开地形就寸步难行。为此，还专门形成了一门学科叫做"军事地形学"。但是地利也不是一成不变、僵化静止的。《地道战》曾经是一部在中国几乎家喻户晓的影片，作战时平原地区本来是不利于防守的，但是《地道战》中冀中抗日根据地的军民，在中国共产党的领导下，充分发挥自己的聪明才智，成功地改造了平原村落地区的地形，挖掘了纵横交错、四通八达的地道，变不利地形为有利地形，同日本侵略者展开了英勇顽强的斗争，最后取得了抗战的胜利。这种消灭敌人，保存自己的地道战，才是真正"用地利，创战术"的战例典范。

孟子曰："天时不如地利，地利不如人和。三里之城，七里之郭，环而攻之而不胜。夫环而攻之，必有得天时者矣；然而不胜者，是天时不如地利也。城非不高也，池非不深也，兵革非不坚利也，米粟非不多也；委而去之，是地利不如人和也。"这段话中，孟子主要从军事方面来分析论述天时、地利、人和之间的关系，而且观点鲜明："天时不如地利，地利不如人和。"三者之中，"人和"是最重要的，是起决定作用的因素，"地利"次之，"天时"又次之。正是从强调"人和"的重要性出发，孟子得出了"得道者多助，失道者寡助"的结论，这是历代兵家讨论战略战术时必先谈论的核心话题，也就是说要对敌我双方的民心士气和兵力兵器有一个正确的评估，不要被貌似强大的敌人所吓倒。因此，要想"胜乃不穷"，需要把握合适的时间、合适的地点，凝聚最大的人力、物力才行，也就是"知天知地，通达人事"。

**（二）望闻并用，观表知里**

姜太公提出的"知天知地知人事"的战争指导规律，历来为兵家所称道和推崇，但是实践起来也是非常困难的。因为战争中存在着重重的"迷雾"，很难看清战争的本来面貌，这就需要指挥员练就一双火眼金睛，管中窥豹，透过表象认识本质，通过局部认识全局。如果能够见微知著，通过收集的情报正确分析判断敌情，就可以取得战争的胜利。春秋时期的平阴之战，晋军就是以此击败齐军的。

鲁襄公十八年（公元前555年），齐军进攻鲁国，晋平公命荀偃率军伐齐。不久，晋、鲁联军深入齐境，齐灵公率领齐军在平阴（今山东平阴东北）迎敌。晋军决定以主力进攻平阴，另以一部迂回经鲁、莒国境越过沂蒙山区进袭齐都临淄。同时，晋军主师荀偃让中军副元帅士匄故意夸大其辞，告知与他素有交情的齐国大夫子家："晋与鲁、莒两国，以战车千乘自鲁、莒国境内急袭临淄，临淄危在旦夕。一旦临淄丢失，齐国即亡，你应早作图谋，为自己的后路作打算。"子家将这一"秘密"转告齐灵公，齐灵公听后大为恐慌。

为进一步恐吓齐灵公，荀偃又派兵在平阴周围的山泽险要处遍插晋军旗帜，又做了许多草人，蒙上衣甲，立于战车上，并在车后拖着树杈柴薪，往来奔跑扬起尘土，以虚张声势，表示晋军人多势众。齐灵公登上平阴东北的巫山观察军情，只见漫山遍野都是晋军旗帜飘扬，车马奔驰，扬起的尘土遮天蔽日，齐灵公以为晋军人多，吓得丧魂落魄，于当天夜晚悄悄撤军东逃。

次日，师旷向荀偃报告："乌鸦的叫声欢快，齐军可能已经逃走了。"邢伯也对荀偃说："听到马匹盘旋的声音，齐军恐怕已逃走了。"叔向也向晋侯汇报说："城上有乌鸦盘旋，说明平阴已是一座空城，齐军肯定逃走了。"于是，荀偃下令晋军进驻平阴城，并乘胜尾追齐军。晋军击败齐军后卫部队，连克齐国城邑，一路追赶，包围齐都临淄，并一直打到齐国东境的潍水，南边到达沂水，齐国遭到了一次惨败。

此役，晋军先是虚张声势，威慑敌人。继而根据城上乌鸦云集以及车马的盘旋声，准确判断出平阴已是空城，敌军已经逃走，及时发起追击，最终大获全胜。

# 第五章

## 《豹韬》新解

[章节解析]

《豹韬》是《六韬》中的第五卷，内分《林战》《突战》《敌强》《敌武》《鸟云山兵》《鸟云泽兵》《少众》《分险》8篇。豹子身材矫健，性情机敏，智力超常，攻击性强，因而被人们誉为动物世界的"超级猎手"。作者将本篇定名为"豹韬"，意在说明将领的作战战术及谋略变化应当体现出豹子所具有的特点。围绕这一主题，本篇分别论述了在森林、山地、江河水泽地带和险阻地形下的作战方法，并对特殊地形和特殊情况下的作战原则（如抗击突然袭击、夜袭、以寡击众，以弱击强等原则）进行了阐述。

## 四十三、林战第四十三

【原文】

武王问太公曰："引兵深入诸侯之地，遇大林，与敌人分林相拒。吾欲以守则固，以战则胜。为之奈何？"

太公曰："使吾三军分为冲陈，便兵所处，弓弩为表，戟楯为里。斩除草木，极广吾道，以便战所。高置旌旗，谨敕[①]三军，无使敌人知吾之情，是谓林战。林战之法，率吾矛戟，相与为伍。林间木疏，以骑为辅，战车居前，见便则战，不见便则止。林多险阻，必置冲陈，以备前后。三军疾战，敌人虽众，其将可走。更战更息，各按其部，是为林战之纪②。"

**【注释】**

① 敕：告诫，命令。
② 纪：法则，原则。

**【译文】**

周武王问姜太公说："如果带领军队深入敌国领土，遇到大面积的林地，我军和敌军分别占据一部分林地进行对抗。我希望做到采取守势能牢不可摧，采取攻势能获全胜，应该怎么办呢？"

姜太公回答说："可以让全军士卒组成许多四武冲阵，安排在方便进行作战的地方，每一个四武冲阵外围都置有弓箭手，内部有持矛戟和盾的士兵。清除掉部队四周的杂草丛木，尽量使道路变得广阔而有利于进行作战。将旗帜竖立于高处，谨慎传令于全军将士，严防敌军掌握我们内部的军情。以上这些就是在林间战斗应做的准备。林间战斗的规则，是将我军中使用矛戟的士兵，编制成五人一伍的小分队。林间树木较为稀疏的地方，可以使用骑兵作为辅助，兵车行进在最前列，发现形势有利于我军就进行战斗，看到形势对我军不利就停止前进，避免交战。在林木密集、地势险要的环境中，必须设置四武冲阵，以防备我军前后。全军能够英勇作战，即使敌军人数众多，其将领也会战败而逃，我军各部分轮流作战、轮流休息。这些就是林间战斗的准则。"

**【新解】**

莽莽丛林，气候万变，虫兽瘟疫，杀机重重，丛林战以其极端艰苦和危险的环境令每一个身处其中者心生畏惧。因此，在人类战争史上，丛林地区作战历来是交战双方都十分头疼的问题。那么，如何才能取得丛林作战的胜利呢？本篇的《林战》主要讲述了丛林作战的战术和方法，或许可以给我们启示。

**（一）因地制宜，活用战法**

姜太公高度重视丛林作战，他认为，在丛林地作战要达到"守则固""战则胜"的目的，在兵力部署上，要将部队部署为"四武冲阵"，将弓弩部署在外围，戟盾在里层，并斩除草木，开辟道路，以便于战斗；在作战指导上，应以矛戟队作为攻击主力，并将其分成若干小分队，相互应援。姜太公讲的是古代丛林战的原则，现代丛林战也可根据实际情况将其融会贯通，借鉴应用。下面介绍一下由《林战》引申而来的几种常用战法。

梯次编组，连续突进。正如姜太公讲的古代丛林作战要梯次编组、连续突进，现代丛林战也是这样。打丛林战，进攻方一次不可能投入较多的兵力，而梯次编组、连续突进就是为适应地形，针对敌纵深梯次部署的特点提出的。它既可解决兵力过于密集的问题，又可使攻击保持强大后劲。多梯次编组就是不局限2个或3个梯队，而是在地形狭窄的地段使用合成分队攻击，多梯次轮番攻击，连续突进。

划分区域，逐片剿击。姜太公讲，丛林作战要"极广吾道，以便战所"。现代丛林作战也是重在开辟通道并沿通道攻击，不过此时在攻击方向上通常没有谁是主攻，谁是助攻之分，各梯队都有攻击、搜剿的双重任务。在给各梯队规定任务时，应以通道为轴线，首先明确攻击任务的纵深，而后明确向两翼卷剿的正面宽度，构成各梯队以通道为经线，以任务纵深为终点，以向两翼卷剿的正面宽度为纬线的歼敌区域。各梯队在自己的歼敌区域内，根据上级所规定的时间，包突破、包搜剿、包歼敌、包占领。这一战法能有效地歼灭敌人，巩固占领地区和后方，制止敌自由聚散与我周旋。

空中攻击，立体封锁。丛林地区多数林密草深、通视度差，地面部队通行困难，不便机动。姜太公的时代属于冷兵器时代，还没有超越丛林，空中攻击的条件更是没有，而现代丛林作战，则可以使用直升机，将其空中优势发挥得淋漓尽致。一是实施空中攻击。使用攻击直升机以火力直接配合各梯队的突破，夺占要点，突击通道两翼的敌集团目标。二是实施立体封锁。以运输直升机运载步兵在指定地区实施机降，夺取纵深目标或以攻击直升机实施定点突击，断敌退路，阻敌增援，实施立体封锁。

打剿结合，夺保同步。丛林作战想要"以战则胜"，还必须打、剿紧密结合，才能全歼敌人，巩固占领地区，这是丛林作战与一般地形战斗的重要不同之处。因为无论沿通道攻击还是在其他方向夺取要点，敌方被歼一部分后，可能会分散钻进洞穴、丛林之中，也可能退守坚固工事，这是惯用的游击战术，其目的是保存实力，寻机再战。因此，必须重视搜剿作战，主要有三个方面：一是断敌退路，先围后剿，防止敌方利用间隙逃跑和接应突围；二是注意控制要点，卡住山垭口（要道），以要点为依托，组织好搜剿火力；三是注重割裂各股潜藏敌人的联系，制止其机动和合股，同时还应防止其从侧后袭击搜剿部队。

### (二)三军疾战,密切协同

姜太公还认为,在林木稀疏处之,要以骑兵为辅,战车居前,见到有利时机就战斗,不利时立即停止。林内险阻之处,则应将主力部队部署为"四武冲阵",以防备敌人从前后左右袭击。与敌接战后,应速战速决,各个分队轮流作战,轮流休息。这样,再加上士兵英勇作战,即使敌军人数众多,也能够取胜。

从文中可以看出,姜太公主要讲了一个丛林战中诸兵种协同作战的问题。丛林地区山岭、河流、高大乔木、低矮灌木林等地貌、地物相互错落,地形极为复杂,通信不畅,协同不便。因此,古代丛林战中经常会出现或混作一团或孤军奋战的情况。现代丛林战中虽然武器装备有了很大的改进,但各兵种、各作战单元若想实现"迅速、及时、准确"的组织协同也有很大困难。例如,热带山岳丛林地势陡峻连绵,多峭壁断崖和雨裂冲沟,经常会分割战斗队形,各作战攻击群难以准时到位,整体协同不能正常进行,影响整体作战能力的发挥。

因此,必须借鉴姜太公的思路方法,高度注重作战中的协同配合,以协同的可靠性和准确性,确保部队行动的协调一致。比如,坦克在丛林地作战,由于植被茂密和雨、雾的影响,发现目标和判定方位困难,不便于及时准确地捕捉目标,如果没有步兵、工兵的配合,很难单独行动。

抗战期间,中国远征军之所以取得缅北丛林会战的胜利,也是因为各兵种能充分发挥协同合作及相互支援的作战精神。例如,瓦鲁班战役期间,当远征军的追击部队行至昆年卡东侧的原始密林时,突遇滔滔的南比河横亘于前,阻碍了战车营的机动,此时伴随的步兵营及工兵迅速前出,立即完成了南比河渡河点的开设，使得战车营在步兵及工兵的支援下，能够顺利克服南比河的天然障碍，继续执行追击的作战任务。

胡康河谷战役中，远征军官兵吸取了以往作战的经验教训并结合自身装备的特点，总结出一套崭新的丛林战法。当时，日军散布在河谷丛林中进行防御，围绕古树修建各种工事，阵地十分隐蔽，易守难攻，如果单纯使用步兵搜剿起来非常困难。针对这种防御，远征军在进攻时先采用各种炮火实施广泛射击，使那片森林如同火烧过一样，等到日军阵地逐渐暴露出来，再由步兵在炮火的配合下掘壕前进，将敌阵围个圈；最后一声令下，迫击炮、火箭筒、喷火器、机枪、手雷，同时向敌阵近距离施放，将其一举歼灭。

这种诸兵种火力、火器协同配合的丛林进攻战法，连美国人也不得不叹服，认为这是一个创举。

## 四十四、突战第四十四

### 【原文】

武王问太公曰："敌人深入长驱，侵掠我地，驱我牛马，其三军大至，薄我城下。吾士卒大恐，人民系累①，为敌所虏。吾欲以守则固，以战则胜。为之奈何？"

太公曰："如此者，谓之突兵②。其牛马必不得食，士卒绝粮，暴击③而前。令我远邑别军，选其锐士，疾击其后。审其期日，必会于晦④。三军疾战，敌人虽众，其将可虏。"

武王曰："敌人分为三四，或战而侵掠我地，或止而收我牛马。其大军未尽至，而使寇薄我城下，致吾三军恐惧。为之奈何？"

太公曰："谨候敌人未尽至，则设备⑤而待之。去城四里而为垒，金鼓旌旗皆列而张，别队为伏兵。令我垒上多积强弩，百步一突门⑥，门有行马⑦。车骑居外，勇力锐士隐伏而处。敌人若至，使我轻卒合战而佯走，令我城上立旌旗，击鼙鼓，完为守备。敌人以我为守城，必薄我城下。发吾伏兵，以冲其内，或击其外。三军疾战，或击其前，或击其后。勇者不得斗，轻者不及走，名曰突战⑧。敌人虽众，其将必走。"

武王曰："善哉！"

【注释】

①系累：拘禁，捆绑。
②突兵：担任突然袭击的部队。
③暴击：疾速攻击。
④晦：夜晚。古代历法中每月的最后一天，也称作"晦"。
⑤设备：做好战斗准备。
⑥突门：城下小门，也称守城之门。古代构筑城墙或营垒时，从战备考虑，预先设置一些隐蔽的小门，以便于在遭围攻之时，守军对敌实施出击行动，这种隐蔽的小门就叫突门。
⑦行马：一种防御器械。
⑧突战：突然的作战行动。

【译文】

周武王问姜太公说："如果敌军长驱直入攻打我国，侵占掠夺领土，驱赶牛马，他们大军聚集，逼进我军城下。我军将士万分恐慌，我国百姓被敌军捆缚扣押，劫为俘虏。在这种情况下，我希望采取守势能牢不可摧，出战迎敌能获胜，应该怎么办呢？"

姜太公回答说："这种突然发动攻击的敌军，称为突兵。由于未做充分准备，时间稍长，敌军牛马必定没饲料可吃，士兵也没军粮可食，只有急速地发动攻击。这时命令我军另外一支驻守在远处城邑的队伍挑选其精锐士兵，迅速向敌军后部发起攻击，预先要认真计算好日期，必须同城中守军会合在无月光的晦日夜晚，以便联合发起对敌军的内外夹击。全军将士英勇作战，即使敌军人数众多，也可生俘其将帅。"

周武王又问："假如敌军分成三四部分，有的仍旧进攻，夺取我国领地，有的就驻扎下来抢掠牛马。敌军的大部队还没全部到达，就先派遣小部分兵力逼近我军城下，引起我军惊恐，遇到这种情况，应该怎么办呢？"

姜太公回答说："先要仔细观察敌军动静，如果敌军没有全部到达，就要做好一切战前准备，等待敌军的到来。在距离城邑四里的地方营建一壁垒，金鼓旌旗都排列展放在上面，另外派遣一支军队作为伏兵。命令我军垒上的部队应多备强弩，而且每百步设置一突门，突门处都安置有行马，兵车、骑兵都排列在垒外，英勇威武的士兵隐藏在垒内。如果敌军发起攻击，就派出我军轻装士兵进行交战，然后假装失败逃跑，与此同时，命令我守军在城上竖立起旌旗，击响军鼓，完备一切防守措施。敌人会误以为我军大部分兵力都用来守城，必定要进逼城下。这时再派出我军伏兵，有的冲入敌人阵营内部，有的袭击敌人外侧。我全军将士英勇作战，有的攻打敌军前部，有的袭击敌军后部，这种能够使敌军中勇猛善战的士兵来不及投入战斗、动作灵敏的士兵来不及逃走的作战方法，称为突战。即使敌军人数众多,他们的将帅也会因战败而逃跑。"

周武王说:"您讲得真是太好了!"

**【新解】**

当敌人大军压境时,我方如何才能突出重围呢?姜太公认为,关键在于适当地运用韬略,千方百计地找到敌人的破绽,以此为战机才可能以弱胜强、以寡击众,出奇制胜,解围而出。所以,本篇《突战》主要阐述突破敌人包围、消灭敌人的几种战法。

**(一)里应外合,合力制敌**

姜太公认为在城池被敌包围的情况下,要取得守城战的胜利,可以趁敌军远道而来、立足未稳、粮草缺乏时,利用夜暗的环境,会同我方城外的援军对敌实行内外夹击。从姜太公的论述中可以看出,采取突围行动时,有两点一定要具备:一是城内部队顽强防守,争取时间,使攻城敌军感到非常疲惫,缺乏戒备;二是必须有外援。这样,里应外合,内外夹击,"敌人虽众,其将可虏"。第一次幽州之战,辽军就是以此击败宋军的进攻而取得胜利的。

太平兴国四年,北宋灭亡北汉后,宋太宗挟战胜的余威,企图乘辽军无备,一举夺占幽州,然后乘胜收复全部燕云地区。宋军行动十分迅速,没多久便翻越太行山,进抵幽州城南。辽南院大王耶律斜珍看到宋军兵锋甚锐,不敢正面交锋,遂率兵进驻沙河北(今北京清河镇一带),以声援幽州,同幽州结成掎角之势,从而坚定了辽军在幽州城内固守待援的决心。但宋太宗认为耶律斜珍只是凭险固守,不足为虑,便以一部牵制其军,以主力从四面围攻幽州。辽幽州守将耶律学古一面加强防守，一面安定人心，以待援军到来。

辽景宗耶律贤在得到宋军合围幽州的消息后，即派耶律休哥和耶律沙率兵越过燕山增援幽州。宋军围攻幽州，久攻不下，"将士多怠"，士气低落。正当宋太宗督军攻城时，耶律沙的援军抵达幽州城外，在高粱河（今北京西直门外）畔同宋军展开激战。战至黄昏，耶律休哥的骑兵赶到，数万人各持两个火把，将夜晚照得通红，宋军不知虚实，军心惶恐。而耶律休哥到达幽州城北后，即与在清沙河北的耶律斜轸汇合，分左右两翼向宋军展开猛烈反击，宋军被迫撤出围城部队。此时，驻守幽州城内的耶律学古见机开城列阵，四面鸣鼓呐喊助威。宋军顿时阵势大乱，宋太宗中箭负伤，乘驴车南逃。辽军乘胜进军，缴获了宋军沿途遗弃的大量兵器辎重，宋辽第一次幽州之战至此结束。

此战宋军的失利不是偶然的。首先是对幽州城的防御力量估计不足。幽州是辽的战略要地，辽必定会以重兵防守。宋军远程急进，并没有做好攻坚的准备，以至于顿兵坚城，陷于师老兵疲的困境。其次是缺乏打援部署。幽州既然是辽军战略要地，在受到围攻时，必以重兵增援。但宋太宗计不及此，未作任何阻援部署，只顾全力攻城，最终被辽国的援军所乘，导致全军溃败。反观辽军，虽在宋军突袭初期遭到一些挫折，但能够采取一些有效措施进行固守待援，为调集援兵赢得了时间。在援兵到达后，又里应外合，成功地运用内外夹击的战法，终于取得解围幽州、大挫宋军的胜利。

**（二）诱敌盲动，多方制敌**

"兵者，诡道也"。面对敌强我弱的形势，姜太公认为，要兵不厌诈、多用计谋，可以提前准备，在城外设置伏兵。同时装作极力守城的样子，引诱敌人来攻。当敌来攻时，我方可速发伏兵，以四面包围的战法，迅速投入战斗，即可大败敌军。这个战法的关键在于谁的谋略更高人一筹，能否诱敌成功。天目山第三次反顽战役就是粟裕指挥的一次示弱骄敌、诱敌深入、寻机歼敌、集中兵力各个击破的经典战例。

1945年2月至3月，国民党第三战区部队向我苏浙军区部队发起两次大规模进攻，均被我军粉碎。5月中旬，第三战区司令顾祝同按照蒋介石指示，将第25集团军总司令李觉从福建调来，任前线总指挥，调集重兵分3路对我军发起第3次进攻。李觉总结以往惨败的教训，不敢长驱直入，采取步步为营、齐头缓进的战术，使我军无法对其分割包围，企图用优势兵力迫使我军与之决战。粟裕识破敌人的作战企图，采用"牵着敌人鼻子绕几圈"的办法，隐蔽我军诱敌深入的意图。为此，粟裕先命令部队主动出击，攻占新登城，而后又在打退敌人援军的8次反扑后主动撤退。为欺骗敌人，部队在经过大路山径时故意将破军帽、破军衣、米袋子、烂草鞋丢得遍地皆是。粟裕还指示让人抬着大红棺材行进，这一招使敌确信我军是真的败退，一时间"捷报"如雪片一样不断飞到李觉面前。就这样，敌人不知不觉陷入我军布局之中。

此时，李觉仍抱有警惕，一再告诫部下：不要受骗上当，丛林深谷容易埋伏，务必严密搜索残敌。敌重占新登城后，李觉令各部向临安、孝丰推进。这时，顾祝同求胜心切，指示李觉：依天目山之支撑，分由临安、宁国两地向孝丰之匪分进合击，务其一举取孝丰，求匪主力而歼灭之。然而，我苏浙军区部队能够集中的兵力仅有2万余人，部队连续作战，十分疲劳，给养又极困难。在此情况下，为争取主动，粟裕决定主动放弃天目山，命军械厂、被服厂、医疗队和后方机关陆续撤退，分赴苏南、皖南、浙西敌后地区，主力全部集中于孝丰地区。

在部队撤退途中，粟裕特意将部分敌军俘虏和伤病员丢在公路边，放任其逃回国民党部队报信，还派出后勤人员四处买粮，对外以示粮食不足。凡此种种，都进一步"证实"了我军的确要战略撤退。这些策略进一步助长了顽军将领想吃掉我军的贪功心理。6月，李觉命令进剿的左、右两翼兵团大胆向前开进，跳进了我军设下的陷阱。6月19日，我军猛杀一个"回马枪"，一举歼灭正在追赶"溃逃共军"的敌52师。6月21日，我军在孝丰城附近又全歼敌79师和其突击总队1.2万余人，打了一场十分漂亮的歼灭战。

此战，粟裕巧施奇正战法、诱敌盲动，以"饵"出奇、惑敌心智，以"诱"正敌、迫敌就范，使敌人由治变乱、由逸变劳、由强变弱，我军则后发先至，在与敌巧妙周旋中，使战场态势渐渐朝己方有利转化，之后把握战机，设置伏兵、速决制胜，取得了第三次反顽作战的胜利。

## 四十五、敌强第四十五

### 【原文】

武王问太公曰："引兵深入诸侯之地，与敌人冲军①相当，敌众我寡，敌强我弱。敌人夜来，或攻我左，或攻我右，三军震动。吾欲以战则胜，以守则固，为之奈何？"

太公曰："如此者，谓之震寇②。利以出战，不可以守。选吾材士强弩，车骑为左右，疾击其前，急攻其后，或击其表，或击其里。其卒必乱，其将必骇。"

武王曰："敌人远遮我前，急攻我后，断我锐兵，绝我材士。吾内外不得相闻，三军扰乱，皆散而走，士卒无斗志，将吏无守心。为之奈何？"

太公曰："明哉！王之问也。当明号审令，出我勇锐冒将之士，人操炬火③，二人同鼓，必知敌人所在，或击其表，或击其里。微号相知④，令之灭火，鼓音皆止。中外相应，期约皆当。三军疾战，敌必败亡。"

武王曰："善哉！"

【注释】

①冲军：担任突击任务的部队。
②震寇：强行冲击，震动我军的敌人。
③炬火：火把。
④微号相知：用约定的暗号互相识别。

【译文】

周武王问姜太公说："率兵深入诸侯国境内，与敌人突击部队遭遇，敌众我寡，敌强我弱，敌人又是黑夜前来，有的攻击我左翼，有的攻击我右翼，全军振动。我想做到作战能够取胜，防守能够巩固，应该怎么办呢？"

姜太公说："这样的敌人叫做'震寇'。对付这样的敌人，我军以出战为利，不可以防守。须挑选勇士弓箭手，以战车、骑兵为左右翼，迅速攻击敌人的正面，猛烈攻击敌人的侧后，既要攻击敌人的外围，又要攻入敌人阵内。这样，敌军必乱，敌军将领必然惊慌失措。"

周武王说:"敌人在远处阻截我军前进,急速攻击我军后方,截断我军精锐部队,阻绝我军增援的勇士,使我内外失去联系,三军扰乱,纷纷离阵而逃,士兵没有斗志,将吏无固守的信心,对这种情况应该怎么办?"

姜太公说:"高明啊!君王提出的这个问题。在这种情况下,应当明审号令,出动我勇猛精锐肯冒险犯难的士卒,人人手持火把,二人同击一鼓,必须探明敌人的准确位置,然后发起攻击。有的攻击敌人的外围,有的攻入敌人的阵内。部队根据统一的暗号,熄灭火炬,停止击鼓,内外互相策应,全军迅猛出击,敌军必定败逃。"

周武王说:"您讲得太好了!"

## 【新解】

所谓"震寇",即强行冲击、震动我军的敌人。那么,在敌我双方处于相持状态或敌众我寡、敌强我弱的情况下,敌人乘夜间突然对我发起攻击时应该怎么办呢?本篇《敌强》主要阐述了对付强敌夜间强袭的作战方法。

### (一)以攻对攻,灵活应战

夜间作战由于视线不足,不便于观察发现敌情,而利于敌人隐蔽企图,集结兵力发起攻击,因此要想达到"以战则胜,以守则固"的目的,只能采取以攻对攻的战法,切忌以守对攻,消极防御。要选用最精锐的材士、强弩、轻骑为左右翼,"疾击其前,急攻其后,或击其表,或击其里"。按照这样的方法作战,是没有不打胜仗的。例如,明朝初年李文忠曾用此战法大败元将脱列伯。

洪武二年(1369年)春,朱元璋任命李文忠为征虏左副将军，会同大将军徐达，去助攻庆阳。李文忠率领大军刚到太原，就得到消息：元将脱列伯正在围攻大同，大同危在旦夕。李文忠遂决定转兵去解大同之围。途中，与元朝大将刘帖木率领的数千名游骑相遇。在李文忠的指挥下，明军大败元军，并擒获了元将刘帖木。于是，全军乘胜进至大同附近的白杨门，并在那里安营扎寨。

当天夜里，天降大雪，满山皆白，但李文忠丝毫不敢放松警惕，派出数人满山巡视，他还亲自登山远眺，发现雪地上似有行人踪迹，于是立即策马还回，命令全军前移5里再安营扎寨。诸将都对李文忠的决定感到疑惑不解，李文忠说："我察看雪山地形，以前扎营之地，正是元军伏兵出没的地方，很危险。今移兵此地，稍觉安稳，但也须严加防范，没有号令不得轻举妄动。"果然不出李文忠所料，刚到午夜，元军便乘夜前来劫营了，李文忠下令营门紧闭，全军都坚守不动。元军自恃勇猛四处冲杀，但都被明军如飞蝗般的箭雨射退了。

天色微明，李文忠秣马厉兵，又派出两个营的敢死队前去挑战。这时，脱列伯率元军刚刚回到营中，折腾了一夜，正在准备早饭，见明军已经杀来，也顾不得吃早饭，强打精神上马迎敌。两军杀了几个时辰也未分胜负，在营中静待的诸将都劝李文忠发兵去增援，但李文忠泰然自若，并不发兵。等到元军又累又饿疲惫不堪后，李文忠陡然上马，亲率两路大军左右夹击，如泰山压顶般地包抄过来，脱列伯见腹背受敌，想乘马逃跑，但很快被明军追上生擒活捉了。残部见主帅被擒，也纷纷下马投降，李文忠大获全胜。

此战，李文忠在援救大同的作战中，能够审时度势，对敌人的伏兵预有准备，适时移营设防；在遭到敌人的夜袭时，没有消极避让，而是采取以攻对攻、灵活应战的方法，先派小部队与敌人纠缠，将其搞得疲惫不堪，而李文忠的大部队却以逸待劳，趁机发起猛攻，从而取得了很大的胜利。

**（二）明号审令，斗乱不乱**

姜太公还认为，如果夜袭中出现陷于重围的情况，贵在"明号审令"，鼓励士气，派出勇锐将士，大造声势，以弱示强，查明敌人的行踪后，以协调一致的行动，快速向敌人展开反冲击，使"中外相应，期约皆当"，即可破敌。这里面讲了一个面对夜袭，一定要注意严明纪律，时刻控制好部队行动的问题。只有这样，才能置全军于死地而后生。

唐代大将李愬雪夜袭蔡州是很好的例证，当时夜深天寒，风雪大作，旌旗为之破裂，人马冻死者相望于道旁。而张柴村以东的道路，唐军无人认识，因此人人以为必死无疑，但众人都惧怕李愬严明的纪律，无人敢于违抗他的军令。夜半，雪越下越大，李愬却命令强行军70里。这样，唐军在拂晓前顺利抵达蔡州，取得了生擒吴元济，剿灭淮西叛军的空前胜利。

另外，遇到敌人夜袭这种情况，主帅不能慌乱，军队就不会出现一盘散沙的局面。正所谓"要沉着冷静地面对险局，不为情况的急剧变化所动摇；要千方百计地破解僵局，不为暂时的艰难困苦所动摇；要勇敢顽强地扭转危局，不为部队的险境和局部失利所动摇。"汉代名将李广在对匈奴的作战中，就体现出其临危不乱且机智的良好品质。

当时，匈奴大举入侵上郡，景帝就派了一个宦官同李广一起抗击匈奴。一次宦官带几十个骑兵出猎，路遇三名匈奴人骑兵。结果，匈奴人射杀了宦官的随从卫士，还射伤宦官，宦官慌忙逃回报告给李广。李广认定三人是匈奴的射雕手，于是亲率百名骑兵追赶三名匈奴射雕手。

匈奴射雕手因无马而步行，几十里后被追上，李广亲自射杀了两名匈奴射雕手，生擒一名。然而，李广把俘虏缚上马往回走了不远，匈奴数千骑兵便已赶来，见到李广等人，随时摆开阵势准备开战。李广的一百名骑兵，十分害怕，都想掉转马头往回奔。李广说："我们距离大部队有几十里，现在往回跑，匈奴追赶射击我们，我们会被一网打尽。如今我们停留在此处，匈奴一定认为我们是大军的诱敌者，肯定不敢攻击我们。"

于是，李广命令所有的骑兵前进，一直走到离匈奴阵地很近的地方才停了下来。李广又下令道："皆下马解鞍！"他的骑兵说："敌人多而且离我们很近，倘若有紧急情况，怎么办？"李广说："那些敌人认为我们会逃跑，如今我们都解下马鞍表示不逃跑，用这个办法来坚定他们的猜想。"果真，匈奴骑兵没有贸然攻击。后来，一名骑白马的匈奴将领，出阵来监护他们的士兵，李广便骑上马，带十余名骑兵，边跑边射箭，射死了骑白马的将领，又重回到他的队里，解下马鞍，并命令士兵都放开马匹躺在地下。这时天黑了，匈奴兵始终感到奇怪，不敢攻击。半夜时，匈奴兵认为汉军有伏兵在旁边，可能要乘夜袭击他们，就全部撤退了。第二天清晨，李广带着他的骑兵全部顺利地回到了汉军大营。

此战，李广在突遇匈奴大军时，并没有慌乱逃跑，而是镇静自若，故作疑兵，使得匈奴大军不知虚实，不敢贸然行动，最后又以各种反常举动恫吓匈奴，使匈奴大军上当受骗主动撤围，而汉军则在危局险境中全身而退。在这个过程中，李广显示出卓越的指挥才能，真不愧汉朝"飞将军"的美名。

## 四十六、敌武第四十六

【原文】

武王问太公曰:"引兵深入诸侯之地,卒遇敌人,甚众且武①,武车骁骑绕我左右,吾三军皆震,走不可止。为之奈何?"

太公曰:"如此者,谓之败兵②。善者③以胜,不善者以亡。"

武王曰:"为之奈何?"

太公曰:"伏我材士强弩,武车骁骑为之左右,常去前后三里。敌人逐我,发我车骑,冲其左右。如此,则敌人扰乱,吾走者自止。"

武王曰:"敌人与我车骑相当,敌众我少,敌强我弱。其来整治④精锐,吾陈不敢当。为之奈何?"

太公曰:"选我材士强弩,伏于左右,车骑坚陈而处。敌人过我伏兵,积弩⑤射其左右,车骑锐兵疾击其军,或击其前,或击其后。敌人虽众,其将必走。"

武王曰:"善哉!"

【注释】

①武:勇猛而锐气十足。
②败兵:处于危险境地,即将溃败的军队。
③善者:善于用兵打仗的人。
④整治:整饬,指军容严整。
⑤积弩:即连弩,一种把若干张弩并排连成一组,用机括控制,可以连续发射的装置。

**【译文】**

周武王问姜太公说:"领兵深入诸侯国境内,突然遭遇敌人,敌军人数众多而且勇猛,并以武冲战车和骁勇的骑兵包围我军的两翼,我三军都为之震惊,纷纷逃跑,不可阻止,对此该怎么办呢?"

姜太公说:"这样的军队,叫做'败兵'。善于用兵的人可因此而取胜,不善于用兵的人可因此而败亡。"

周武王说:"这种情况该怎样处置呢?"

姜太公说:"埋伏勇士、弓箭手,并以武冲战车和骏勇的骑兵配置在两翼,伏击地点一般距我主力部队前后三里的地方。敌人若来追击时,就用埋伏的战车和骑兵冲击敌军的左右两翼。这样,敌人就会混乱,我军中逃跑的士卒也会自动停止。"

周武王说:"敌人与我军的战车、骑兵相遇,敌众我少,敌强我弱,敌人前来,阵势整齐,士兵精锐,我军要与敌军对阵交战却难以抵挡,应该怎么处置呢?"

姜太公说:"挑选我军勇士弓箭手埋伏于左右两侧,战车、骑兵布成坚固的阵势进行防守,敌人通过我军的伏击圈时,就集中强弩射击他的两翼,战车、骑兵、精锐的步兵乘机迅速攻击敌军,有的攻击敌军的正面,有的攻击敌人的背后。敌人虽然众多,也必定会被打败。"

周武王说:"您说得太好了!"

**【新解】**

"天有不测风云"。战争具有很强的不确定性,敌我之间常常在经意或不经意间相遇;因此,遭遇战就成为战争中一种很常见的战斗样式。本篇《敌武》主要讲述的就是敌对双方在运动过程中与强敌发生的战斗，即遭遇战。

**（一）争取主动，先机制敌**

姜太公认为，遭遇战初期很可能会出现敌军"甚众且武，武车骁骑，绕我左右"，而"我三军皆震，走不可止"的局面，这种情况下如果缺乏准备，在敌我双方力量对比悬殊的情况下，我方很容易战败。所以，姜太公称其为"败兵"也是很有道理的。面对这样的危局如何行动才能"反败为胜"呢？遭遇战取胜的关键在于争取主动，先机制敌。首先，在部队运动的过程中，就要在前进的方向上派出警戒力量，实施不间断的侦察，尽可能提前发现敌人，如不能提前发现敌人就会陷于被动。其次，发现敌情后，要迅速果断地定下决心，占领有利地形，迅速发起攻击，如敌实力过强，则不要恋战，要果断突围。

红25军独树镇战斗就是这样一场经典的遭遇战。1934年11月26日，红25军先头部队到达方城县独树镇附近，准备在此穿越许南公路，进入伏牛山区，突然遭到预先抵达该地区的敌1个旅和1个骑兵团的阻击。那天的气候条件极为恶劣，雨雪交加，能见度极低，衣服单薄、手脚冻僵的红军战士陷入被动境地。敌军乘机发起攻击，并分兵从两翼包抄，情况十分险恶。危急时刻，军政委吴焕先一面指挥225团冲到前面反击，一面引导战士们迅速趴在泥地里，利用地形地物进行反击。敌人仍气势汹汹地扑过来，吴焕先手持大刀指挥红军从雪地上跃起，勇猛地冲上去，与敌人展开白刃格斗，杀声连天，震撼山冈。

当战斗激烈进行时，副军长徐海东带领第二梯队跑步赶到，立即投入战斗。经过一番恶战，我军终于打退了敌人的进攻，占领了公路两侧的有利地形。为了打开一道缺口，通过公路，军首长亲自指挥223团向七里岗发起冲锋，占领了七里岗村北500米处的任岗村。此时，敌骑5师和追剿纵队已分别由羊册象河关向独树镇一带逼近，红25军处在敌人前后夹击的危险境地。根据当地老乡提供的情况，军首长决定连夜绕道突围。当夜，红25军指战员忍着极度的饥饿和疲劳，部队由叶县保安寨以北的沈丘附近，穿过许南公路，抵达伏牛山东麓，终于突破了敌人的合围。

**（二）临强勿惧，伏击制敌**

遭遇战通常可分为预期遭遇战和非预期遭遇战。其特点是：战斗之初对敌情不大明了，战斗准备时间仓促，战斗进程紧张激烈，攻防作战转换迅速。针对这种情况，姜太公认为，作为主帅一定要临强勿惧，临危不乱，沉着冷静，多方调动对方，力争实现由非预期遭遇战向预期遭遇战的转变。如果是预期遭遇，就可以采用先佯装败退，然后设伏兵诱敌进入伏击圈歼敌的办法。具体地讲，就是将材士、强弩、戎车骁骑，埋伏于道路两侧适当的地域（一般以离己方主力三里处为最好），诱敌至内，再行出击。"敌人逐我，发我车骑，冲其左右"，这样敌人则必败无疑。战史上有记录最早的预期遭遇战是春秋时期的吴楚鸡父之战。

春秋后期，吴、楚两国展开了长期的诸侯争霸战争。公元前519年吴王僚率兵进攻楚国控制的淮河战略要地州来（今安徽凤台）。楚平王闻讯后，即命司马薳越率领七国联军前往救援。途中，督军令尹子瑕病死，司马薳越见状被迫回师鸡父（今河南固始东南）。吴王僚听说楚国督军子瑕身亡，楚联军不战而退，认为这是击破敌人的良机，便乘机尾追。此举完全出乎楚司马薳越的意料，仓促之中，他让胡、沈、陈等六国军队列为前阵，掩护楚军。此时，吴王僚以左、中、右三军的主力预作埋伏，而以三千囚徒作为诱兵去攻击胡、沈、陈诸军。刚一接战，吴国诱兵就伪作溃退，胡、沈、陈军见状贸然追击，进入吴军伏击圈。吴军乘机从三面突然出击，很快战胜了胡、沈、陈三国军队，并俘杀胡、沈国的国君，尔后又故意放俘虏逃走。这些俘虏狂奔逃回，口中叫嚷着本国的国君已被杀死。其他联军受到影响也顿时军心大乱，阵势不稳。吴军乘胜摇鼓呐喊奋勇前进，而处于后方的楚军未及时列阵，遭到吴军猛烈冲击，迅速溃败。

此遭遇战，吴军以寡敌众，又处于"后处战地而趋战"的不利处境，最后却打了胜仗，原因在于正确地判断了敌情，利用"晦日"不宜作战的传统习惯，突然出现在战场，示形动敌，诱敌冒进，设伏痛击，乘胜猛攻。而楚军在这次遭遇战中的失利，关键在于士气低落，内部步调不一，对吴军的动向缺乏了解，临阵指挥笨拙，缺乏机动应变能力，最终导致作战的惨败。

## 四十七、鸟云山兵第四十七

### 【原文】

武王问太公曰："引兵深入诸侯之地，遇高山盘石①，其上亭亭②，无有草木，四面受敌。吾三军恐惧，士卒迷惑。吾欲以守则固，以战则胜，为之奈何？"

太公曰："凡三军，处山之高，则为敌所栖；处山之下，则为敌所囚。既已被山③而处，必为乌云之陈。乌云之陈，阴阳皆备；或屯其阴，或屯其阳。处山之阳，备山之阴；处山之阴，备山之阳；处山之左，备山之右；处山之右，备山之左。其山敌所能陵④者，兵备其表，衢道通谷⑤，绝以武车。高置旌旗，谨敕三军，无使敌人知我之情，是谓山城。行列已定，士卒已陈，法令已行，奇正已设，各置冲陈于山之表，便兵所处，乃分车、骑为乌云之陈。三军疾战，敌人虽众，其将可擒。"

【注释】

①盘石：巨石。
②亭亭：高高耸立的样子。
③被山：覆盖、占据整个山头。
④陵：攀登。
⑤衢道：四通八达的道路。通谷：可通行的山谷。

【译文】

武王问太公："率领军队深入敌国境内，遇到高山巨石、山峰高高耸立和没有草木可供隐蔽的地形，又处于四面受敌袭击的境地。全军恐慌不安，士卒们疑虑重重。在这种情况下，我想做到守则坚固，攻则破敌，该怎么办？"

太公回答："凡军队在山地作战，如果都部署在山的高处，则容易被敌人在山下围住，就像鸟栖高树不能飞下一样，难脱困境；如果都部署在山下，则容易被敌人居高临下四面合围，就像囚犯被拘禁于狱中一样，行动不便。如果已经部署在山上了，那就要把部队布成忽聚忽散的乌云阵。所谓乌云阵，就是要对山的南北两面都能戒备，要将有的部队屯扎在山的北面，有的部队屯扎在山的南面。屯扎在南面时，还应防备北面情况；屯扎在北面时，还应防备南面的情况。屯扎在山的左面时，还应防备山的右面；屯扎在山的右面时，还应防备山的左面。凡是山上有敌人可能攀登的地方，就要派兵防守；交通要道和谷口、路口，都要用战车封锁隔绝。高高地竖起旗帜，严肃地告诫全军，不让敌人了解我军内部情况。经过如此严密的部署，整座山可以称之为山城。在此基础上，编好部队的战斗行列，安排好士卒的阵位，严明军队的法令军纪，设置好担任正面迎敌、侧面配合、奇袭埋伏、后备等任务的部队，将各部队安排在山坡的适当位置并布置成攻击的战斗队形，在便于作战的位置，把战车、骑兵布置为鸟云之阵。如果敌人来攻，全军奋勇作战，敌军人数虽多，也会被打败，主将被擒。"

## 【新解】

在"深入诸侯之地"，且"四面受敌"的情况下，进行山地防御作战，是非常困难的。正所谓"处山之高，则为敌所栖；处山之下，则为敌所囚"。基于此，姜太公认为，据山作战就要布鸟云阵。"鸟云"是一种阵名，意思是如鸟有聚有散、同流云飘忽不定那样灵活机动，确保守则固，战则胜。本篇以"鸟云"之阵为重点，详细地阐述了山地防御作战的兵力部署问题，还涉及作战指导问题，闪烁着"阴阳""奇正""攻守"等辩证思维的智慧之光。

### （一）阴阳皆备，谨防疏漏

这是兵力部署的基本思想，也是本篇重点之所在。包含两层意思：一是要全面部署，加强警戒。驻南防北，驻北防南，驻左防右，驻右防左，山之前后左右、上上下下都要派出兵力驻守；二是要重点部署，扼守要害。依常识，从防守薄弱之处偷袭容易得手。因此，交通要道、谷口和路口等关键地形要重点防守，防敌袭击。兵力部署是一切作战行动的基础，阴阳皆备，方能万无一失。然而，历史上有不少因为部署失当而失败的山地作战，最典型的莫过于马谡刚愎自用失街亭。

街亭虽非"深入诸侯之地"，但它是通往汉中的咽喉，是西蜀军队后勤供应的必经之处，也是蜀国陇西地区的天然屏障，且街亭既没有城廓，又没有险要之处，易遭敌合围。因此，街亭的地理情况与本篇设想的态势有相似之处。三国后期，诸葛亮率蜀军主力北伐，势如破竹，危及魏国长安。司马懿领命直趋街亭，意在截蜀兵进军之路，断其粮草之援。马谡再三请命前往驻守。鉴于街亭的特殊地位，诸葛亮派上将王平相助，又派魏延、高翔到街亭附近屯扎。

马谡来到街亭后，立即察看地形，准备安营扎寨。此时的马谡，早把诸葛亮在要道上安寨的嘱咐丢在了脑后，更听不进王平要在五路总口安营扎寨的正确主张，一定要在山上安寨。马谡说："这里路旁有一座山，四面都是平地，山上树木又多，地形险要，可以在山上驻兵。"王平反驳说"要是驻兵在山上，万一魏军在山下四面包围，我们就完了！"马谡大笑说："你这真是妇人之见！兵法书上说'居高临下，势如破竹'，魏兵要来，我们从高处冲下去，杀得他片甲不留！"王平请求分一部分军队给他，到山的西面，扎一个小寨，以成掎角之势，倘若魏军围山断水，他可以从侧面实施机动支援。这本是一个保险举措，有利无害，但马谡不准。

不仅如此，王平坚持派重兵卡住路口和要道，伐木为栅，并控制山下水源，以利久守，避免冒险。但是，马谡斥责他说：

"《孙子兵法》上说过'置之死地而后生',要是魏兵断我水道,我军一定会拼力死战,一以当百!"司马懿针对马谡的荒唐部署,首先截断街亭与其它营寨的联系,又切断了山上蜀军的汲水道,再包围。不到一天,山上的蜀军又饿又渴,乱成一团,蜀军大败。显然,这是马谡置山地防御的基本常识于不顾,死搬兵书谋略,弄"奇"成拙的后果。

**(二)攻防结合,力避被动**

诚然,"阴阳皆备"的部署是山地防御作战的前提和基础,但是,仅仅如此,仍显不够。"鸟云之阵"是兵力部署和指挥对抗的组合体。所以,姜太公认为,"行列已定,士卒已陈,法令已行",再加上"奇正已设",方能为"鸟云之陈"。值得一提的是,本篇虽没对"奇正"进行阐述,但是先秦兵家将"奇正相生"视为一切作战指导的基本思想。因此,融"奇正之术"的攻防结合,是"鸟云山兵"的应有之义。否则,即使兵力部署非常周全,单纯的防守势难做到"以守则固,以战则胜"。明末爱国英雄袁崇焕指挥的宁远之战便是很好的例证。

宁远之战虽非山地防御作战,但是一次著名的要塞保卫战,敌我态势与本篇设想的情况很相似。宁远(今辽宁兴城),位于辽东湾西海岸,是由东北进入关内的咽喉要道,也是明朝山海关外的天然屏障。当时,通往关内的锦州诸城全撤了,袁崇焕所坚守的是一座被投降派弃置关外、完全不可能有任何支援策应的孤城。

天启六年(公元1626年)正月,后金首领努尔哈赤从沈阳亲率大军西渡辽河,倾全力进攻宁远城,企图打通辽西走廊,进而夺取山海关。袁崇焕等前敌将领决心坚定,视死如归,周密部署。袁崇焕命满桂、左辅、祖大寿、朱梅等战将分守宁远四门。城上架设起西洋大炮。彭簪古指挥东、北两个方向,罗立指挥西、南两个方向,此二人均精通火器,堪得其用。其他人员也都有分工,或"凭城为守",或"城上及四门为援",或"专一城内搜拿奸细",或"传宣督阵",或"具守卒食",或"为宁远外援",或"为宁远后劲",布置得井然有序,环环相扣。

在此基础上,袁崇焕采取了积极有效的进攻手段。例如,对城外旷野之敌,袁崇焕命罗立发红夷炮猛击之,大炮"从城上击,周而不停,每炮所中,糜烂可数里"。在发挥大炮威力的同时,实施火攻。宁远军民"急造火药,不置炮中,匀筛于芦花褥子及被单上,卷之,号'万人敌'⋯着一火星,即不得生其利害如此。守者用此掷于城下,⋯⋯即以火箭硝黄等物掷于被褥上,火大发,扑之愈炽,⋯⋯延烧数千人"。对于凿城之敌,袁崇焕选健丁五十,置于柜中,"木柜半在堞内,半出城外",俯下矢石,将凿城之敌尽行歼灭,迫使后金军不得不暂停攻城。

宁远之战袁崇焕大挫努尔哈赤的八旗兵,创造了空前绝后的大捷,使明朝取得了对后金作战以来的第一次重大胜利。由此可见,宁远之战虽非"山兵",但袁崇焕以防为本、以攻为固的攻防结合思想与姜太公的"鸟云山兵"有相通相似之处。

## 四十八、鸟云泽兵第四十八

**【原文】**

武王问太公曰:"引兵深入诸侯之地,与敌人临水相拒。敌富而众，我贫而寡，逾水击之则不能前，欲久其日则粮食少。吾居斥卤之地①，四旁无邑，又无草木，三军无所掠取，牛马无所刍牧②。为之奈何？"

太公曰："三军无备，牛马无食，士卒无粮，如此者，索便③诈敌而亟去之，设伏兵于后。"

武王曰："敌不可得而诈，吾士卒迷惑。敌人越我前后，吾三军败乱而走。为之奈何？"

太公曰："求途之道，金玉为主。必因敌使，精微④为宝。"

武王曰："敌人知我伏兵，大军不肯济，别将⑤分队以逾于水，吾三军大恐。为之奈何？"

太公曰："如此者，分为冲陈，便兵所处。须其毕出，发我伏兵，疾击其后，强弩两旁，射其左右。车、骑分为鸟云之陈，备其前后，三军疾战。敌人见我战合，其大军必济水而来。发我伏兵，疾击其后，车骑冲其左右。敌人虽众，其将可走。

凡用兵之大要，当敌临战，必置冲陈，便兵所处，然后以车、骑分为鸟云之陈。此用兵之奇也。所谓鸟云者，鸟散而云合，变化无穷者也。"

武王曰："善哉！"

【注释】

①斥卤之地：荒芜贫瘠的盐碱地。
②刍牧：饲养和放牧。
③索便：寻找机会。
④精微：精细隐秘。
⑤别将：率领分遣队的将领。

**【译文】**

武王问太公:"率领军队深入敌国境内,与敌人隔河对峙。敌人物资充裕,人数众多;而我军物资匮乏,人数又少,我想渡过河进攻敌人,却无法向前,想和敌人长期对峙,拖延时日,粮食又不够用。我军占据的地方是盐碱地,四周既没有城邑,又不长草木,我军既无处掠取军需物资,又无处放牧牛马,找到饲料。在这种情况下,该怎么办?"

太公回答:"军队没有必备的作战器械,牛马没有必需的饲料,士卒没有足够的粮食。遇到这种情况,应当寻找机会欺骗敌人,迅速转移,并在转移时在部队后边设置伏兵,以对付前来追击的敌军。"

武王又问:"如果敌人不受欺骗,我军士卒充满疑虑,敌人又在我前后迂回袭击,我军阵形大乱,溃乱败逃。这种情况下,又该怎么办?"

太公回答:"这种情况下寻找出路的办法,主要是使用金玉财宝。对敌人的使者行施贿赂,其中,最重要的是要把事情办得十分细致和隐秘。"

武王又问:"敌人知道我预先设有埋伏,大部队不肯过河,而是先派遣将领率一支部队渡河来进攻我,我军大为恐慌。在这种情况下,又该怎么办?"

太公回答:"如果遇到这种情况,我军应编成冲击战斗队形,配置在有利位置。待敌人先遣部队全部渡过河,就发动我军伏兵,迅速攻击其后部,并以强弩向敌人之左、右两翼射击。此外,将车兵、骑兵布为鸟云之阵,作为机动兵力,掩护前后,全军奋力战斗。对岸的敌人见双方正在激战,必会派大军渡河而来参战。这时应再次发动我军伏兵,猛烈攻击敌军后部,指挥战车、骑兵攻击敌左右两侧。这样，敌人即使人多，也会被打败，主将被迫逃跑。

凡用兵的基本要领是，在同敌军对阵即将交战之时，必须在有利地形上部署冲击战斗队形，然后把战车和骑兵布置成'鸟云之阵'，这是出奇制胜的用兵方法。所谓'鸟云'，就是如鸟可散、云可合一样，变化多端。"

武王说："讲得太好了！"

## 【新解】

江河湖泊不利于部队机动，也没有可供军需的草木粮食，正是"逾水击之则不能前，欲久其日则粮食少"，所以，在江河湖泊特殊条件下作战需要采取不同于其他地区作战的战法。《鸟云泽兵》篇在设想敌强我弱的态势下，由浅入深，针对江河湖泊特殊条件下三种战术情况，提出了相应的战法。

### （一）强而避之，设计转移

孙子曰："少则能逃之，不若则能避之。"本篇一开始就指出，在我方进攻被江河阻隔，敌兵多物足，我兵少物乏，周围环境不利于组织防御等情况下，应迷惑敌人，掩藏虚实，迅速转移。这是敌强我弱情况下的常用战法，其思想要点是"拒"，阻止敌人追击；其手段是"惑"，通过虚张声势、设伏阻吓等方法来实现。这样的情况处置方法，在战场上经常被使用。

元嘉七年三月，南朝宋文帝派兵5万进攻魏国，收复失地。起初征战顺利，收复河南，但很快又全部丢失。十一月，文帝又下诏檀道济率众伐魏。次年二月，檀道济等转战至济上（今山东济水）。其时，魏军兵力强盛，宋军遂先克滑台（今河南滑县）。此后，檀道济在 20 余日间，与魏军交战 30 多次，连战连胜，一路前行，直达历城（今山东济南）。魏将叔孙建等以轻骑兵夹击檀道济部，焚其粮草，宋军因粮草乏绝，无法再进，檀道济只好率部回撤。

恰在此时，宋军有人投降了魏军，把宋军粮草不足、士气低落的消息泄露给魏军。魏军将领一听，急忙集结兵力，准备将宋军一网打尽，宋军上下顿时人心惶惶，生恐魏军乘势穷追。檀道济见此情景，命士兵白天照常巡逻，擂击战鼓，鼓舞士气，在夜间命人秤沙为粮，一边过秤，一边大声地唱出所量的斗数，故意弄得远近皆闻。尔后，檀道济又让人把军中所剩不多的粮米拿出来，撒在沙堆上，冒充粮食，放置路旁。天亮后，魏军发现路上有一个个的粮堆，联想到昨夜听到的唱斗声，以为宋军物资和粮食都很充足，就不再追赶，反而认为投降的那个人胡说八道，把他斩首示众。

宋军量了一夜的沙子，个个疲惫不堪。此时见对方兵力越来越多，已将自己重重包围，军中又粮草殆尽，上上下下笼罩在一片饥饿和惶恐的气氛中。檀道济却镇定自若，像个没事人儿一般。他命令将士们披甲执锐，全副武装，自己则身穿白衣，乘一辆战车悠闲自得，谈笑风生，同时大声朝四面的魏军指指点点，从容地行进。魏军见此情景，越发怀疑宋军有埋伏，不敢冒险进击，最后只得撤走了。这样，檀道济从魏军的眼皮底下顺利班师回国。待魏军醒过神来，宋军早就没了踪影。

**（二）必因敌使，金蝉脱壳**

本篇设想的第二种情况是，敌察觉我转移企图，实施迂回包抄。显然，想阻止敌方的阻截是很难的。最可行的办法是通过秘密买通敌将，或丢置金银财物于地，引诱敌军哄抢，或利用敌方内部的矛盾等手段，寻找突破口，乘机突围。无论采取什么手段，目的都在于采用利益手段，分化敌方阵营，使其网开一面。工农红军顺利通过长征第一渡，就是得益于分化敌营，冲破蒋介石的第一道封锁线。

第五次反"围剿"失败后，1934年10月，红军主力及中央机关被迫从中央苏区转移。此时面对的第一个"拦路虎"就是国民党广州绥靖公署主任、第一集团军总司令兼赣粤闽湘鄂"剿匪"司令官陈济棠的南路军。陈济棠与蒋介石的矛盾甚深，在中共反蒋抗日口号影响下，陈济棠曾秘密派人前来中央苏区与红军接洽。中共一直与陈济棠保持联系，朱德曾于9月间致信陈济棠，再次重申红军愿在停止进攻苏区、给民众以民主权利和武装民众的前提下，与任何部队订立反日作战协定，并提出了双方停止作战行动、立即恢复双方贸易往来、给辖区内的民众以民主权利和释放政治犯、武装民众、代红军采购军火等具体谈判内容，希望陈济棠派代表前来具体协商。

陈济棠接信后，电约红军方面派代表到驻防于寻邬（今寻乌）筠门岭地区的第三军第7师处会谈。10月5日，周恩来以朱德名义起草了给陈济棠部代表的信件。6日，红军谈判代表潘健行（潘汉年）、何长工携带周恩来所写之信。前往寻邬与陈济棠某部代表——南路军参谋长杨幼敏、第7师师长黄廷桢举行谈判。经反复磋商，双方达成5项秘密协议：1. 就地停战，取消敌对局面；2. 解除封锁，互相往来；3. 互通情报，用有线电通报；4. 红军可在粤北设后方医院；5. 可以互相借道，各自从现在战线后退20里。这一秘密协议的达成，一定程度上减少了红军后期的战略转移的阻力，对红军顺利冲破蒋介石设计的第一道封锁线有着决定性作用。

## （三）奇正相辅，前后夹击

在第一、第二种情况均被敌破解后，形势势必非常严峻。为此，本篇设想了第三种情况，即敌为防止中我埋伏，派一部力量实施试探性进攻。并提出"奇正相辅"的处置方法，即在伏兵、强弩手等兵力的协同作战下，以车兵和骑兵为主组成"鸟云之阵"。其战术思想精髓就是，在敌强我弱、地形条件受限的情况下，合理部署，综合运用各种作战力量，施计用谋，灵活机动，巧妙集中力量，各个歼灭敌人，转换力量对比。这种思想是以弱胜强、以少胜多的不二法门，为历代军事家高度重视。粟裕在莱芜战役的指挥中，声东击西，变化无穷，"示形于鲁南，决胜于鲁中"，是运用"鸟云之阵"思想精髓的成功范例。

1947年1月，国民党军按其"鲁南会战"计划，调集了30万大军，分南北两路，企图夹击消灭正在临沂一带休整的解放军华东野战军主力。华东野战军根据敌方"南重北轻"的部署，决定先打北路。于是命令第2、3纵队伪装主力，对南路军实施正面防御，并做好撤出临沂的准备，同时集中其余7个纵队向莱芜隐蔽开进，并命令地方部队逼近兖州，在运河上架设渡桥，造成主力将渡过运河、向西撤退的假象。2月15日，南路国民党军占领了临沂，当时报纸吹嘘"国军在鲁南决战中获空前大胜"。为隐蔽主力北上企图，引诱国民党军北路李仙洲上钩，华东野战军继续大造声势，"准备西渡运河"与晋冀鲁豫野战军会合。17日，待犹豫再三的李仙洲率领第四十六和七十三军重新回到莱芜之时，华东野战军主力已经摆好了口袋阵，立即将之包围。等他们发现上当，为时已晚，遭全歼。

对于华野在莱芜战役中隐蔽北移、示南击北的"鸟云"战法，国民党军在它的战史中记述说：共军"主力作战略转移时，经由临沂、蒙阴、新泰、莱芜道东西山区小径，昼伏夜行，秘密前进，我空军既无法搜集，地面情报亦不易侦知，一时竟不知匪军主力所在。乃至判明其企图与行动时，我南进兵团已被分别包围于古马陵道中。"

## 四十九、少众第四十九

### 【原文】

武王问太公曰："吾欲以少击众，以弱击强，为之奈何？"

太公曰："以少击众者，必以日之暮，伏于深草，要之隘路。以弱击强者，必得大国之与，邻国之助。"

武王曰："我无深草，又无隘路。敌人已至，不适日暮。我无大国之与，又无邻国之助。为之奈何？"

太公曰："妄张诈诱①，以荧惑其将。迂其道，令过深草；远其路，令会日暮。前行未渡水，后行未及舍，发我伏兵，疾击其左右，车、骑扰乱其前后。敌人虽众，其将可走。事大国之君，下邻国之士，厚其币，卑其辞。如此，则得大国之与，邻国之助矣。"

武王曰："善哉！"

### 【注释】

①妄张诈诱：虚张声势，以欺骗手段引诱敌人。

### 【译文】

武王问太公："我打算以少击众，以弱击强，该怎么办？"

太公回答:"想要以少击众,必须利用太阳落山、天色昏暗的不良天候,把军队埋伏到深草丛中,或者在险隘道路上部署重兵,截击敌人;想要以弱击强,一定要得到大国的支持,邻国的援助。"

武王又问:"我军没有占据深草茂密地区,又没有险阻道路可守,敌军逼近我军时又非太阳落山、天色昏暗之时;我军还没有大国的支持、邻国的援助。这些情况下,该怎么办?"

太公回答:"遇到这种情况,应当虚张声势,制造假象,迷惑敌军主将;引诱敌军实施迂回,使之必经深草茂密地区;诱使敌人多绕远路,多费时间,使之正好在黄昏天黑的时候与我交战。乘敌军先头部队还来不及渡河,后续部队还没来得及宿营之机,发动伏兵迅速攻击敌人左右两翼,用战车和骑兵袭扰敌人前后阵势。这样,敌军人数再多,也会被打败,迫使他们主将逃跑。恭敬地侍奉大国的君主,谦卑地礼遇邻国的贤士,在交往时多赠送钱物,多使用谦逊的辞令,这样,就可得到大国的支持,邻国的援助了。"

武王说:"讲得好啊!"

**【新解】**

战争是力量的竞赛,以多胜少、以强克弱是战争的一般规律。《孙子·谋攻篇》基于此,提出了不同的作战方法,即"十则围之,五则攻之,倍则分之,敌则能战之,少则能避之"。当然,辩证法也告诉我们,力量强大只是具备了胜利的可能性,而非现实性、必然性。只要能够充分发挥主观能动性,调动天时、地利、人和等因素,"以自己局部的优势和主动,向着敌人局部的劣势和被动,一战而胜,再及其余,各个击破,全局因而转成了优势，转成了主动"，那么以弱胜强、以少击众是完全可能的。基于此，本篇《少众》深入阐述了敌众我寡、敌强我弱的情况下克敌制胜的一些应对办法。

**（一）以少击众，须谋天时地利**

本篇中的"少"与"众"，主要是指兵力对比，通常用于战术或战役层次。如何将敌人的兵力优势转化为劣势？姜太公认为，巧借天时、地利，或吸引、调动、迷惑敌人，使敌人在不利的时间或不利的地点与我作战，减少敌兵力优势，战而胜之。中国古代有很多成功战例，如公元前353年、公元前341年孙膑使用伏击的齐魏桂陵、马陵之战，三国时期陆逊火烧蜀营的彝陵之战，等等，不胜枚举。但是，这些战绩的境界都无法与我军在革命战争时期创造的辉煌相媲美。红军初创时期的第一次反"围剿"中，我军以少击众的战术出神入化，足以让古人击节三叹，自叹弗如！

1930年10月，蒋介石调集10万大军"围剿"毛泽东、朱德领导的中央红军，当时红军只有4万人，论兵员数量、武器装备水平、物资补给能力等都远不如敌。在这种情况下，来个"硬碰硬"，拒敌于苏区之外，无异于"乞丐与龙王比宝"。毛泽东认为，红军应先向苏区内退却，退到根据地内部，利用天时、地利的条件，使敌人分散，然后再创造和抓住战机消灭敌人。

按照这一方针，红军首先退却，把敌人引入根据地。敌人进入红军的根据地后，找不到红军的主力部队，处处扑空，沿途屡遭红军小部队和地方武装袭扰、阻击，交通运输常被阻断，故进展迟缓。10月29日，"围剿"军前敌总指挥张辉瓒率第18师第52、53旅和师直属队由东固孤军冒进至龙冈这一"口袋"形地区，兵力展不开，火力发扬不了。红军抓住战机，集中主力将其包围，激战至次日18时许，将敌18师师部和2个旅9000余人全部歼灭，生俘师长张辉瓒。第18师主力被歼后，深入苏区的其他各路"围剿"军闻讯退缩。红军乘胜追击，在东韶地区歼灭敌谭道源的第50师1个多旅。之后，各路国民党军争相撤离苏区，蒋介石对中央苏区发动的第一次"围剿"被粉碎。

此役，红军在毛泽东、朱德的指挥下，实行诱敌深入的方针，选择有利的天时和地利，分化敌人的兵力优势，使敌人如泥牛入海，无计可施。

**（二）以弱击强，善借联盟之力**

"弱"与"强"，一般是指综合力量对比，主要适用于战略范畴。本篇的"以弱击强"讲的是战略层次的军事对抗，即战争双方的全面较量。姜太公认为，要想取得战争的胜利，必须最大限度扩大己方的力量，因此在战争筹划上，需要顺势借力，最有效的方法是建立力量联盟，实现力量强弱对比的转化，从而以弱胜强。具体实践上可以"事大国之君，下邻国之士，厚其币，卑其辞。如此，则得大国之与，邻国之助矣"。这一思想在抗日民族统一战线的形成和中国争取世界反法西斯联盟援助取得抗日战争胜利中有很好的体现。

1931年"九一八事变"后，面对日本帝国主义的野蛮侵略，中华民族处于生死存亡的关头，民族矛盾上升为主要矛盾。当时，处于半殖民地半封建社会的中国，要以弱小的综合国力战胜处于帝国主义阶段的日本，就必须实行全民族的大团结、大联合，建立起以国共两大军事、政治势力为主的统一战线。而中国共产党和国民党，是阶级基础和性质完全不同的党，特别是第一次国共合作破裂以后，国民党在"宁可错杀一千，不可放过一个"的反革命屠杀政策的指导下，无数共产党人遭到杀害，两党处于不共戴天的仇视状态。但在困难当头、民族危亡的时候，中国共产党以博大胸怀、捐弃前嫌，从国家和民族大局出发，提出与国民党第二次合作、建立抗日民族统一战线的主张，并为之进行了长期不懈的努力。

期间，中国共产党为求抗日之大同，争取蒋介石抗日，不断调整政策，特别是在许多问题上作了重大让步。比如，陕北工农政府改名为中华民国特区政府，红军改编为国民革命军第八路军（简称八路军），南方红军游击队改编为国民革命军新编第四军（简称新四军），最终促成了抗日民族统一战线的建立，为抗日战争的胜利奠定了坚实的政治基础。

中国打败日本帝国主义，主要靠中国的抗日民族统一战线，靠全国人民自己的力量，但也争取到了国际反法西斯国家和人民的支持，特别是美国、苏联等国的援助。这也是战胜日本帝国主义不可缺少的条件。

1937年"七七事变"前，中国由于经济基础薄弱，军事上处于劣势，急需获得国际上的财政贷款和军火武器之类的具体援助，用来对付日本对中国可能进行的新的扩张。为此，国民政府把苏联列为重要的求援对象，并通过外交渠道，积极展开了争取苏联军事援助的工作。"七七事变"后，中国面临的军事形势比过去更加紧张。蒋介石愈加感到苏联援助的重要性和迫切性。因此，同年8月21日，《中苏互不侵犯条约》刚一签订，蒋介石便立即派员赴莫斯科向苏联政府求援。据统计，太平洋战争爆发前，中国从世界大国共获得5.135亿美元贷款，其中苏联2.5亿美元接近贷款总额的50%。

太平洋战争爆发后，由于中国的不懈努力和美英等国保卫自己在亚太地区权益的需要，美国也大幅增加对中国的援助，并派来史迪威将军担任中国战区参谋长，协助蒋介石指挥对日作战，还将陈纳德的美国空军志愿队"飞虎队"改编为美国第14航空队中国特遣队，在战争后期又开辟了"驼峰战略空运航线"，为中国战场运送武器装备和战略物资等，给中国以极大的援助。1945年抗战到了最后阶段，美国在太平洋战场取得重大战果，并在日本广岛、长崎投放了两枚原子弹，苏联百万大军出兵中国东北，为中国抗日战争的胜利发挥了重要作用。

抗日战争最终以中国人民的伟大胜利而告终，抗日民族统一战线和世界反法西斯统一战线发挥着不可或缺的关键作用。期间，中国共产党和中国人民为之付出了不懈的艰辛努力和巨大的民族牺牲，团结了一切可以团结的力量，争取了国内各民族、各阶层和世界反法西斯人民的广泛支持，实现了以弱胜强的目的，打败了强大的武装到牙齿的日本帝国主义。可以说，正义是不可战胜的，团结的力量是天下无敌的！

## 五十、分险第五十

### 【原文】

武王问太公曰："引兵深入诸侯之地，与敌人相遇于险阨①之中。吾左山而右水，敌右山而左水，与我分险相拒。吾欲以守则固，以战则胜。为之奈何？"

太公曰："处山之左，急备山之右；处山之右，急备山之左。险有大水无舟楫者，以天潢济吾三军。已济者亟广吾道，以便战所。以武冲为前后，列其强弩，令行陈皆固。衢道谷口，以武冲绝之，高置旌旗，是谓车城。

凡险战之法，以武冲为前，大橹为卫，材士强弩翼吾左右。三千人为屯，必置冲陈，便兵所处。左军以左，右军以右，中军以中，并攻而前。已战者，还归屯所，更战更息，必胜乃已。"

武王曰："善哉！"

【注释】

①险阨：险阻狭窄的地形。

【译文】

武王问太公："率领军队深入敌国境内，与敌军在险隘阻塞之地遭遇。我军左翼靠山右翼临水，敌人则右翼靠山左翼临水，双方据险相峙。我军该怎么办，才能做到守则固、攻则胜？"

太公回答："如果我军占领山的左侧，就要迅速加强对山右侧的戒备；如果我军占领山的右侧，就要迅速加强对山左侧的防备。如果险要地形上有大河，而我军却没有渡船，就用'天潢'把全军渡过去。先头渡河部队，应迅速开辟通路，便于我军展开队列，实施作战。要将'武冲'战车配置军前军后，实施护卫，同时，配置强弩以保持战斗阵势的坚固。在交通要道、山谷入口，用'武冲'战车堵截，并在车上高高树起旌旗，筑成'车城'。

在险要狭隘地区作战的方法是，以'武冲'战车为前锋，以'武翼大橹矛戟扶胥'为后卫，以技能好的勇士和强弩手担任左右两翼的护卫。每三千人编成一个屯驻单位，布成冲击战斗阵形，配置在适宜采取作战行动的地方。进攻时，左军向左进攻，右军向右进攻，中军在中央进攻，三军齐头并进，一起向前攻击。战斗一阵子后，退回屯扎的地方休整，由另一屯接替，继续投入战斗。这样，轮番战斗，轮番休息，直至战胜敌人。"

武王说："讲得好极了！"

**【新解】**

本篇所讲的"险"，主要指高山峡谷、河湾湖汊等险阻狭窄的地形，在这样的地形上与敌猝然相遇，必然是危险万分。所谓兵行险地，如入虎穴。那么，该如何行动才能化险为夷呢？本篇主要阐述的是在险要地形上与敌遭遇而采用的作战方法。

### （一）分险相拒，布阵堵缺

孙子说："料敌制胜，计险易远近，上将之道也。"在险陋之地要想化险为夷，立于不败之地，必须充分考虑地形的特点提出相应对策。对此，姜太公认为，首先注意加强全面部署。"处山之左"时，要"急备山之右"，"处山之右"时，要"急备山之左"；强调在排兵布阵之时必须时刻注意侧翼安全，不能给敌人以可乘之机，否则就会有失败之虞。第二次世界大战时德军就曾因此兵败"古斯塔夫"。

1944年初意大利战场上，盟军被牢牢阻止在德军"古斯塔夫"防线面前。大名鼎鼎的"古斯塔夫"防线，从那不勒斯以北60余公里的地中海沿岸直至亚得里亚海边的奥尔托纳，横贯意大利，防线的中枢要点是高耸入云的卡西诺峰，这座陡峭山峰的脚下就是通往罗马的必经之路——六号公路，德军占据着卡西诺峰，可以居高临下封锁六号公路，切断盟军向罗马的通路。整条防线到处都是构筑巧妙的混凝土工事和密布地雷的雷区，又凭借着天险之利，绝对是易守难攻。因此，盟军在1943年9月至1944年1月四个月中，付出了数万人的重大伤亡，依然没有取得突破。

然而，德军的排兵布阵也存在重大疏漏，因为德军认为盟军根本没有力量在进攻"古斯塔夫"防线的同时组织侧后登陆，所以在安齐奥一带只部署了1个工兵营，兵力极其空虚。后来，这一疏漏被盟军发现，盟军顺势实施"鹅卵石"计划。1944年1月21日下午，盟军登陆部队3.6万人乘舰船从那不勒斯起航。为迷惑德军，船队先经卡普里岛向南航行，直至夜幕降临后，才转向安齐奥。1月22日凌晨，盟军准时上岸，几乎没有遭到任何抵抗，而担负防御任务的德军工兵营大部被俘，其中很多人在被俘时还穿着睡衣。安齐奥失守后，德军防御大门洞开，"古斯塔夫"防线再也难以坚守。

此战，德军本来占尽了地利，完全可以凭险固守，但是百密一疏，忽视了侧翼的安全防护，没有按照姜太公说的"处山之左"时，要"急备山之右"，"处山之右"时，要"急备山之左"，结果一招失误，满盘皆输。盟军则巧妙地利用这一漏洞，突破了德军苦心经营的"古斯塔夫"防线，基本实现战役企图，并为占领罗马、全歼意大利境内的德军奠定了基础。

**（二）险战之法，分合相济**

姜太公指出，如果险要地形上有大河，而我军却没有渡船，就要及时寻找"门舟""飞江"等渡河工具把全军渡过去。他还认为，行动中先头渡河部队应注意控制渡口，并为后续部队开辟通路，而主力则使用"武冲""大橹""材士强弩"等精锐力量，互相配合行动，这样还是可以取得战斗胜利的。的确，若是山、水等天险交错在一起，就会给作战行动带来异常困难的情况。但是长征途中英勇的红军不畏艰难险阻，曾经创造了强渡大渡河、飞夺泸定桥的战争奇迹。

1935年5月，北上抗日的红军抵达大渡河右岸的安顺场。安顺场一带大渡河宽100多米，水深流急，高山耸立。在红军到达之前，川军1个营已抢占左岸，正在构筑工事，凭险防守，情况对红军十分不利。渡河必须要有船，红军历经千辛万苦总算在渡口附近找到一只木船。利用这仅有的一只船，营长孙继先从第二连挑选了17名勇士组成渡河突击队，25日晨，18名勇士冒着川军的密集枪弹和炮火，乘船在激流中前进。快接近对岸时，川军向渡口反冲击，团长杨得志命令"神炮手"赵章成开炮，两发炮弹正中川军阵地。18名勇士战胜了惊涛骇浪，冲过了敌人的重重火网，终于登上了对岸，一举击溃川军1个营，巩固了渡河点。随后，红一军团第一师和干部团由此渡过了被国民党军视为不可逾越的天险大渡河。

这时形势依然十分严峻，红军在安顺场要用仅有的几只小船将几万红军渡过河去，最快也要一个月的时间。面对周边数十万敌军，红军不能当"石达开第二"，困死在安顺场，怎么办？大渡河上游120公里有一座铁索桥——泸定桥。当急之下，红军立即作出了夺取泸定桥的指令，决定兵分两路，夹河而上攻取泸定桥。其具体部署是由刘伯承、聂荣臻率领已渡河部队为右路军；由中央纵队及其他未渡河部队为左路军，其中由王开湘、杨成武率领的红二师四团为前锋攻击前进。

红四团官兵在天下大雨的情况下，在崎岖陡峭的山路上跑步前进，克服了常人难以想象的饥饿和疲劳，一昼夜奔袭竟达120公里，途中还进行了2场小规模战斗，终于在5月29日凌晨6时许按时到达泸定桥西岸。迅即，第2连连长廖大珠等22名突击队员冒着东岸敌人的火力封锁，在铁索桥上边铺门板边匍匐射击前进，在突击队发起攻击后，敌人在桥头纵火，妄图阻止我军前进，此时东岸我军也赶到了泸定桥，很快将火扑灭，守桥敌人有的仓皇逃跑，有的被消灭。泸定桥被我军攻占后，左右两路红军在泸定城胜利会师。

此战，红军在天险面前不低头，首先以无比顽强的战斗精神强渡大渡河，尔后当机立断，迅速的左右两路分合相济，夹河北上，互相配合夺占泸定桥，彻夜粉碎了蒋介石欲借助大渡河天险，将红军变成"第二个石达开"的美梦。强渡大渡河、飞夺泸定桥因此成为红军长征中的著名战斗，并在中国革命史上写下了轰轰烈烈的不朽篇章。

# 第六章

## 《犬韬》新解

[章节解析]

《犬韬》是《六韬》中的第六卷，内分《分合》《武锋》《练士》《教战》《均兵》《武车士》《武骑士》《战车》《战骑》《战步》10篇。犬，天生具有嗅觉超强、擅长狩猎、结群攻击的本能。尤其是与生俱来的地盘观念，使其成为优秀的守卫者和驱逐者。所以，人们通常认为"犬善守"。本篇名为"犬韬"，说明全篇主要是从战术层面论述军队的指挥调动，击敌时机，练兵方法，步、车、骑兵的组织协同和各自的战法。其中，许多观点颇有新意。诸如，论述军队的分合集结方法时，作者分析了如何按一定的标准选拔勇猛有力、武艺高强娴熟的步兵、车兵和骑兵，让他们充当军队的基层军官和常备兵，以及如何训练军队等具体问题。

值得注意的是，《犬韬》还在逐一论述步兵、车兵和骑兵诸兵种的性能、战斗力、阵法和作战方式的基础上，结合地形条件和敌情变化，指出步兵贵在知变化，车兵贵在明晓地，骑兵贵在了解别径奇道，提出了步兵抗击车骑的方法，强调车兵有"十胜八害"、骑兵有"十胜九败"，揭示了使用各种不同兵种的原则和方法，总结了春秋战国时期作战的新样式。

## 五十一、分合第五十一

**【原文】**

武王问太公曰:"王者帅师,三军分为数处,将欲期会合战①,约誓②赏罚。为之奈何?"

太公曰:"凡用兵之法,三军之众,必有分合之变。其大将先定战地、战日,然后移③檄书与诸将吏期④:攻城围邑,各会其所,明告战日,漏刻⑤有时。大将设营而阵,立表⑥辕门,清道以待。诸将吏至者,校其先后,先期至者赏,后期至者斩。如此,则远近奔集,三军俱至,并力合战。"

**【注释】**

①期会:约期聚集。合战:集中兵力与敌交战。
②约誓:军中告诫将士的规约信条。
③移:此处是下达的意思。
④期:约定。
⑤漏刻:又称漏壶,古代的一种计时器。
⑥表:标杆,通过日照的投影计算时间。

**【译文】**

武王问太公:"君王统率军队,而全军分散在若干地方屯住。如果要预先约定时间、地点集中军队做好战争准备,进行战前动员,规定赏罚,该怎么办?"

太公说:"大凡率军作战,由于三军人数众多,一定要掌握由分散向集中转换的办法。主将应事先确定交战的地点、时间，然后下达作战文书给各位将领，同他们约定时日，一起围攻敌人的城邑，规定各部队的集结地点，并明确告知作战日期，规定集结时限。主将在会师地点设置营垒、布好兵阵，在辕门内立标竿观测时间，清理道路，等待各将领率部队报到。对于前来报到的各路将领，核实到达的先后次序，对先期到达的给予奖赏，对于逾期迟到的斩首。这样，不管远近，各路部队都会迅速赶来集结。全军到齐后，就可以集中兵力对敌作战了。"

**【新解】**

先秦时期，各诸侯的部队一般是分别驻扎在各地，遇有"王者帅师"，约誓合战这样的大事，就要发出号令使分散而驻的各部队集结起来，这就有变分为合的过程，本篇《分合》主要阐述了这个过程的注意事项，即集结军队、约期会战等的原则和方法。

**（一）三军之众，分合为变**

集中力量，形成对敌优势，这是战争指导的一般规律。的确，战争只要达到一定的规模，在准备阶段都有一个力量配置由分散到集结的过程。当然，这也包括两个层次：对作战准备而言，是指从驻地向预定地区集结、向作战地区开进、进入交战区作战的过程，如果没有及时集结，就难以形成有效战力；对战争而言，是指实施广泛的战争动员，动员军队和各种力量投入战争，如果没有有效的动员机制，军队没有及时进入战争状态，就会未战先败。该篇所讲的"分合为变"，是姜太公主要针对作战准备而言的。1815年滑铁卢战役中，本来拿破仑进行了周密的战役准备，但由于预定的格鲁希元帅援军没有按时到达战场，未能实现"分合"之变，造成拿破仑军队兵力不足，结果在占有优势的反法联军进攻下一败涂地，拿破仑也遗憾地退出了历史舞台。

其实，不但作战准备有"分合"之变，在作战过程中同样有作战力量的"分合"之变，即分散与集中的作战部署转换问题。因为集中是相对于分散而言的，在互争优势和主动的战争竞赛中，作战双方都在搞集中，并且设法阻止和破坏对方的集中。如果弱军一方一兵一枪都不愿分散，那么强大的敌军就可以用集中对付弱军的集中，跟弱军硬碰硬。这对弱军是极为不利的。因此，毛泽东认为弱军要造成战役战斗中我优敌劣之势，还必须设法分散强大的敌军。而要分散强大的敌军，在战争指导上的有效办法，就是首先在战略上实行必要的分散。只有以自己小的分散，人为地造成敌人的大分散，才能在战役战斗上实现以己之集中对敌之分散，造成一向势制约多向势的局面。

抗战胜利后，蒋介石一心想打通华北，抢占东北。他以三个军的兵力为一路，由郑州、新乡沿平汉线北犯。我方为了保证晋冀鲁豫主力集中力量打击该敌，各解放区部队同时在津浦、同蒲南段、桐柏、平绥、冀热辽等数个战略方向上一齐出击，使蒋介石分开五指全面应付，无法抽调兵力向平汉路迅速增援。这样，我晋冀鲁豫部队集中了6万野战军和10万民兵，对平汉路3万之敌形成了局部优势，最终吃掉了敌两个军，争取了敌一个军起义。

**（二）三军合战，贵在齐一**

分合为变，贵在以分为合。那么如何实现"合"呢？姜太公认为，要明确章法，严格执法。例如，要把分散在各地的军队集合在一起，首先必须确定会师的时间和地点，然后再以下达命令的形式通知诸将。这里"时""地"的观念非常重要。《孙子兵法·虚实篇》也说过:"知战之地,知战之日,则可千里而会战。不知战地,不知战日,则左不能救右,右不能救左,前不能救后,后不能救前。"这说明时间、地点对军队来说多么重要。遵守时间,赢得时间,就是胜利;延误了时间,就可能遭到失败。

所以,姜太公指出,要严格军纪,按时到达集结地的,应给予奖赏;不能按时到达指定位置的,要予以处罚;军队必须树立法纪的权威性,养成遵时守纪的观念。这样,才能"则远近奔集,三军俱至,并力合战"。

信息化战争中,部队的调动会合表现出新的特点,自然与古代的约誓合战有所不同,但保持密切协调、遵守部队规约还是一样的。因为信息化战争的本质特征是一体化联合作战,陆海空天、诸军兵种,任何部队、任何将帅都是其重要一环,务必严格执行指令,做到统一行动,方能步调一致,形成合力制胜的局面。

## 五十二、武锋第五十二

【原文】

武王问太公曰:"凡用兵之要,必有武车骁骑,驰阵选锋①,见可则击之。如何则可击?"

太公曰:"夫欲击者,当审察敌人十四变,变见②则击之,敌人必败。"

武王曰:"十四变可得闻乎?"

太公曰:"敌人新集可击,人马未食可击,天时不顺可击,地形未得可击,奔走可击,不戒可击,疲劳可击,将离士卒可击,涉长路可击,济水可击,不暇③可击,阻难狭路可击,乱行可击,心怖可击。"

**【注释】**

① 驰阵:冲锋陷阵的勇士。选锋:精选出来的勇士。
② 见:显露。
③ 不暇:不安定。

**【译文】**

武王问太公:"大凡用兵的关键就在于,必须配备有攻击威力强大的战车、勇猛善战的骑兵、敢于向敌阵发起冲锋的勇士和经过挑选的精锐士卒,只要发现有可乘之机就坚决出击。但究竟怎样才是出击的时机呢?"

太公回答:"要攻击敌人,应当仔细观察敌方的十四种情况变化。这些情况一旦显露,就要抓住时机,对敌实施攻击,敌人必败。"

武王又问:"可将这十四种情况变化说给我听一听吗?"

太公回答:"敌军刚刚集结、立足未稳时,可以发动攻击;敌军人马尚未进食喂料,正处于饥饿状态时,可以发动攻击;气象天候对敌军不利时,可以发动攻击;敌军处于不利地形时,可以发动攻击;敌军忙于奔走赶路时,可以发动攻击;敌军戒备松懈时,可以发动攻击;敌军疲劳困乏时,可以发动攻击;敌军将帅脱离部队、军中无主时,可以发动攻击;敌军长途跋涉时,可以发动攻击;敌军正在渡河时,可以发动攻击;敌军忙乱不停时,可以发动攻击;敌军通过艰难险阻道路时,可以发动攻击;敌军阵列散乱时,可以发动攻击;敌军人心恐惧、斗志涣散时,可以发动攻击。"

**【新解】**

本篇题名《武锋》,即利用精锐力量向敌发起攻击之意,其中心意思是论述攻击的时机(即战机)选择问题。战机是战争中地形、天候和敌人状态等三种条件在时间上有利于我的机会,即时机。毛泽东在《论持久战》一文中深入浅出地指出:"进攻某一运动中之敌,打早了,暴露了自己,给了敌人以预防条件;打迟了,敌已集中驻止,变为啃硬骨头。这就是时机问题。"所以,时机在作战中往往具有关键性的作用。而选择战机的实质,则是选择有利于我而不利于敌的具有时间性的条件和机会。

**(一)善择战机,用兵之要**

姜太公在《武锋》中所论的战机共有十四种,非常全面,归纳起来可分为两类:第一,乘敌虚弱、混乱之机。强调利用"敌人新集""人马未食""疲劳""乱行""心怖""涉长路"等十种时机袭击敌人。公元前684年的齐鲁长勺(今山东莱芜东北)之战,即属"疲劳可击"的战例。当时齐国军队西进至长勺,与鲁军对峙。鲁庄公准备立即出战。曹刿认为,要对付比自己强的齐军,不选择好战机是难以取胜的。于是,他阻止鲁庄公下达出击的命令。随后曹刿密切注视战场情况变化,"一鼓作气,再而衰,三而竭",抓住对方士气衰竭的有利时机,发起反攻,击败齐军。第二,乘敌不利天时和地形之机。诸如"天时不顺""地形未得""济水""阻难狭路"共四种。

不过，知易行难。尽管大家都知道战机的重要性，但战机稍纵即逝，上述的这些战机也不是很容易把握的，在战争实践中往往只有优秀的指挥官才能准确把握战机。许多著名军事家都把错过战机看作是"犯了战争中不能犯的最大错误"。另一方面，战机也要靠创造。战机是不会自动出现的，有时需要指挥员创造才能出现。毛泽东指出："我们乘敌之隙的可能性，总是存在的。敌人会犯错误，正如我们自己有时也弄错，有时也授敌以可乘之隙一样。而且我们可以人工地造成敌军的过失，例如孙子所谓'示形'之类（示形于东而击于西，即所谓声东击西）。"对此，古代兵家早就有所谓"明修栈道，暗度陈仓"之类的范例。

我军的粟裕大将，用奇谋，出奇兵，示形动敌，创造战机，是其用兵的显著特色。例如，抗日战争时期的车桥战役他运用了声东击西的兵法，解放战争时期的莱芜战役示南击北，而豫东战役又声东击西。陈毅誉之为"愈出愈奇，愈打愈妙"。所谓妙，主要是妙在他能善于调动敌人就范，善于使用"示形"之类的谋略手段。

总之，创造和捕捉战机，是指挥员主观能动性的集中表现。战争的胜负并不完全由兵力强弱来决定，兵力弱的一方，如果主观能动性发挥得好，弱可以胜强，寡可以击众，劣可以胜优。关键是看战争的指导者能否随机应变，审时度势，用好战机，把战争引向胜利。

**（二）战机无定，相机行事**

兵无常势，水无常形，战机也不是一成不变的。有的战机具有时代性，而且技术决定战术，当武器装备水平发生变化时，就有可能改变战机的走向。例如，利用夜间作战的时机问题。

日出而作，日落而息，几千年来，人类生活习惯使然。到了晚上，人困马乏，通视条件不好，不便于部队作战行动的组织与实施。因此，提起夜间作战，人们自然会想到，这是劣势装备的军队利用夜暗条件做掩护，隐蔽地接近目标，达成作战行动的突然性，夺取作战胜利的最佳时机。

在朝鲜战场上，由于中国人民志愿军善打夜战，使得装备精良的美军看到夜暗降临、月亮升起，就心有余悸。正如一位美军士兵在日记中所写的那样，"1950年11月23日，夜间，天气寒冷而晴朗，月亮既圆又亮，太阳刚由西方落下，月亮就由东方地面升起，寒光照满战场，近距离能见度甚为清晰，像这样的月亮，联军早起了一个外号，叫'中国人的月亮'，因为中共习惯上喜欢利用这样的月亮发动其凶猛的夜间攻击。"从字里行间不难看出，月夜对于劣势装备的志愿军而言确实是可以利用的重要战机。

然而，随着信息技术的迅速发展，信息化武器装备的夜视性能得到极大提高，夜暗条件对部队作战行动的影响作用发生了逆转，夜晚对配有先进装备的军队已单向透明，这就使得拥有技术优势的西方军队更青睐在夜间实施作战。

1989年，美军入侵巴拿马，把发起总攻的时间选在当地时间凌晨1时，这正是夜深人静、巴拿马国防军猝不及防之际。1991年的海湾战争，多国部队主要作战行动的发起时间也选择在夜间。到2003年伊拉克战争时，美军的夜间作战能力空前提高。陆军第3机步师的主要装备都配有性能先进的夜视设备，其中，M1A2主战坦克和M2"布雷德利"战车，配备了陆军"横向技术一体化（HTI）"B红外成像系统（属第二代前视红外成像系统），可以为炮长提供昼夜全天候的大范围探测、识别和交战能力；"陶"式反坦克导弹系统采用的 AN/TM-4 热成像瞄准仪，可在夜间对 2.6 千米的装甲目标进行探测和瞄准射击；AH-1"眼镜蛇"武装直升机配备的飞行员夜视系统，在夜间对坦克的探测距离达 12 千米，识别距离为 7 千米；步兵也配备有三种夜视装备，其中，AN/PVS-14 是陆军地面部队装备的最先进的单筒夜视镜。战争中，整个战场是美军的"单向透明"，所以美军的战机处处呈现；伊军则如"盲人骑瞎马"，夜半临深池，很快败下阵来。

至于其他的战机，同样存在相对性的问题。因此，要抓住战机、利用战机，使条件真正有利于我，不可以墨守成规，要随着时代和科学技术的发展，不断提高自身的技术、战术水平，这样才能牢牢把握战场的主动权，做到"践墨随敌，以决战事"。

## 五十三、练士第五十三

【原文】

武王问太公曰："练①士之道奈何？"

太公曰："军中有大勇、敢死、乐伤②者，聚为一卒③，名为冒刃④之士；有锐气、壮勇、强暴⑤者，聚为一卒，名曰陷阵⑥之士；有奇表⑦、长剑、接武⑧齐列者，聚为一卒，名曰勇锐之士；有拔距⑨、伸钩、强梁⑩多力、溃破金鼓、绝灭旌旗者，聚为一卒，名曰勇力之士；有逾高绝远、轻足善走者，聚为一卒，名曰寇兵⑪之士；有王臣失势，欲复见功者，聚为一卒，名曰死斗之士；有死将之人子弟，欲与其将报仇者，聚为一卒,名曰敢死之士;有赘婿⑫人虏,欲掩迹扬名者,聚为一卒,名曰励钝之士;有贫穷愤怒,欲快其心者,聚为一卒,名曰必死之士;有胥靡⑬免罪之人,欲逃其耻者,聚为一卒,名曰幸用之士;有材技兼人⑭,能负重致远者,聚为一卒,名曰待命之士。此军之练士,不可不察也。"

**【注释】**

① 练:挑选。

② 乐伤:以战伤为荣。

③ 卒:古代军队的一种编制单位。一般以百人为一卒。

④ 冒刃:不顾被敌人兵器杀伤的危险。

⑤ 强暴:在此表示武勇,褒义词。

⑥ 陷阵:冲入敌阵。

⑦ 奇表:外表奇特。

⑧ 接武:武:足迹。后列踏着前列的足迹前进。

⑨ 拔距:古代一种较量臂力的游戏。这里形容臂力过人。

⑩ 强梁:强横凶悍。

⑪ 寇兵:指行动在全军之前。

⑫ 赘婿:到女家结婚,加入女家家庭的男子。

⑬ 胥靡:囚犯。

⑭ 兼人:超过常人。

**【译文】**

武王问太公:"挑选士卒的办法是什么呢?"

太公说:"把军中那些非常勇敢、不怕死、以战伤为光荣的人,编成一卒,称作'冒刃之士';把那些锐气十足、强壮勇敢、强横凶暴的人，编成一卒，称作'陷阵之士'；把那些身材特别高大、善用长剑、步伐稳健整齐的人，编成一卒，称作'勇锐之士'；把那些臂力超人，拔距能胜、伸钩能直，强横凶悍，能摧毁敌人金鼓、夺取敌人旗帜的人，编成一卒，称作'勇力之士'；把那些能登高山走远路、脚轻善走的人，编成一卒，称作'寇兵之士'；把那些失势的王家之臣，如今想要重建功业的人，编成一卒，称作'死斗之士'；把那些阵亡将帅的子弟，一心想要为父兄报仇的人，编成一卒，称作'敢死之士'；把那些做上门女婿和奴仆，又想要遮丑扬名的人，编成一卒，称作'励钝之士'；把那些因贫困不得志，想建立功业实现抱负的人，编成一卒，称作'必死之士'；把那些免罪释放，想要掩盖这一耻辱的人，编成一卒，称作'幸用之士'；把那些才能技艺超过常人，能负重长途跋涉的人，编成一卒，称作'待命之士'。以上就是军队选编士卒的方法，不可不慎重考虑啊。"

【新解】

《练士》中的练，是"拣"通假字，具有挑选之意。练兵必先选兵，作战必先编组。为此，《六韬》专门列出一篇论述这个问题，对于后世治军和社会管理都有重要参考价值。

**（一）人尽其才，量才而用**

姜太公认为，军中皆可用之才。不管是王公贵族，还是平民百姓；不管是良民，还是有劣迹的人，也不管是抱着什么目的参军的人，都是有价值的。这一人才观与孔子多有相通之处。孔子曾说："君子不可小知而可大受也，小人不可大受而可小知也。"意思是说，君子有大才，因而可堪重用；小人有小才，虽然不可委以重任,但也有可取之处,也可以在适合自己的岗位上发挥才干。

常言道:尺有所短,寸有所长。金无足赤,人无完人。选择一个人才的途径往往是多方面的,完全按照一种模式只能是作茧自缚。诚然,人才最好是德才兼备、资历丰富的,但如果拘泥于此,求全责备,可能恰恰找不到大量的优秀人才。因此,高明的主帅,无不师从姜太公,唯才是举,从不求全责备。

东汉末年,曹操之所以能在"群雄争霸"中脱颖而出,在"三足鼎立"中独领风骚,其重要原因就是他用人不拘一格。他最值得称道的有两点:一是用人不羁出身、不羁声誉。他曾发布了《求贤令》,提出"只重其才、不重其德",与当时社会普遍认同的"用人当有德"背离。此令虽然引起皇亲贵族和士大夫们的反感,但也吸引了大批"寒门士子";二是敢于任用曾经敌对的人才。曹操敢于任用、敢于重用对手的人才,敢于放手让他们发挥,致使他越打越强。他手下的"五子良将",张辽、徐晃、张郃均曾是敌人的大将,"鬼才"郭嘉、"汉之子房"荀彧、"毒士"贾诩曾是其他诸侯的谋臣。这样,曹操手下集聚了一个庞大的人才方阵,为其出谋划策、征战四方,帮助曹操成就一番霸业,成为一代枭雄。

值得一提的是,像姜太公和曹操能够聚天下英才而用之的,亦非等闲之辈,这要求领导者不仅要有超前眼光和宽广胸怀,更要有驾驭人才的能力和自信。我们常以"武大郎开店"讽喻一些领导的用人问题。武大郎的"痛点"是能力短板,以致无法领导能力比他强、水平比他高的人,自然就排斥人才。

姜太公的思想给今天的启示是,各级领导要强化领导能力和专业素质,树立正确的人才观,坚决破除那些不合时宜、束缚人才成长和发挥作用的观念、做法和体制，坚持"不唯学历，不唯职称，不唯资历，不唯身份"衡量人才，不拘一格选人用人，将那些想打仗、谋打仗、能打仗、素质全面、实绩突出的官兵选拔到重要岗位上来，推动人才工作体制和机制的全面创新。

**（二）各置其所，合众聚力**

使用，方显价值。姜太公根据士卒的身体状况、社会地位、思想意识等特点把他们编组为十一类，并依据特长划分为冒刃、陷阵、勇锐、勇力、寇兵和待命之士，依据动机划分为死斗、敢死、励钝、必死和幸用之士，实现因类编成，因才编组，聚合作战团队，形成攻击"拳头"。在这里，姜太公揭示了两个道理：

一是作战部署方面，科学分组，方能形成合力。依据作战力量的特点，科学编组，体现了作战部署的一般规律。例如，信息化战争打的是一体化联合作战，不仅需要联合突击部队，还需要神出鬼没的特种部队、全纵深渗透的迂回穿插部队、体系"点穴"的新型作战力量，同时也离不开精确保障的后装部队，以及认知领域对抗的网络战、心理战、法律战、舆论战和新闻战力量，等等。他们各有分工，分类编组，作战中各显其能，又互相配合，互相支援，合力制胜。

二是人才观念方面，"人人都是人才"。除了技艺、能力出众的人之外，姜太公主张将"失势的王家之臣""阵亡将帅的子弟""上门女婿和奴仆""贫困不得志""免罪释放"等较为普通的人也用起来，纳入作战力量体系，发挥不同群体的独特价值。这充分体现了姜太公的"大人才观"，即只要组织得当，每个人都能找到合适的位置，并发挥其社会价值，为社会做出贡献。

姜太公的"大人才观"对于战争指导具有重大理论意义。抗日战争时期，以毛泽东为代表的中国共产党之所以坚信"中国必胜"，其思想认知的基础就在于"战争的伟力之最深厚的根源，存在于民众之中。"通俗地讲，就是只要充分动员组织和武装人民群众，广大老百姓都是抗日"人才"。这是国民党统治集团所无法比拟的。而国民党方面，无论是蒋介石，还是汪精卫，在他们的眼里，"社会精英"和两百多万国民党军队才是抗日的"人才"，根本就没把广大老百姓放在眼里，忽视了他们的战争价值。这就是为什么抗日战争早期，正面战场兵败如山倒，国民党阵营"亡国论"甚嚣尘上，汪精卫率高官组团投降的重要原因。

毛泽东同志坚定地认为，只要"动员了全国的老百姓，就造成了陷敌于灭顶之灾的汪洋大海。"在中国共产党的领导和组织下，亿万男女老幼、走夫贩卒为正义而战，以惊人的胆略和无穷的智慧，创造了适合自己特点的、独有的各种巧妙战法。他们大摆地雷阵，把侵略者炸得人仰马翻、心惊胆战；他们依靠创造的地道战，神出鬼没地打击敌人，还有麻雀战、破击战、伏击战等等，把敌人搞得晕头转向，寝食难安，让日本帝国主义侵略者陷入到人民战争的汪洋大海之中不能自拔。

值得一提的是，姜太公的人才观不同于现代企业的人才观。企业不是社会，是以营利为目的的经济组织，是市场经济活动的主要参与者。自然，对于企业而言，人才具有很强的专业性。企业只有通过严格的招聘选拔，才能招到岗位匹配、能力适合的人才。也就是说，"合适的人"才是企业的有效资产。

## 五十四、教战第五十四

【原文】

武王问太公曰:"合三军之众,欲令士卒服习教战①之道,奈何?"

太公曰:"凡领三军,必有金鼓之节②,所以整齐士众者也。将先必明告吏士,申之以三令,以教操兵起居③、旌旗指麾④之变法。故教吏士:使一人学战,教成,合之十人;十人学战,教成,合之百人;百人学战,教成,合之千人;千人学战,教成,合之万人;万人学战,教成,合之三军之众;人战之法,教成,合之百万之众。故能成其大兵,立威天下。"

武王曰:"善哉!"

【注释】

①服习:熟练掌握。教战:军事训练。
②节:节制,指挥。
③操兵:使用兵器。起居:起坐进退等基本战术动作。
④麾:古代指挥军队的旗子。

【译文】

武王问太公:"召集全军部队,想使士卒通过军事训练,熟练掌握军事技能,应该采取什么方法?"

太公回答:"大凡统领全军,一定要用金鼓作为指挥手段来节制部队,使部队统一行动、形成一个整体。教练前,主将必须先向所属将士明确训练内容,用军令的方式申明训练要求，然后，具体训练官兵掌握兵器操作、掌握站立进退等基本动作以及掌握按旌旗指挥号令的变化而变化战斗行动的基本要领。在此基础上，按照以下具体方法组织官兵练习：先进行单兵教练，教成后，十人合练；十人学习战法，练成后，百人合练；百人学习战法，练成后，再进行千人合练；千人学习战法，练成后，再进行万人合练；万人学习战法，练成后，再进行三军合练；教练大兵团作战的方法，教成后，就可组成百万大军。这样，就能训练出一支强大的军队，扬威名于天下。"

武王说："讲得好啊！"

## 【新解】

先秦时期，随着金属冶炼技术的发展，武器性能大幅提高，战争规模日益扩大，军队编制更加复杂，这就需要专门招募大量技术熟练的士卒，而过去那种"寓兵于农"的军制和训练方法，已经不能适应这些变化。在此情况下，军事训练理论有了进一步发展，有关军事训练的方法、原则等方面的具体论述也日益丰富。

孙子说："主孰有道？将孰有能？天地孰得？法令孰行？兵众孰强？士卒孰练？赏罚孰明？吾以此知胜负矣！"上述七项除"士卒孰练"是直接强调训练外，"将孰有能""法令孰行"等都间接强调军队训练的重要性。吴子也主张"用兵之法，教戒为先"。作为先秦兵书之集大成者，《六韬》博采众家之长，专辟的《教战》篇系统、精辟地阐述了军事训练的内容、原则和要求，鲜明地体现出古代兵家遵循军事训练规律、严格执行军事训练法规的科学练兵思想。

## （一）训练规范，"整齐士众"

无规矩不成方圆，军事训练不可没有规范。平时随意、盲目、花架子式的训练注定要付出惨重的血的代价。所以，《教战》篇提出，要掌握"金鼓之节""申之以三令"，并认为军事训练的规范主要体现在三个方面。

首先，从实战要求，着眼点要"正"。军事训练就是为了战争而存在，为了应付战争而进行的。仗怎么打，兵就要怎么练，训战一致，做到"练为战"，而不是"练为看"。任何脱离战争实际而进行的军事训练，纵然"轰轰烈烈"，蔚为壮观，但这样的军队充其量是"花瓶"而已，一触即溃。所以，军队要叫响"随时准备打仗"，训练场上要叫响"只为打仗"。

其次，从严要求，纪律务必严明。军事训练不仅练战术、练技术，更是练作风、练纪律。作风纪律是军事训练的灵魂，是确保训练出成果、出战斗力的前提条件。古代军事家孙武的"吴宫教练"堪称经典，在铁的训练纪律的保障下，他甚至能将一群柔弱的宫女在短期内训练成能赴汤蹈火的战斗队伍。

最后，从难要求，内容务必逼真。第二次世界大战爆发之前，坦克、飞机大量出现并用于军事，战争形态在科学技术的推动下已经预示着新的战争较之第一次世界大战将大不相同。然而，法国军事高层无视这些变化，顽固坚持一战时的防御战思想，仍用一战时的经验训练军队，结果遭受失败的命运。所以，设置军事训练内容不能一厢情愿，要充分考虑武器装备水平和最新作战理论的发展状况，认识和顺应未来战争要求，尽可能贴近实战环境确定训练内容，多设置复杂困难的作战背景和战场条件，多设险局、危局、变局、残局，才能确保战争来临时以尽量小的代价赢得胜利。

概言之，战争非儿戏，训练不是演戏。战争的要求，就是军事训练的目标。从实战要求出发，从严、从难训练，是军事训练最本质的要求。如果平时不坚持"三从"训练，军队就不可能有很强的战斗力，战争中就必然要吃大亏，甚至打败仗，后果不堪设想。

**（二）训练有道，"成其大兵"**

军事训练本身是一门科学，军队的训练必须遵循一定的科学规律。《教战》篇综合先秦各兵家之长，提出了最基本的军事训练方法，即遵循"由简到繁、循序渐进，由下而上、逐级合成"的方法。

"由简到繁、循序渐进"是从内容安排上讲的，"由下而上、逐级合成"是从训练体制上讲的。二者的实质是一致的，越往上合成，训练越复杂，要求越高。譬如，现代条件下，组织较高层次的训练，不仅训练场地复杂，要设置与未来战场近似的地形、海域、空域和战场设施、指挥控制条件，而且在训练方式上，大多数是实兵、实装和实弹训练，这是难度较大的协同训练、合同训练、联合训练。诚然，基础训练是必要的。基础不牢，地动山摇。但从实践来看，一支军队训练水平的高低最终集中体现在合成训练上，指挥员能力的强弱最后还是落脚在合成训练的指挥上。所以，军事训练应聚焦于"合成"。

信息化条件下，单一兵种、军种唱"独角戏"或唱"主角"的时代已经一去不复返了，传统的"合成"也被新型"联合"所取代。联合作战在陆、海、空、天、电多维空间展开，是系统对系统的整体对抗，是信息化时代的基本作战形式。联合作战能力不是与生俱来的，而是通过平时严格的联合训练才能逐渐形成。联合训练实际上是联合作战行动的一次次彩排和预演。诸军兵种部队在这些彩排和预演中互相配合，互相磨合，不断发现问题、解决问题，不断提高协同作战能力，最终创造出"整体大于部分之和"的作战效能。如今，联合作战训练已成为大多数国家军事训练的主题，是打造信息化作战能力的基本途径。正如姜太公所言，"成其大兵"，方能"立威天下"。

## 五十五、均兵第五十五

### 【原文】

武王问太公曰："以车与步卒战，一车当几步卒？几步卒当一车？以骑与步卒战，一骑当几步卒？几步卒当一骑？以车与骑战，一车当几骑？几骑当一车？"

太公曰："车者，军之羽翼也，所以陷坚陈，要①强敌，遮走北也。骑者，军之伺候②也，所以踵③败军，绝粮道，击便寇也。故车、骑不敌战④，则一骑不能当步卒一人。三军之众，成陈而相当，则易战⑤之法，一车当步卒八十人，八十人当一车；一骑当步卒八人，八人当一骑；一车当十骑，十骑当一车。险战⑥之法，一车当步卒四十人，四十人当一车；一骑当步卒四人，四人当一骑；一车当六骑，六骑当一车。夫车、骑者，军之武兵也，十乘败千人，百乘败万人；十骑败百人，百骑走千人。此其大数也。"

武王曰："车、骑之吏数与阵法奈何？"

太公曰："置车之吏数：五车一长，十车一吏，五十车一率，百车一将。易战之法，五车为列，相去四十步，左右十步，队间六十步。险战之法，车必循道，十车为聚，二十车为屯，前后相去二十步，左右六步，队间三十六步；五车一长，纵横相去二里，各返故道。

置骑之吏数：五骑一长，十骑一吏，百骑一率，二百骑一将。易战之法，五骑为列，前后相去二十步，左右四步，队间五十步。险战之法，前后相去十步，左右二步，队间二十五步。三十骑为一屯，六十骑为一辈，十骑一吏，纵横相去百步，周环⑦各复故处。"

武王曰："善哉！"

【注释】

①要：通"邀"。
②伺候：担任机动突击、侦察任务的部队。
③踵：跟踪，追击。
④敌战：适合战场的条件，能充分发挥其作用。
⑤易战：平坦开阔地形作战。
⑥险战：崎岖狭窄地形作战。
⑦周环：周旋，此指交战。

【译文】

武王问太公："用战车与步兵交战，一辆战车能够抵挡多少步兵？多少步兵能够抵挡一辆战车？用骑兵与步兵交战，一名骑兵能够抵挡多少步兵？多少步兵能够抵挡一名骑兵？用战车与骑兵交战，一辆战车能够抵挡多少骑兵？多少骑兵能够抵挡一辆战车？"

太公回答："战车在军队中的作用类似于鸟的羽翼，用来攻陷敌人的坚固防御，迎击强敌，阻敌退路。骑兵是军队的机动突击力量和侦察力量，用来跟踪追击溃逃之敌，截断敌人粮道和打击流动作战的敌军。所以，如果车兵、骑兵使用不当，不能发挥应有作用，那么，一个骑兵甚至抵不过一名步兵。如果全军布列成阵，各兵种配合得当，那么，在平坦地形上作战，一辆战车可抵步兵八十名，八十名步兵可抵一辆战车；一名骑兵可抵步兵八名，八名步兵可抵一名骑兵；一辆战车可抵骑兵十名，十名骑兵可抵一辆战车。在险隘地形上作战，一辆战车可抵步兵四十名，四十名步兵可抵一辆战车；一名骑兵可抵步兵四名，四名步兵可抵一名骑兵；一辆战车可抵骑兵六名，六名骑兵可抵一辆战车。车兵和骑兵是军队的快速突击力量，（只要运用得当）十辆战车可击败千名步兵，百辆战车可击败万名步兵；十名骑兵可打败百名步兵，百名骑兵可打败千名步兵。这些都是大概的数字。"

武王又问："应该怎样配备战车和骑兵部队的军官？怎样进行作战部署？"

太公回答："战车部队配备军官的方法是：每五辆战车设一长，每十辆战车设一吏，每五十辆战车设一率，每百辆战车设一将。战车部队在平坦地形上作战时，每五辆车组成一列，各车前后相距四十步，左右间隔十步，车队与车队间隔六十步。在险阻地形作战时，战车必须沿着道路行进，把十辆车编在一起叫作一聚，二十辆车编在一起叫作一屯，各车前后相距二十步，左右间隔六步，车队与车队间隔三十六步；每五车设一长，活动范围为前后左右相隔的距离不超过二里，战斗完毕后，各自返回原来的道路，恢复阵形。

骑兵部队编配军官的方法是：每五名骑兵设一长，每十名骑兵设一吏，每百名骑兵设一率，每二百名骑兵设一将。骑兵在平坦地形上作战时，每五名骑兵排为一列，各骑前后相距二十步，左右间隔四步，队与队间隔五十步。在险要地形上作战时，各骑兵前后相距十步，左右间隔两步，队与队间隔二十五步。以三十骑设为一屯，以六十骑设为一辈。每十骑设一吏，前后左右的活动范围各百步，完成任务后各自回到原来的位置，恢复阵形。"

武王说："讲得好极了！"

【新解】

车兵、步兵和骑兵这三个兵种的形成和发展经过了漫长的历史进程。最早出现的是车兵。自夏、商、周至春秋为车战时代，大约经历了1600余年。两周时期的战车，是中国奴隶社会军事技术装备的集中代表。然而，战车笨重，驾驭困难，严重依赖战场的地形及道路条件，机动性有限。春秋时期，随着格斗兵器的飞速发展，特别是抛射兵器弩的发明，再加上"毁车为行"的变革，步兵的地位日益重要。到春秋晚期，由于铁兵器的广泛采用和弩的改进，拥有大量步兵的军队开始出现，步战开始成为重要的作战形式。

至战国初期，步战取代车战成为主要作战形式。公元前307年赵武灵王实行"胡服骑射"后，骑兵成为重要兵种，骑战从此登上战争舞台。此后，战场上基本采用车战、步战、骑战并用的作战格局。所以，《均兵》篇就是立足于这种格局，围绕车兵、骑兵战斗效能的发挥问题，论述车兵、骑兵的编组配阵方法。这体现出我国古代早期的整体战思想，闪烁着古代兵家的一些真知灼见。

## （一）整体作战，合力制胜

"整体作战，合力制胜"是本篇的核心思想，也是对篇名"均"字的点题之意。姜太公认为，"车、骑不敌战，则一骑不能当步卒一人"，而"三军之众成陈"，相互协同，发挥整体优势，情况就大不相同。由此可见，"整体作战，合力制胜"思想反映出姜太公朴素的系统论思想，体现了用兵谋胜的谋略精髓。

任何系统都不是各个部分（要素）的简单相加或机械凑合，而是有机结合，因而具有特定的整体性功能。整体性功能，一方面具有各个部分（要素）在孤立状态下不具有的新质；另一方面新质的出现，使系统整体在特定量度上的功能增大。所以，"整体大于它的部分的总和"。用形象的话说，1+1=2 不是系统的整体性功能，1+1＞2 才是系统的整体性功能。俗话说：一个好汉三个帮，一个篱笆三个桩。两军对阵，就是两个系统的对抗。只有整体协同，有机配合，才能形成合力，克敌制胜。否则，必然出现"短板"效应。

在世界军事史上，曾经出现过分强调某一种武器、某一军兵种或某种作战形式作用的观点，如"坦克制胜论""化学战制胜论""空军制胜论""核武器制胜论"等，最后都被历史和现实所否定。现代战争，交战双方必须同时在多个战场上进行对抗斗争，争夺控制权，具有全面的优势，才有可能掌握战争的主动权。如果缺乏任何一个方面的优势，都有可能在整个战争中居于劣势。

在科索沃战争中，南联盟军队虽然有强大的陆军，却没有对太空战场的控制能力，而以美国为首的北约则利用其最先进的空间技术优势完全掌握了多维战场上的主动权。美国与北约在战争中共动用了多颗侦察监视卫星和气象卫星，再加上美国全球卫星导航系统的 24 个航天器，以及各种通信和数据传输卫星，使美国和北约因对太空的完全控制而始终掌握着战场的主动权。

在未来信息化条件下作战，参战军兵种多，行动涉及陆、海、空、天、电、磁多维空间，作战体系由多元子系统构成，各种作战形式、战法和手段并用。任何一种力量、任何一种形式或手段都不可能单独决定战争的胜负，作战胜利更是有赖于各方面的统一协调和整体威力的发挥，因此必须要强调整体作战，合力制胜。

**（二）集中统一，顺畅指挥**

姜太公视作战指挥为关键问题，提出了更为合理的编组方式，即"五骑一长，十骑一吏，百骑一率，二百骑一将"，旨在加强集中统一，保障指挥顺畅。在同一战场上，不论战场范围有多大，参战力量有多少，其原来的隶属关系多么复杂，都必须集中统一指挥，做到一声令下，整个军队能像一台机器一样，飞速协调地运转起来。这是战争目的性与合力制胜原理对作战指挥的基本要求，也是一条古老的作战指挥基本原则。著名军事统帅拿破仑说："在战争中没有比统一指挥更重要的。"

信息化条件下，随着参战军兵种的增多以及高技术武器装备的广泛运用，要使各个战场、各作战方向、各军兵种、各种作战力量协调一致地行动，发挥整体作战威力，非集中统一指挥不可。但是，真正有效的集中统一指挥绝非易事，至少依赖两个基本条件。

一是在权限上，确保兵权合一。即必须建立高度集中统一的指挥机构，明确各参战部队的相互关系和指挥权限，防止隶属关系不清、职权交叉、多头指挥，甚至越权行事现象的发生。

下级必须坚决贯彻执行上级的指令，按上级的统一计划行动，做到令行禁止。毛泽东历来主张作战指挥的决定权要高度集中到"最少数人乃至一个人的手里"。他指出："应该集中的不集中，在上者叫作失职，在下者叫作专擅，这是在任何上下级关系上特别是在军事关系上所不许可的。"信息化条件下，战略、战役和战术的界限日趋模糊，任何一次战斗都可能具有很强的战略性质，指挥权限的集中统一显得尤为重要。

二是在体制上，确保指挥效率。信息化战场上，指挥效率来自于对信息优势的把握能力。美国前国防部长科恩就精辟地说："人们正在目睹一场军事革命，谁控制了信息世界，谁就拥有了对任何敌人的优势。"基于此，美军20世纪90年代中期开始，以"网络中心战"为核心理念，积极推进指挥体制改革，逐步建立"扁平式"指挥体制，减少指挥层次，拓宽横向联系，打破军种壁垒，促进各军兵种作战力量实时互联、互通和互补，极大地提高了指挥效率。例如，作战行动中，特遣营可向师报告情况，单个舰艇可向舰队司令报告情况；反过来，总部也可以直接指挥某个士兵、飞行员。同时，因为自动化指挥网络可沟通的节点多，改革大大提高了指挥系统的生存率，可从根本上防止整个指挥系统瘫痪。这些做法的成功实践代表着今后世界作战指挥体制改革发展的方向。

## 五十六、武车士第五十六

### 【原文】

武王问太公曰："选车士①奈何？"

太公曰："选车士之法，取年四十以下，长七尺五寸以上，走能逐奔马，及驰<sup>②</sup>而乘之，前后左右，上下周旋，能缚束旌旗，力能彀八石弩<sup>③</sup>，射前后左右皆便习<sup>④</sup>者，名曰武车之士，不可不厚也。"

【注释】

①车士：乘兵车作战的武士。

②及驰：能追赶上奔驰的战车。

③彀：拉满弓，张弓。石，重量单位，古代以一百二十斤为一石。

④便习：熟练掌握。

【译文】

周武王问姜太公说："如何选拔战车上的武士呢？"

姜太公说："选拔战车上武士的标准是：选取年龄40岁以下，身高7尺5寸以上；跑起来能追得上奔马，并在奔驰中跳上战车，可以在马背上前后、左右、上下多方位对敌应战，能执掌住旌旗，力大能拉满八石的硬弩，前后左右都能击射敌人，而且动作熟练，这样的人可以称为'武车士'，他们的待遇，不可不优厚。"

【新解】

本篇《武车士》主要讲述了选拔车兵的标准、条件和方法。从《武车士》中可以看出，当时的统帅都很重视车兵的选拔，标准也非常之高，也反映出车兵在军队中的重要地位和作用。

## 第六章 《犬韬》新解

### （一）古之车士，垒战之宝

在人类战争史上，徒步格斗是最古老的作战方式，也具有最悠久的历史。战车以其优良的机动性、强大的冲击力和部署的灵活性，令步兵难以抵挡，一跃成为战场之王。早在春秋以前，"车战"在中国就至少有长达一千年以上的历史。据传，公元前1600年，成汤以战车七十乘战胜了夏人，因此建立商王朝，这是历史上第一次具有规模的"车战"。继之周武王灭纣的牧野之战，所用之兵力为战车三百五十乘，甲士四万五千人，敌军望风披靡，立刻崩溃。因此可以说，在"车战"大规模的运用方面，牧野之战为其创举。到了春秋时期，"车战"成为战场对决的主要形式。战车是"车战"的主体，古称为"战争之神"。放眼当时世界，中国的战车构造与战争规模，均远远超过当时同属古代文明的古埃及、古巴比伦、古印度以及古罗马。

自夏、商到春秋战国的1600年间，是我国的战车时代，车兵是这一历史时期最为重要和主要的兵种。基于此，驾驭战车的技能受到高度重视，成为那个时代每个贵族子弟必须接受的教育内容之一，和其他几项并称"六艺"，"六艺"有礼、乐、书、数、射、御。其中，尤以驾驶战车的"御艺"和远距杀敌的"射艺"备受推崇。

进入西周后，随着战车的改良和车战规模的升级，战术更趋复杂，对车兵的技能要求则更高。至于车兵的配备，一般是每车载甲士3名，按左、中、右排列。左方甲士持弓，主射，是一车之长，称"车左"或"甲首"；右方甲士执戈（或矛），主击刺，并有为战车排除障碍之责，称"车右"或"参乘"；居中的是驾驭战车的御者，只配供自卫用的随身短兵器。当时的战车都比较庞大，一辆战车宽约3米，架上4匹马后，全长超过3米，这样，一辆战车占地面积就达9平方米，因此必须在广阔平坦的地面上才能进行车战。

精锐的甲士得来不易，其生命安全自然受到格外重视，所以车兵都需要身披沉重的甲胄作战。春秋时期选拔车兵，注重士兵体质的强弱，选拔标准是能否穿着甲胄进行军事活动。另外，当时已经有专门的人士对征募的车兵进行体检，检查其是否可服兵役。当然，由于当时医疗技术水平落后，而且医巫不分，因此负责体检的不仅是医生，很可能也有巫师在内。

**（二）战之重器，耗资不菲**

由于车兵必须要有精湛的技艺才能胜任，而唯有财大气粗的贵族才拥有到学校进行专业学习的机会，所以车兵只能在贵族子弟中选拔，一般人是没有机会接触战车成为车兵的。直至春秋时期，才有某些国人借着加入武士阶层的机会，终于得以专心训练并登上了战车，可是宗族地位更低的庶民和奴隶却依然与车兵无缘。直到战车临近淘汰的战国时期，伴随宗族的彻底解体，入选车兵的门槛才获得了短暂的开放。不难想象，培养一名合格车兵的花费不是小数目。

打造战车需要耗费巨大财力，正因如此，初期车兵和车战的规模都不大，即使是周灭商的牧野之战，周武王也只是率领了"戎车三百乘"（这是历经周文王和周武王两代君王的努力才打造出来的）。后来，随着生产力的不断发展和诸侯间兼并战争的日益加剧，车兵的发展达到鼎盛。"千乘之国"（拥有一千辆战车的国家）、"万乘之君"（拥有一万辆战车的国君）等都表示这些国家的国势强大。公元前505年的柏举战斗中，秦、楚军与吴军双方共出动战车约2000辆，可见当时车战规模之大。

著名军事家孙武也曾多次提到车兵及车战。例如《孙子·作战篇》中就说："凡用兵之法，驰车千驷，革车千乘，带甲十万……日费千金，然后十万之师举矣。"在这里，孙武一方面为我们描绘了一场壮阔的古代车兵出征局面，另一方面通过告诫后人"兵贵胜，不贵久"，暗示车战成本之高昂。

冷兵器前期，战车堪称陆地顶级大杀器。谁拥有更多的战车，谁的战车战术更好，谁就一定能赢。然而，战车的成本相当高，不是谁都能玩得起的。首先，制造和维修战车需要大量金属和足够多的工匠。其次，牵引战车的马匹，需要巨大的供养成本。最后，也是最关键的一点，能够成为战车上的士兵，都是具有驾车、射箭、斗剑和在战车上面战斗的技能的精锐之士。培养一大批"武车士"，往往需要花费非常高昂的代价。高昂的成本限制了战车的数量，使只有富裕的贵族或国家才能够支持大规模的战车军团，或许这正是战国之后战车走向没落，逐渐被骑兵取代的原因之一。

## 五十七、武骑士第五十七

### 【原文】

武王问太公曰："选骑士奈何？"

太公曰："选骑士之法，取年四十以下，长七尺五寸以上，壮健捷疾，超绝伦等<sup>①</sup>，能驰骑彀射<sup>②</sup>，前后左右，周旋进退，越沟堑，登丘陵，冒险阻，绝<sup>③</sup>大泽，驰强敌，乱大众者，名曰武骑之士，不可不厚也。"

【注释】

①超绝：超过。伦等：同辈。

②能驰骑彀射：骑在奔马上张弓射箭。

③绝：渡过。

【译文】

周武王问姜太公说："应该怎样挑选骑兵呢？"

姜太公回答说："挑选骑兵的条件是：选择军中年龄在四十岁以下，身高在七尺五寸以上，身强体健、动作灵活快捷，能力远远超出一般士兵，还能骑在奔驰的马上拉弓射箭，前后左右，进退转身，都应付自如，跨沟堑，登高山，闯险阻，渡大水，进攻强敌，使敌军兵众大乱的人，被称作武骑士，对这种人不能不给予丰厚的待遇。"

【新解】

骑兵顾名思义就是骑马作战的部队。《武骑士》主要讲述了骑兵的选拔标准。首先年龄在40岁以下，身高7尺5寸以上；其次是身体健壮，骑术精湛，箭技高超，能够"越沟堑，登丘陵，冒险阻，绝大泽，驰强敌，乱大众。"这为我们研究古代骑兵提供了宝贵的资料。

**（一）机动作战，骑兵称王**

骑兵最大优势就是机动性强，成为步兵和车兵的克星。骑兵，在古代早期类似今天我们的"新型作战力量"，至中后期则上升为战略力量，对战局影响非常大。成吉思汗的蒙古铁骑更是将骑兵的地位推向高峰。

我国是世界上较早拥有骑兵的国家之一，但是春秋时代之前作战以车战为主，步兵仅起辅助作用，兵车的数量多少成为军事实力的象征，基本没有骑兵这一兵种。到了战国中后期，战争已经从早年死板的兵车正面对抗，转向更为机动灵活的作战方式。这时，骑兵就开始作为一种独立的兵种登上战争舞台。例如，赵国的武灵王以骑兵进攻林胡、楼烦"略地千里"，李牧用万余骑兵大破匈奴，歼敌十余万。秦国也以骑兵精良著称，秦赵长平之战，秦将白起用五千精骑截断赵军，对长平一役全歼赵军40余万起到了关键作用。

古代中原王朝长期在军事上不敌北方游牧民族，重要原因就在于骑兵不强。中国北方的少数民族生长于草原大漠，长期过着游牧生活。这些人从小生长在马背上，很多人都马术精良，射术奇佳。因此，游牧民族在骑兵的选拔和使用上具有很大优势。

汉代的晁错曾在《言兵事疏》中说匈奴有三大长处为汉军所不及：其一，"上下山阪，出入溪涧，中国之马弗与也"；其二，"险道倾仄，且驰且射，中国之骑弗与也"；其三，风雨罢劳，饥渴不困，中国之人弗与也。为了弥补这种差距，历代中原王朝都十分重视骑兵的选拔和训练。汉朝甚至不惜用重金招募投降的匈奴人来训练自己的骑兵。因此，中原地区骑兵的质量有了很大的提高，甚至可以和北方少数民族的骑兵进行面对面的对抗。其中，最有名的是被金军称为"撼山易，撼岳家军难"的岳家军。

"背嵬军"八千骑兵是岳家军主力中的主力。"背嵬"一词是党项西夏语的音译，有的史籍上也写成"背峞"。"峞"有酒瓶之意，大将的酒瓶必然是由亲信士卒背负，因此，"背嵬军"便引申为大将的亲军之意。"背嵬"士卒的选拔是极其严格的：军中进行军士技能比武的时候，会将胜出的士卒登记在册。一旦旗头和押队一类的低级军官阵亡，则迅速以这些优秀士兵补充进去。这些被登记了的勇卒之间也会经过多次选拔并决出优胜者来，一旦各级将官有伤亡需要补缺，则再从这些优胜者中进行选拔。只有精于骑射的人才可能进入"背嵬军"。正是依靠这支精锐骑兵，岳飞才大破金军大将完颜宗弼（金兀术）的"拐子马"，取得了朱仙镇大捷。

**（二）建强骑兵，国力为要**

岳家军的"背嵬军"，选拔标准高，技能素质强，同时，进入"背嵬军"编制的士卒可以享受到与岳家军各级统制相同的尊重，犒赏也异常丰厚。因此，"背嵬军"战斗力强悍。除此之外，对于生产力落后的农耕社会，建设一支强大的骑兵部队，需要强大的国力支撑。其中，战马的培育和挑选需要动员国家力量。

秦王朝建立后，在全国建立起一整套马政机构并颁布了有关的法律政策，由中央九卿之一的太仆，主管马政。在西北游牧区设"六牧师令"，每牧师令领有若干牧场，主要牧养军马。另外，还有各地郡县管理饲养军马的"苑"。秦人不仅重视养马，还制定了世界上最早的动物检疫法律。按照法律规定，秦代中央政府每年对各地养马的情况都要进行一次大规模的评比。如果在评比中出现"乘马笃、胔及不会膚期"三种情况中的任何一种都要受到"赀各一盾"的处罚。

为提高中原马匹的品质，汉王朝统治者还大力引进良种马，对原有马种进行改良。西域是马的故乡，自古盛产名马，尤其以大宛马和乌孙马最为著名，大宛马就是"汗血宝马"。汉武帝为了得到"汗血宝马"，曾经不惜派贰师将军李广利万里远征，两次兵伐大宛。汉武帝之所以能发动漠北之战，彻底解除北方匈奴之患，与加强骑兵建设的举国体制密不可分。

当然，最为重视培育和挑选战马的还是蒙古人建立的元朝。当时，蒙古人将大量的"蒙古马"进行了改良，让其和中亚及欧洲的高大战马（阿拉伯马和顿河马）混血。改良后的蒙古马具备了重装骑兵坐骑的标准，负重能力大大加强，而原有的耐力由于继承了原蒙古马的优点，依然还保持着。

蒙古人对战马的训练也极其严格。与欧洲马匹不同，蒙古马不论严冬酷暑都生活在野外，具有极强的忍耐力，必要时可以连行数日而不进粮草，甚至能在相当短的时间内在最险恶的地形上越过几乎令人难以置信的距离。由于行军时不必给马匹带饲料，士兵又自带各人的食物和装备，而且通常只带最少的用量，因此，蒙古军队不需要拖带庞大的后勤供应辎重车队，也不必保留一个后方供应基地。另外，由于大部分蒙古战马都是母马，士兵能喝马奶生活，这也减轻了军队食物供应的负担，也使蒙古军队的机动性大大增强，一支骑兵队伍可以马不停蹄地行军三天。

所以，蒙古骑兵具有惊人的战斗力，被称为冷兵器时代最为强大的军队。"一代天骄"成吉思汗就是凭借蒙古骑兵横扫整个欧亚大陆，他所征服的地域之广，创造了世界古代战争史上的最高纪录。

## 五十八、战车第五十八

**【原文】**

武王问太公曰："战车①奈何？"

太公曰:"步贵知变动,车贵知地形,骑贵知别径奇道,三军同名而异用也。凡车之死地有十,胜地有八。"

武王曰:"十死之地奈何?"

太公曰:"往而无以还者,车之死地也。越绝险阻,乘敌②远行者,车之竭地也。前易后险者,车之困地也。陷之险阻而难出者,车之绝地也。圮下渐泽③,黑土黏埴④者,车之劳地也。左险右易,上陵仰阪⑤者,车之逆地也。殷草横亩⑥,犯历⑦深泽者,车之拂⑧地也。车少地易⑨,与步不敌者,车之败地也。后有沟渎,左有深水,右有峻阪者,车之坏地也。日夜霖雨,旬日不止,道路溃陷,前不能进,后不能解⑩者,车之陷地也。此十者,车之死地也。故拙将之所以见⑪擒,明将之所以能避也。"

武王曰:"八胜之地奈何?"

太公曰:"敌之前后,行陈未定,即陷之。旌旗扰乱,人马数⑫动,即陷之。士卒或前或后,或左或右,即陷之。陈不坚固,士卒前后相顾,即陷之。前往而疑,后恐而怯,即陷之。三军卒惊,皆薄⑬而起,即陷之。战于易地,暮不能解,即陷之。远行而暮舍,三军恐惧,即陷之。此八者,车之胜地也。将明于十害八胜,敌虽围周,千乘万骑,前驱旁驰,万战必胜。"

武王曰:"善哉!"

【注释】

①战车:使用战车作战。

②乘敌:追击敌人。

③圮下:道路崩塌毁坏。渐泽:低洼的湿地。

④埴：黏土。

⑤陵：山陵。仰：登上。阪：山坡。

⑥殷草：草木茂盛。横亩：长满田地。

⑦犯历：进入、越过。

⑧拂，逆：不顺利。

⑨地易：战车利于在平地驰驱，地易不应是战车作战的不利条件，疑"易"字有误。

⑩解：解脱，即解开阵势，迅速退走。

⑪见：被。

⑫数：屡次，多次。

⑬薄：逼迫，这里是急促的意思。

**【译文】**

周武王问姜太公说："应该怎样使用兵车作战？"

姜太公回答说："步兵进行作战，最重要的是能够依据不同的形势变化，采取相应的对策；兵车进行作战，最重要的是熟练掌握地形情况；骑兵进行作战，最重要的是要知道一些小路和近道；这三个兵种虽然都是作战部队，但其所起的具体作用是不同的。对于兵车来说，使其陷入极端困难境地的情况有十种，使其能够挫败敌军的有利情况有八种。"

周武王问："使兵车陷入困境的十种情况都是什么呢？"

姜太公回答说："能够前往某处却难以退还，这种情况为兵车的死地。克服重重艰难险阻，追逐敌人，长途行军，人困马乏，这种情况为兵车的竭地。前方平坦而后面险要，这种情况为兵车的困地。陷入危险的地形中，无法脱身，这种情况为兵车的绝地。道路坍塌，地势低洼而且潮湿，黑土粘泥，行进困难，这种情况为兵车的劳地。左侧是险峻的山地，右侧是平坦的土地，但又要登山爬坡，这种情况为兵车的逆地。要穿过莽莽深草地，还要涉过深水，这种情况为兵车的拂地。由于兵车的数量少，所处地形平坦，也不能和敌军步兵相抵抗，这种情况为兵车的败地。背后是沟渠，左面是深水，右面是险峻的山坡，这种情况为兵车的坏地。大雨连绵多日，下个不停，道路被淋毁坍陷，向前无法行进，向后又无法撤退，这种情况为兵车的陷地。遇到这十种情况，都是兵车难以逃脱的死地。因此，蠢笨的将领遇上这些情况总是难免被擒拿，而精明的将领却能够巧妙地避开。"

周武王又问："能使兵车获胜的八种有利形势是什么？"

姜太公回答说："在敌军队伍前后未确定，行列未排好，阵势未摆成时，使用兵车进攻，可获胜。敌军旗帜混杂，不停地调遣人马，这时使用兵车进攻，可获胜。敌军行动不一致，有的向前，有的向后，有的向左，有的向右，这时使用兵车进攻，可获胜。敌军阵势不坚固，士兵们不住地前张后望，军心不稳，这时使用兵车进攻，可获胜。敌军想要前进但心中有所迟疑，想要后退而又胆怯不安，这时使用兵车进攻，可获胜。敌军自相惊扰，趁他们起身察看，尚未作好准备时，使用兵车进攻，可获胜。与敌军在地形平坦处交战，到日落时仍打得难分胜负，这时使用兵车进攻，可获胜。敌军经过长途跋涉，日落后宿营，全军既困倦，又惧怕作战，这时使用兵车进攻，可获胜。这八种情况，都被看作是兵车的胜地。如果将领明确地掌握住使用兵车作战的十种死地和八种胜地，即使敌军将我团团包围，动用成千上万的兵车，骑兵前后左右的骚扰袭击，我军也能够所向无敌，连战连胜。"

周武王说:"您讲得真是太好了!"

**【新解】**

"步贵知变动,车贵知地形,骑贵知别径奇道。"车兵、骑兵、步兵都有各自的作战原则和战术特点,因此需要着眼各自特点把握规律,具体问题具体分析,本篇《战车》结合车兵作战对地形的要求,详细阐述了车兵的战术特点和作战原则。

### (一)明辨死地,引车避之

"车贵知地形",姜太公一语道破了车兵作战最基本的战术要求。战车的攻击能力依赖于战车的机动性,而战车的机动性又取决于战场的地形条件。因为战车最适合于平原旷野作战,而山林、险隘和沼泽却不利于战车威力的发挥。所以,姜太公特别指出,各种地形对车战胜败与否有重要影响,这就是所谓"十死之地"。

"十死之地"与地形之险隘、地势之高低、道路之好坏等地形地貌因素有直接关系。这些影响作战的因素,是客观存在的。战争的指导者如果能及时观察和掌握这些因素,就能趋利避害,甚至变害为利,否则就会导致战争失败。朱元璋就是利用车战这一弱点围城打援夺取婺州城的。

至正十八年(1358年)12月,朱元璋命令胡大海率军进攻婺州(今浙江金华市)。但胡大海攻城受挫,朱元璋遂决定亲率大军前往增援。大军进至兰溪(今浙江兰溪市)后,朱元璋命手下儒生王宗显前去婺州侦探敌情,得知城中守将"画疆分守""各自为心"等重要情况。朱元璋感到婺州易得,但唯一让人担心的是敌处州(今浙江丽水市)援军赶来,会使自己腹背受敌。

恰在这时，侦察兵来报：处州元将胡深率领由一百多辆战车组成的部队前往增援婺州，已进至松溪一带。朱元璋立即召集诸将，对他们说："婺州之所以不肯投降而坚守至今，是因为有处州做它的后盾，只要断绝处州对它的援助，婺州不日可下。现在处州派来援助的部队已到松溪。松溪山多路狭，战车通行困难，只要充分发挥我军机动灵活的优势，必可将敌车兵消灭。现胡深在松溪扎营，观望不前。我军精锐可先在山间埋伏，然后派一将率军诱敌入伏，即可大获全胜，全歼来敌。"于是，朱元璋先令大将常遇春、胡大海各自率兵埋伏在山路两侧，又令胡德济率兵诱敌，并强调只许失败不许胜利。

第二天，胡德济依计领兵向胡深发起攻击，边打边退，胡深不知是计，率军尾随追击。在山顶观阵的朱元璋见元军已全部进入伏击圈，便一声令下，常遇春、胡大海所部由两侧杀出，胡德济也返身杀了个"回马枪"。胡深此时才知中计，但为时已晚，因为战车在山间小道上行动十分困难，只能被动挨打，没有还手之力。不到半个时辰，所有战车全被毁坏，驾车的士兵非死即伤，胡深见大势已去，也乘乱逃走了。援军失败后，婺州城内的元军更加惊慌失措，防守东门的元军便开门投降了，朱元璋很顺利地进入婺州城。

此战，胡深不知"死地"，没有看到战车在山间行进的危险，被胡德济败退的假象所迷惑，贸然进入山谷进行追击，结果中了朱元璋的计，损兵折将，连战略要地婺州城也丢失了，教训极为惨痛。

**（二）善知胜势，挥师战之**

天地孰得，重在于"得"。姜太公认为，车战可以利用"八胜"之势。如果出现这些情况，一定要把握战机，派出战车冲锋陷阵，则必定会取得战争的胜利。武王伐纣中的牧野之战，周武王就是利用"八胜"中的有利形势取得了胜利。

公元前1046年（一说前1027年）正月，周武王统率兵车300乘，虎贲3000人，甲士45000人，浩浩荡荡东进伐商。不久，周军进抵孟津，在那里与各方国的部队会合，然后兼程北上，于二月初四抵达牧野。周军进攻的消息传至朝歌，商朝廷上下一片惊恐。此时，商军的主力还远在东南地区，无法立即调回。无奈之下，商纣王只好仓促武装了大批奴隶和战俘，连同守卫国都的商军共约17万人（一说70万人），开赴牧野迎战周师。

周军布阵完毕，庄严誓师，史称"牧誓"。他先历数商纣王的种种暴行，接着又根据车战的特点，郑重宣布了作战中的要求和纪律：每前进六步、七步，就要停下来取齐，以保持队形；每击刺四五次或六七次，也要停下来整顿阵容，以稳住阵脚。同时，严令不准杀害降者，以瓦解商军。誓师完毕后，武王便下令向商军发起总攻击。他先使"师尚父与百夫致师"，即让姜太公率领一部分精锐部队向商军前阵冲击，以牵制迷惑敌人，并寻机打乱其阵脚。这时，商军中的奴隶和战俘本来是临时武装起来为商纣王卖命的，他们心向周武王，于是纷纷举行战场起义，掉转矛头，反戈一击，商军的阵形顿时大乱。武王乘势以"大卒（主力）冲驰帝纣师"，猛烈地冲杀商军。商军被打得溃不成军，十几万之众顷刻间土崩瓦解。商纣王见大势尽去，当天晚上仓惶逃回朝歌，登上鹿台自焚而死。周军则乘胜进击，攻占朝歌，灭亡了商朝。

此战是中国古代车战初期的著名战例。周武王战机的选择十分准确，他利用了商军出现的"旌旗扰乱，人马数动""陈不坚固，士卒前后相顾"等"八胜"之势，率大军果敢进攻，一举将商纣王的军队击溃，成功取得了灭商战争的胜利。

## 五十九、战骑第五十九

【原文】

武王问太公曰："战骑奈何？"

太公曰："骑有十胜九败①。"

武王曰："十胜奈何？"

太公曰："敌人始至，行陈未定，前后不属②，陷其前骑，击其左右，敌人必走。敌人行陈整齐坚固，士卒欲斗，吾骑翼③而勿去，或驰而往，或驰而来，其疾如风，其暴如雷，白昼而昏，数更旌旗，变易衣服，其军可克。敌人行陈不固，士卒不斗，薄其前后，猎④其左右，翼而击之，敌人必惧。敌人暮欲归舍，三军恐骇，翼其两旁，疾击其后，薄其垒口⑤，无使得入，敌人必败。敌人无险阻保固，深入长驱，绝其粮道，敌人必饥。地平而易，四面见敌，车骑陷之，敌人必乱。敌人奔走，士卒散乱，或翼其两旁，或掩其前后，其将可擒。敌人暮返，其兵甚众，其行陈必乱，令我骑十而为队⑥，百而为屯，车五而为聚，十而为群，多设旌旗，杂以强弩，或击其两旁，或绝其前后，敌将可虏。此骑之十胜也。"

武王曰："九败奈何？"

太公曰："凡以骑陷敌，而不能破阵，敌人佯走，以车骑返击我后，此骑之败地也。追北逾险，长驱不止，敌人伏我两旁，又绝我后，此骑之围地也。往而无以返，入而无以出，是谓陷于天井⑦、顿于地穴⑧，此骑之死地也。所以入者隘，所以出者远，彼弱可以击我强，彼寡可以击我众，此骑之没地也。大涧深谷，翳荟⑨林木，此骑之竭地⑩也。左右有水，前有大阜，后有高山，三军战于两水之间，敌居表里，此骑之艰地也。敌人绝我粮道，往而无以返，此骑之困地也。汙下沮泽⑪，进退渐洳⑫，此骑之患地也。左有深沟，右有坑阜⑬，高下如平地，进退诱敌，此骑之陷地也。此九者，骑之死地也。明将之所以远避，暗将之所以陷败也。"

**【注释】**

①十胜：十种制胜的战机。原文只有八胜，疑有脱简。九败，九种致败的地形。

②属：连接。

③翼：从两侧包抄。

④猎：此处为袭击。

⑤垒口：营垒的入口。

⑥队：与下文的"屯""聚""群"均为古代骑兵和战车部队的战斗编组。

⑦天井：四面高山中间低地。

⑧地穴：地之下陷者为地穴，又叫地陷。

⑨翳荟：草木茂盛的样子。

⑩竭地：指会导致力量耗尽的地形。

⑪汙：通"洼"。沮泽：水草茂盛的沼泽。

⑫渐洳：植物腐烂而形成的泥沼。

⑬坑阜：坑，凹陷地。阜，土山。比喻地形高低凹凸不平。

## 【译文】

周武王问姜太公说:"骑兵该如何作战?"

姜太公说:"骑兵作战有'十胜''九败'。"

周武王问:"'十胜'是指什么?"

姜太公说:"敌人初到,行阵还未稳定,前后互不联系,我军立即用骑兵攻破敌先头部队,夹击其两翼,敌人必定逃跑。敌军行列整齐,阵势坚固,士卒斗志高昂,我骑兵应咬住敌军两翼不放,有的急驰而往,有的飞奔而来,快速如风,猛烈如雷,尘土弥漫,白昼如同黄昏,多次更换旌旗,变换服装,以迷惑敌军,这样敌军可以被打败。敌军的行列阵势不稳固,士卒没有斗志,我军应迫近它的正面和后方,袭击它的左右,从两翼夹击敌军,敌人必定惊惧。敌军日暮想回营,军心惊恐,我军骑兵夹击其左右两翼,迅速攻击其后尾,迫近敌军营垒的出入口,不许敌人进入,敌军必定失败。敌军没有险阻地形可固守保护自己,我骑兵便可长驱直入,切断敌人粮道,敌人必因饥饿而失败。敌军所处地形平坦,四面受敌,我骑兵应配合战车攻击它,敌人必定溃败。敌人败逃,士兵散乱,我骑兵或从两翼夹击,或袭击其前后,敌将帅就会被擒。敌人日暮返回营地,士兵众多,队形必然混乱,命令我骑兵十人为一队,百人为一屯,战车五辆为一聚,十辆为一群,多设旗帜,配备强弩,或攻击其两翼,或断绝其前后联系,敌将就可被俘虏。(注:九、十两条胜计失传)这是骑兵作战的十种取胜战机。"

周武王说:"'九败'是指什么?"

姜太公说:"凡是用骑兵攻击敌人,却不能攻破敌阵,敌人诈败逃走,而又以战车和骑兵反攻我军后方,这就使我骑兵陷入了'败地'。我军追击败退的敌人，越过险阻，长驱直入而不停止，而敌人埋伏在我军两旁，又断绝了我军后路，这就使我骑兵陷入了'围地'。前进后无法撤退，进去后无法出来，这叫陷入'天井'之内，困于'地穴'之中，这种地形是我骑兵的"死地"。进路狭窄，出路迂远，敌军虽弱却可以击强，虽少却可以击众，这就使我军陷入了'没地'。大涧深谷，林木茂盛，活动困难，这就使我骑兵陷入了'竭地'。左右有水，前有大岭，后有高山，我三军在两水之间作战，敌人内凭山险，外据水道，这就使我骑兵陷入了'艰地'。敌人断我军粮道，我军只有进路而无退路，这就使我骑兵陷入了'困地'。处在地势低洼和水草丛生的地方，出来进去都是泥泞，这就使我骑兵陷入了'患地'。左有深沟，右有坑洼和土山，从高向下看就像平地一样，无论进退都可能招致敌人的攻击，这就使我骑兵进入了'陷地'。这九种都是骑兵作战的失败之地。明智的将帅可以避免这些不利的情况，愚笨的将帅却深陷其中以致失败。"

【新解】

《战骑》中，姜太公主要阐述了骑兵的战术特点和作战原则，并总结出骑兵作战有"十胜九败"的优缺点。

**（一）骑战之胜，贵在巧击**

姜太公认为，骑兵的主要特点是快速机动，有着强大而猛烈的突击力，尤其利于平原旷野和一般山地、丘陵机动作战。在进行迂回、奇袭、断其后路、袭扰敌人后方时，常常能发挥出意想不到的功效。因此，骑兵作战有"十胜"，即十种战机。

"十胜"实际上是讲骑兵出击的时机和方法问题。骑兵一定要利用自己的机动性去寻找和把握那些一瞬即失的战机。历史上蒙古骑兵就以其机动灵活的战术手段,将骑兵的优势发挥得淋漓尽致,实现了巧击取胜。例如,蒙古骑兵特别强调部队的机动性,以远距离的包抄迂回、分进合击为主要战术。蒙古骑兵的远距离机动达到了历史上空前未有的程度,他们常常可以上百里地大规模机动,出其不意地在敌后列队突袭,使敌人很难预料和防范到他们的攻击。

1241年,蒙古苏布台和拔都分率大军进攻匈牙利,强行越过喀尔巴阡山脉,准备于匈牙利平原会师。匈牙利国王贝拉立即组织了10万人的军队与蒙古军队决战。4月,双方在绍约河畔对峙。匈牙利军队判明对岸是蒙古军队后,迅速抢占了一个巨大的桥头堡,又在河西岸用大量的马车连成坚固的兵营,等待蒙古军队的攻击。不久,蒙古骑兵向匈牙利军队主力发起攻击。

当匈牙利士兵满怀信心地列队杀向数量处于绝对劣势的蒙古军时,却很快发现这并不是蒙古军主力。蒙古军约3万人的主力在近百里远的南方早已乘夜渡过冰冷的河水,从背后杀向匈牙利军队,匈牙利军队的队形顿时大乱,一些士兵企图向后方坚固的兵营撤退。但是,身着轻装的蒙古士兵在速度和耐力上都远远高于匈牙利士兵,他们可以不停顿地换马四处截杀。绍约河战役,匈牙利军队全军覆没,阵亡达7万余人。此后,蒙古军乘胜攻克佩斯,又杀死10万余人。

西征战役中,蒙古军队巧妙运用部队的高度机动性,在欧洲消灭了大量装甲坚固但行动笨拙的欧洲军队。因为速度上的劣势,使得欧洲军队在战场上逃回来的人极少,现代的欧洲军事史学专家认为，欧洲军队和蒙古军队在战争中的伤亡比例超过1∶100，这也许是冷兵器时代最为悬殊的情况。

**（二）骑兵之败，九地所害**

姜太公认为，任何兵种的使用都是有利有弊的，都有其发挥作用的条件。骑兵作战也有它的弱点，它不适于险隘水泽之地，不适于丛林狭谷之处，也不利于攻城夺寨。这些地形可以归结为9种"死地"，即败地、围地、死地、没地、竭地、艰地、困地、患地、陷地。骑兵如果不知避让，必定为其所害。历史上所向披靡的蒙古大军就是受挫于高山坚城之下，最高统帅蒙哥汗也死于钓鱼城之战中。

1258年，蒙哥汗亲率蒙古大军进攻四川，企图一举灭亡南宋政权。次年2月，蒙古大军进抵钓鱼城下，钓鱼城位于今天重庆市合川区东5公里的钓鱼山上，其山突兀高耸，相对高度约300米。山下嘉陵江、渠江、涪江三江汇流，南、北、西三面环水，地势十分险要。守将王坚又进一步完善了各种城防设施，使这里成为坚不可摧的堡垒。

蒙军以骑兵为主，连续进攻城东的东胜门、奇胜门、镇西门等处，但在守城军民的顽强抗击下，均遭失败。这时，术速忽里劝说蒙哥汗，屯兵于高山坚城之下是不利的，不如留下少量兵力困扰之，而以主力沿长江水陆东下，与忽必烈等军队会师，一举灭掉南宋。

然而，骄傲自负的蒙哥汗认为：蒙古大军一向所向披靡，岂能被一个小小的钓鱼城吓倒，决意继续攻城。不久，其先锋汪德臣单骑至钓鱼城下劝降，企图不战而屈人之兵，但被城上的飞石击中死亡。蒙哥大怒，亲临现场指挥蒙军攻城，又被飞石击中受伤，死在军中。由于主帅阵亡，蒙古大军不得不撤围北还。钓鱼城也因此一战成名,被中外历史学家誉为"上帝折鞭之处"。

此战,教训是十分深刻的。蒙古骑兵没能发挥自己机动能力强的特长,反而知其不可为而为之,明知处于"死地",还要屯兵于高山坚城之下,以己之短攻彼之长,所以遭到失败不是偶然而是必然的。

## 六十、战步第六十

【原文】

武王问太公曰:"步兵与车骑战奈何?"

太公曰:"步兵与车骑战者,必依丘陵险阻,长兵①强弩居前,短兵②弱弩居后,更发更止③。敌之车骑虽众而至,坚阵疾战,材士强弩以备我后。"

武王曰:"吾无丘陵,又无险阻,敌人之至,既众且武,车骑翼我两旁,猎我前后,吾三军恐怖,乱败而走。为之奈何?"

太公曰:"令我士卒为行马、木蒺藜,置牛马队伍④,为四武冲阵。望敌车骑将来,均置蒺藜;掘地匝⑤后,广深五尺,名曰命笼⑥。人操行马进步,阑⑦车以为垒,推而前后,立而为屯,材士强弩,备我左右。然后令我三军,皆疾战而不解⑧。"

武王曰:"善哉!"

【注释】

①长兵:长柄兵器。
②短兵:短柄兵器。

③更发更止：把弩手分为两部分，轮番发射，轮番休息。

④牛马队伍：把牛马用绳索连起来，编成队伍。

⑤匝：环绕。

⑥命笼：指四周用壕沟和各种障碍物、防御器械环绕保护的核心阵地，因其关系到部队的生死胜败命运，故称其为"命笼"。

⑦阑：阻隔，阻拦。

⑧解：通"懈"，松懈。

【译文】

周武王问姜太公："步兵怎样同战车、骑兵部队作战呢？"

姜太公说："步兵与战车、骑兵作战，必须依靠丘陵、险阻的地形列阵，把长兵器和强弩配置在前面，把短兵器和弱弩放在后面，轮流战斗轮番休息。敌人的战车和骑兵即便大量到达，我军仍可坚守有利地形勇猛战斗，并使用猛士强弩，戒备好后方。"

周武王说："我军无丘陵，又无险阻可以利用，敌人到来时，兵力既多又强，战车和骑兵包围我军两翼，袭击我军的前后，我三军恐惧，溃败而逃，对此怎么办呢？"

姜太公说："命令我军的士卒制作行马和木蒺藜等障碍物，把牛、马集中起来编成一队，把步兵结成'四武冲阵'。望见敌人的车骑即将到来，就在他来的方向广布铁蒺藜，并掘成环形的壕沟，深宽各5尺，叫做'命笼'。士兵带着行马进退，用车辆组成营垒，推着它前后移动，停下来就成为营寨，用猛士强弩戒备左右，然后即可命我三军迅猛地投入战斗，不得懈息。"

周武王说："您说得好啊！"

**【新解】**

古人讲:"恃吾有待,通权达变。"与车兵、骑兵相比较,步兵的稳固性不如车兵,快速性不如骑兵。那么,步兵在战斗中是不是就没有用武之地呢?其实,步兵有着自身的战术特点,这一人类战争史上最早出现的兵种之一,迄今为止仍然大有可为。本篇《战步》主要讲述了步兵同车兵、骑兵作战的原则和方法。

**(一)利用地形,扬长避短**

姜太公认为,"步贵知变动"。步兵的特点是灵活性大,能适应各种地形、天候和战斗形式,尤其利于险阻复杂的环境下作战,而这恰恰不利于车兵、骑兵作战。因此,步兵在同车兵、骑兵交战时,最好能依托险隘的地形、地物,如丘陵、山岭、台地等进行作战,以扬己之长、抑敌之长。同时,步兵还装备有矛、戟、弩等长兵器和刀、盾等短兵器,只要各种兵力、兵器配备恰当,这时就是遇到再多的车兵、骑兵,也可以将其击败。南宋初年,吴玠就是以此抵挡住金军进攻并获得了战争的胜利。

建炎四年(1130年),金军大举进逼四川。吴玠率宋军数千,退守在控制蜀道的要隘和尚原(今陕西宝鸡西南),决心凭险据守。绍兴元年(1131年),金军统帅完颜宗弼集结军队数万,自宝鸡连营三十里,企图一举打开入川关口。宋军在吴玠的指挥下,坚阵固垒,以避其锋,等到金军进入路狭多石的山谷下马步行时,宋军则依托险隘坚垒,以劲弓强弩轮番射击,打退金军多次猛攻后,后又以精兵夜袭金军大营,断其粮道,并在其撤退途中设下伏兵。金军兵疲粮匮而退,又遭宋军伏击而大溃,连统帅完颜宗弼也身中两箭,将士们更是死伤惨重。

和尚原之战是宋金战争中宋军获得的首次大捷，彻底粉碎了金军由陕入川的企图，胜利地保卫了川陕大门，大大鼓舞了南宋军民抗金斗争的信心。

金军以弓马骑射见长，但西北一带山势险峻，易守难攻，骑兵的优势无从发挥。而宋军却以步兵为主，灵活机动，吴玠之所以屡败金军，关键在于每战都能够根据敌我双方的不同特点，"必先占高原必胜之利"，使金军骑兵无法施展其威力，然后灵活机动地打击敌人。因而，宋军能够重创强敌，大获全胜。

**（二）因敌制宜，以弱敌强**

有利地形总是可遇不可求的，在没有丘陵山岭等险阻可以依托的情况下，又该怎么办呢？姜太公认为，应将部队部署成"四武冲阵"，并设置行马、蒺藜等障碍物，先迟滞敌军行动，再深挖壕沟，构筑防御工事，同时配备强弓劲弩，即可抵挡敌军进攻。这说明，只要针对敌军车兵、骑兵的特点，发挥好步兵各种武器装备的作用，运用步兵灵活多样的战术手段，也还是能够以弱敌强的。抗美援朝战争中，面对敌人武装到牙齿的机械化装甲部队，以步兵为主的志愿军也曾充分利用手中的各种武器装备，上演了一出"以劣胜优"的好戏。

入朝之初，志愿军反坦克兵器很少，主要用步兵反坦克器材如反坦克手雷、爆破筒、炸药包等打坦克。云山战斗中，第39军以步兵排反坦克小组为主，采取先打头尾，后炸中间坦克的灵活战术，充分发挥无坐力炮、火箭筒等多种火器的威力，击毁和缴获"联合国军"坦克28辆。志愿军转入战略防御后，反坦克作战有了进一步发展。各部队高度重视构筑反坦克阵地，在山脚挖坑道，沿公路和谷川地构筑火器掩体、交通壕、反坦克壕及埋设反坦克地雷、设置防坦克障碍物等。第12军第31师第91团在古直木里地区防御时，构筑了以反坦克壕为主，与堑壕、交通壕及各种障碍物相结合的反坦克阵地，取得在一次作战中击毁、击伤敌坦克6辆、缴获1辆坦克的战果。

不仅如此，志愿军打坦克的组织与战法也有很大改进，突出表现在集中使用反坦克兵力、兵器，与"联合国军"坦克作斗争上。在秋季防御作战中，志愿军第67军第一梯队师、团专门组织了反坦克部队，积极开展反坦克作战，在金城以南地区抗击"联合国军"进攻十昼夜，共击毁敌坦克39辆、击伤8辆。

抗美援朝战争中，志愿军在装备处于劣势的情况下，英勇机智地进行了反坦克作战，共击毁、击伤和缴获敌坦克2251辆，大大减弱了"联合国军"地面作战的效力。究其原因，在于志愿军因敌制宜，充分发动群众，积累了丰富的反坦克作战的经验。主要有：一是利用夜暗和坦克视界、射界的死角，主要从侧后接近和打、炸敌坦克；二是摸清敌坦克活动规律，在利于坦克作战的方向预先设伏，当坦克出现时即行打击；三是将打坦克与打步兵统一部署，以炮兵及步兵火力将敌坦克与敌步兵分割开来，再进行各个歼击。

# 后　记

《六韬精要新解》是应新时代出版社之约而撰写的学习心得。甫稿掩卷，即将付梓之际，感慨良多。作为先秦兵学之集大成者，《六韬》堪称先秦"兵学百科"。它吸收了先秦兵家和诸子论兵的精华，内容丰富，体系庞大，论述详瞻，不仅涉及政略、战略、战术、阵法、兵器、将帅、治军等各个方面，还涉及大量战术变化、情报侦察、战场勤务、兵器运用、阵法运用、军纪法规等方面的内容，涵盖了当时军事领域的各个方面。其中许多思想精华富有生命力，对创新和发展当代军事思想有一定的参考和借鉴意义。

正因如此，在忠实原文的基础上，我们针对各篇的主要内容，或提炼政略思想，或归纳战略思想，或分析谋略观点，或引申战术原则，或介绍军事常识，力求准确、通俗地将各篇所蕴含的有价值的军事思想和有关的军事知识揭示出来，并酌情向社会其他领域引申，让读者全面把握《六韬》的谋略精要。

需要特别指出的是，本书是《六韬新说》的修订版。《六韬新说》是博士生导师薛国安将军带领谭雪平和刘军玉两位博士生共同撰写的，其中薛将军亲自撰写了第一章《文韬》新说，并统改全稿。本书结合时代新变化，传承《六韬新说》主体风格，由谭雪平、刘军玉两位同志具体修编。尽管我们竭尽全力，但因水平有限，本书可能存在诸多问题，甚至错误之处，恳请专家和读者指正。

本书在修编过程中，得到新时代出版社领导的大力支持和资深编辑同志的热心帮助，在此谨向他们致以衷心感谢！